出土法律文献研究丛书

出土文献与法律史研究

（第十辑）

王　沛　主　　编
黄　海　执行主编

法律出版社
LAW PRESS · CHINA

本书受上海市高水平地方高校（学科）建设项目及国家社科基金重大项目
“甲、金、简牍法制史料汇纂通考及数据库建设”（项目批准号为20&ZD180）资助。

谨以此书祝贺张伯元教授八秩华诞。

丛书总序

中国古代法制源远流长，成文的礼制典章不胜枚举，文书档案汗牛充栋，仅以《中国珍稀法律典籍集成》《中国珍稀法律典籍续编》为例，前者为14卷本，后者洋洋十大册——珍稀的尚且如此，普通的则何以观！再说我国古代的法制形式，律、令、格、式之外，还有章程、故事、事类、判牍等，林林总总，纷繁杂陈。如此庞大繁杂的法制体系是如何形成的？要解答这个问题，尤其要说清楚我国上古时期，乃至秦汉、魏晋时期的法制演进过程，诚然是一件十分困难的事。

目前我们可见的传世法律文献主要集中在唐代以后，唐代之前，特别是汉魏之前保存有法制资料的古书相当鲜见。过去曾有学者根据传世古籍的记载，整理出《法经》到《大清律》的律系表，看似线索清晰，沿革明确，但是该律系表的前半部分存在诸多令人迷惑的地方。古书中片言只语的记载，往往真伪错杂，彼此矛盾，先辈学者焚膏继晷，皓首穷经，力图理清法制本源，然而苦于没有更多史料的支撑而踟蹰不前，陈陈相因。近二三十年间，沧桑巨变，这种局促的状况才突然发生了变化，这种变化源自出土文献的大量涌现。

近年出土的古文献数量惊人，这些古文献以竹简木牍为主，兼之以铜器铭文、帛书、封泥等,其中法律史资料所占比重不小,诸如睡虎地秦简、张家山汉简的面世,使我们首次见识了秦汉律令的原始模样;马王堆帛书、郭店楚简中关于古代法律思想的论述,更令人耳目一新。类似的重要文献资料,至今仍然在接连不断地出现,其报道常见于新闻、杂志和学术期刊,其释文、图版大多相继以皇皇巨著的形式出版发行。打开网络,与出土文献研究相关的网站也不在少数,其规模之大,热情之高,学者之众,以“沸腾”二字来形容并不为过。其间,古代法制的研读首当其冲,古代法制如此直观地贴近数千年后的现代人,法制形式的存废、律系脉络的梳理开始被重新审视。

面对卷帙浩繁的新材料,以法史为主的研究却并不完全令人满意,很多新资料尚未纳入法史学者的视野。例如,包山楚简公布已经有 25 年了,其中司法简占绝大部分。可以说,研究战国法制无法绕过这些资料,把握秦汉主流法制传统也少不了这些史料比对。可惜相关探讨至今冷寂过甚,深入研究更不待言。法律史教本中很多常见的基本问题实际上尚未解决。解读传世文献率尔操觚,难及实质的新八股文风依旧存在。回想一百多年前,敦煌遗书遭盗劫而零落国外,国弱受人欺,自家书都无处觅。对此,陈寅恪曾痛叹道:“敦煌者,吾国学术之伤心史也。”而今,出土法律文献俱在,却束之高阁,漠然置之;当今所见结合出土文献研究的法史论著,出于日本学者之手的不少。尽管说学术无国界,但到那时我们去日本(或他国)讨教,正应着了前辈学者的含讥诗句:“群赴东邻受国史,神州士夫羞欲死。”

为了扎实出土文献与法制史的研究,并创建彼此交流心得的平台,本所编纂了这套“出土法律文献研究丛书”。这套丛书既包括学者的专著,也包括本所所集的主题研讨论文。期待这套丛书的出版,能为出土法律文献研究尽到绵薄之力。也欢迎学界同人支持和参与。我们的邮箱是:hzgujisuo@163.com。

人讲现实,人也讲精神。“我们在这里就是为了在这个世界留下我们的痕迹,否则我们凭什么在这里。”苹果之主乔布斯的话自然深刻。

祈学术之树常青!

华东政法大学法律古籍整理研究所

2011 年 10 月 31 日

目 录

学术前沿

甲、金、简牍法制史料汇纂通考专题

会议综述

学术前沿

秦简奔警律及相关问题

陈　伟*

一

岳麓书院藏秦简(以下简称岳麓秦简)有一条《奔敬(警)律》,[1] 是先前未见于秦汉简牍的新律名。下面先按我们的理解移录简文,然后作一些说明:

> ·奔敬(警)律曰:先㑲黔首当奔敬(警)者,为五寸符,人一,右在□,左在黔首,黔首佩之。节(即)奔敬(警),诸挟符者皆奔敬(警)故 177/1252 徼外盗彻所,合符焉以撰(选)伍之。黔首老弱及瘩(癃)病不可令奔敬(警)者,牒书署其故,勿予符,其故徼县道 178/1253 各令令守城邑害所,豫先分善署之,财(裁)为置将吏,而皆令先智(知)所主。节(即)奔敬(警),各亟走所主,将吏善办治 179/1369 之。老弱瘩(癃)病不足以守,豫遗重卒期足以益守,令先智(知)所主。180/1383

---

* 陈伟,武汉大学简帛研究中心教授。本文受国家社科基金重大项目“云梦睡虎地 77 号西汉墓出土简牍整理与研究”(项目批准号为 16ZDA115)资助。

① 陈松长主编:《岳麓书院藏秦简(肆)》,上海辞书出版社 2015 年版,第 126 ~ 127、169 页。

僯,整理者隶作“粼”,今从郭永秉先生隶作“僯”,《说文》列为“遴”字或体。[①]

“右在”下有脱文,整理者补“县官”二字,曹旅宁先生疑为“将”。[②] 我们怀疑是“廷”或“尉”。

整理者以“黔首佩之节(即)奔敬(警)”连读,其后着句号。其不确可从以下两点看出:其一,《奔警律》属于寓兵于民的一种制度。“当奔敬(警)者”确定后,有“警”乃“奔”,而并非持续“奔警”。其二,本条律文分两层表述,一是“当奔敬(警)者”如何,一是“不可令奔敬(警)者”如何,再各以“节(即)奔敬(警)”交代如果发生奔警时的安排[后一种又再补充“老弱癃(癃)病不足以守”时的应对措施]。整理者将后一“节(即)奔敬(警)”与上文用分号隔开,却将前一“节(即)奔敬(警)”连上读,损害了句式上的对应。整理者如此处理,可能是顾虑到“节(即)奔敬(警)”后的墨钩。岳麓秦简律令中的墨钩,有的并不必定断读。如岳麓秦简(肆)简 265“居赀赎责(债)”之下、岳麓秦简(伍)简 134“吏告当行”中“吏”字之下皆有墨钩,[③]却不应断读。断读与否,在参考标识符号的同时,更应注意文句的内容。

彻所,整理者注释说:“彻,治。彻所,即治所,此处指主治反盗的官署。”彻、辙为月部字,佚、轶为质部字,古音相近,彻与佚、辙与轶均

① 参见郭永秉:《奔警律补说》,载郭永秉:《古文字与古文献论集》,上海古籍出版社 2011 年版,第 292~295 页。

② 曹旅宁:《岳麓秦简“奔警律”补考》,载简帛网,http://www.bsm.org.cn/show_article.php?id=1038,首发于 2009 年 4 月 25 日。

③ 墨点也有类似情形。岳麓秦简(伍)简 168“都吏监者”与“举劾”、简 238“治者为”与“枉事”之间有明显墨点,但均当连读。“都吏监者”与“举劾”之间墨点,原释文以为一字,用“□”表示。齐继伟改释。参见齐继伟:《读〈岳麓书院藏秦简(伍)〉札记(三)》,载简帛网,http://www.bsm.org.cn/show_article.php?id=2996,首发于 2018 年 3 月 9 日。

有通假的例证。[1] 这里的彻,恐当读为“轶”,是突袭、侵犯的意思。《左传·隐公九年》:“彼徒我车,惧其侵轶我也。”杜预注:“轶,突也。”《集韵·质韵》:“轶,《说文》‘车相出也’,一曰侵轶。”彻所,即侵袭的地方。

简文三次出现“所主”。整理者将第二次出现的“所主”与下文连读,注释说:“所主将吏,前后文简称‘所主’,指黔首之主管吏。”今按,三处“所主”皆应属上读。所主,指所分工主理的事情。睡虎地秦简《效律》简17:“同官而各有主殹(也),各坐其所主。”整理小组语译为:“在同一官府任职而所掌管方面不同,分别承担所管方面的罪责。”[2]可参照。看第一处“所主”,似兼指黔首与将吏。但看第二处,则一二两处均应是指黔首。第三处指重卒,与一二处指具体承担防御者类似。

律文所说的“故徼”,是一个时代色彩浓烈的用语。里耶秦简8－461记列几十条秦统一时称谓、用字的规定,其中说:“边塞曰故塞。毋塞者曰故徼。”这是由于疆域的急速、大幅扩展,原来的边防已经或者有望成为内地。岳麓秦简有两条尚未正式刊布的简文:

> 绾请许而令郡有罪罚当戍者,泰原署四川郡;东郡、三川、颍川署江胡郡;南阳、河内署九江郡……0706
>
> ……泰原署四川郡;东郡、三川、颍川署江胡郡,南阳、0194河内署九江郡;南郡、上党、□邦道当戍东故徼者,署衡山郡。0383

陈松长先生在引述时已经指出:0194、0383二简连读。简0194

① 参见张儒、刘毓庆:《汉字通用声素研究》,山西古籍出版社2002年版,第608页。

② 睡虎地秦墓竹简整理小组编:《睡虎地秦墓竹简》,文物出版社1990年版,图版第36页,释文注释第72页。

上半字迹模糊难以辨认,其内容与简0706基本相同,可以参看。[①] 看这些部署,当是针对秦始皇二十四年秦灭楚之后的形势。[②] 而根据岳麓书院藏奏谳类文献案卷一"癸、琐相移谋购",事情发生在秦始皇二十五年南郡州陵县。其中简1221记云:"五月甲辰,州陵守绾、丞越、史获论令癸、琐等各赎黥。癸、行戍衡山郡各三岁,以当法。"[③]这一判决的依据,当与岳麓秦简0706、0194、0383的内容有关("南郡署衡山郡")。由此推测,上揭《奔警律》很可能也是颁布于秦始皇二十四年或略微前后,是在秦人主要防线向外推移之后,对旧有防线(故徼)的保护措施。

二

与《奔警律》直接有关的,是江陵张家山247号墓出土汉简《奏谳书》案卷十八"南郡卒史盖庐、挚、朔、叚(假)卒史瞗复(覆)攸庫等狱

---

① 参见陈松长:《岳麓书院藏秦简中的郡名考略》,载《湖南大学学报(社会科学版)》2009年第2期。

② 秦灭楚时间《史记》中记载不完全一致。《秦始皇本纪》:"(始皇)二十四年,王翦、蒙武攻荆,破荆军,昌平君死,项燕遂自杀。"而《六国年表》秦表:"(始皇)二十三年,王翦、蒙武击破楚军,杀其将项燕。二十四年,王翦、蒙武破楚,虏其王负刍。"楚表有对应记述。《楚世家》:"(王负刍)四年,秦将王翦破我军于蕲,而杀将军项燕。五年,秦将王翦、蒙武遂破楚国,虏楚王负刍,灭楚名为郡云。"《蒙恬列传》:"始皇二十三年,蒙武为秦裨将军,与王翦攻楚,大破之,杀项燕。二十四年,蒙武攻楚,虏楚王。"《王翦列传》记王翦代李信击荆,"大破荆军。至蕲南,杀其将军项燕,荆兵遂败走。秦因乘胜略定荆地城邑。岁余,虏荆王负刍,竟平荆地为郡县"。亦与《六国年表》等呼应,是在杀项燕"岁余"后灭楚。而据里耶秦简7-1所记,秦始皇二十五年十一月,已设立洞庭、苍梧等郡,反证灭楚当在此前。因而,秦攻取楚淮南以及江南地,应该都在秦始皇二十四年。对《史记》相关资料的梳理,参见罗运环:《楚国八百年》,武汉大学出版社1992年版,第394~397页。里耶秦简7-1的讨论,参见陈伟:《秦苍梧、洞庭郡研究的重要资料》,载简帛网,http://www.bsm.org.cn/show_article.php?id=3415,首发于2019年9月10日。

③ 朱汉民、陈松长主编:《岳麓书院藏秦简(叁)》,上海辞书出版社2013年版,第95~104页。

簿"。这是汉人传抄的秦代文献。南郡卒史接到为苍梧郡攸县啬夫庳等人覆狱的"御史书"是在秦始皇二十七年二月壬辰。而作为事件起因的利乡反、攸县发吏卒往击,大约发生在秦始皇二十六年。[①] 覆狱时,攸县狱史氏供述说:"令史駐与义发新黔首往,候视反盗多,益发与战,义死。修(攸)有(又)益发新黔首往毄(击)破。凡三辈,駐并主籍。其二辈战北当捕名籍、副并居一笥中,駐亡不得,未有以别智(知)当捕者。及屯卒、奔敬(警)卒已罢去、移徙,遝之皆未来。""奔"字,《张家山汉墓竹简〔二四七号墓〕》缺释;蔡万进先生释为"备",并读"敬"为"警";[②]《二年律令与奏谳书》从之。岳麓秦简奔警律第一支简(1252)内容披露后,[③]曹旅宁先生推测,张家山汉简《奏谳书》案卷十八"可能即是秦'奔敬律'应用的事例。"[④]郭永秉先生正确地释出"奔"字,坐实了曹先生的猜想。[⑤] "奔敬(警)"之后的"卒"字,前期论及诸家皆在其前加逗号,将"□敬""备敬(警)"看作"屯卒"的行为,而把"卒已"理解为副词。郭永秉先生在释出"奔"字的同时,怀疑"卒"是"完毕"的意思,将其改属上读。我们则在一篇文章中提出:据岳麓秦简1252,这些奔警者,平日是民众,而在军情紧迫时,奔驰赴命。至于屯卒,对承担者而言,乃是常规性的兵役;其任

---

① 参见张家山二四七号汉墓竹简整理小组编著:《张家山汉墓竹简〔二四七号墓〕》,文物出版社2001年版,第63~66、223~225页;彭浩、陈伟、[日]工藤元男主编:《二年律令与奏谳书》,上海古籍出版社2007年版,第73~77、363~370页。攸县为苍梧郡属县,参见陈伟:《秦苍梧、洞庭二郡刍论》,载《历史研究》2003年第5期。

② 参见蔡万进:《张家山汉简〈奏谳书〉研究》,广西师范大学出版社2006年版,第23页。

③ 参见陈松长:《岳麓书院所藏秦简综述》,载《文物》2009年第3期。陈伟:《"奔警律"小考》,载简帛网,http://www.bsm.org.cn/show_article.php?id=1036,首发于2009年4月22日;后汇入《岳麓书院秦简考校》,载《文物》2009年第10期。

④ 曹旅宁:《岳麓秦简"奔警律"补考》,载简帛网,http://www.bsm.org.cn/show_article.php?id=1038,首发于2009年4月25日。

⑤ 参见郭永秉(网名"大丙"):《"奔警律"补例》,载复旦大学出土文献与古文字研究中心网,http://www.gwz.fudan.edu.cn/Web/Show/771,首发于2009年4月27日。

务也当是比较确定的屯驻。在《奏谳书》案例十八中,“奔警”恐怕不能看作“屯卒”的行为,“屯卒”、“奔警卒”当为二事。简文接着说“已罢去移徙”,似是“罢去”、“移徙”两个动词并列,分别对应屯卒、奔警卒。因而把句读改作“及屯卒、奔警卒已罢去、移徙”。[①]

在《奔警律》简 177 ~ 180 完整刊布后,奔警者身为民众的性质更加明显地呈现出来。但反思先前的理解,有两点需要注意:第一,“罢去”“移徙”更可能是同时针对屯卒、奔警卒而言。第二,更重要的是,《奔警律》简 177 ~ 180 只是针对故徼县道而言,而苍梧郡境属于秦人的“新地”,[②]出动“奔警卒”的法律依据是什么。根据目前有限的资料猜测,似有两种可能:一是与《奔警律》简 177 ~ 180 同时,还颁布有涉及其他地区、至少针对“新地”的《奔警律》;二是在《奔警律》简 177 ~ 180 之后,随着领域的拓展,秦王朝又制订了新的同类律条。无论如何,《奔警律》行用于秦始皇二十四年前后至二十六年前后这一期间,在秦的旧有边境(故徼)和“新地”防御中发挥作用,应该可以确定。

三

在我们当初论证岳麓秦简奔警律存在的时候,曾提出奔警与古书中的“奔命”、云梦睡虎地秦简《为吏之道》附抄的《魏奔命律》有关。后

---

① 陈伟:《张家山奏谳书案例十八释读一则》,载简帛网,http://www. bsm. org. cn/show_article. php? id = 1922,首发于 2013 年 10 月 5 日。

② 参见蔡万进:《秦“所取荆新地”与苍梧郡设置》,载《郑州大学学报》(哲学社会科学版)2008 年第 5 期;于振波:《秦律令中的“新黔首”与“新地吏”》,载《中国史研究》2009 年第 3 期。

来学者讨论《奔警律》时,也大多涉及古书和简牍中“奔命”的资料。[①]然而现在细加检视,可以发现奔警、奔命大概并非一事。

里耶秦简业已刊布三条有关奔命之师的资料,即:

> 廿五年九月己丑,将奔命校长周爰书:敦长买、什长嘉皆告曰:徒士五(伍)右里缭可,行到零阳庑溪桥亡,不智(知)□□□Ⅰ 缭可年可廿五岁,长可六尺八寸,赤色,多发,未产须,衣络袍一、络单胡衣一,操具弩二、丝弦四、矢二百、巨剑一、米一石□Ⅱ 8-439+8-519+8-537
>
> □□年十一月甲申朔庚子,丹阳将奔命尉虞敢言之:前日□Ⅰ 禀丹阳将奔命吏卒食迁陵,迁陵弗禀。请安禀,谒报。敢Ⅱ言之。9-452
>
> 廿六年十一月甲申朔戊子,鄢将奔命尉沮敢告贰春乡主:移计Ⅰ 二牒,署公段(假)于牒。食皆尽戊子,可受癝续食。病有瘳,遣从□。Ⅱ 敢告主。十一月己丑,贰春乡后敢言之:写上,谒令仓以从吏(事)。敢言Ⅲ 之。/尚手。Ⅳ 9-1114

里耶秦简9-452“十一月甲申朔”,与9-1114相同,两件文书分别由丹阳和鄢二县的“将奔命尉”发出,前者应该也属于秦始皇二十六年。这样,三件文书一件在秦始皇二十五年年底,两件在二十六年年初,彼此相近,很可能是涉及同一次军事行动。这三件文书的年代,与岳麓秦简《奔警律》的颁布(约秦始皇二十四年)和张家山汉简《奏谳书》案卷十八(苍梧攸县击反盗)(约秦始皇二十六年)相当,并

---

① 参见曹旅宁:《岳麓秦简“奔警律”补考》,载简帛网,http://www.bsm.org.cn/show_article.php?id=1038,首发于2009年4月25日;陈松长:《岳麓秦简〈奔警律〉及相关问题浅论》,载《湖南大学学报》(社会科学版)2017年第5期;杨振红:《从岳麓秦简看秦汉时期有关“奔命警备”的法律》,载姚远主编:《出土文献与法律史研究》(第7辑),法律出版社2018年版,第24~37页。

且很可能位于二者之间，因此秦代的奔命、奔警不大可能是同一制度的先后异名或者类似制度的前后更改，而应是同时存在的两种制度。

里耶秦简 9-452 中的丹阳，在《汉书·地理志》中为丹扬郡属县，治所在今安徽当涂县东北。[①] 9-1114 中的鄢，在《汉书·地理志》中为南郡宜城县旧名，治所在今湖北宜城市南。[②] 两地离里耶秦简出土地——秦洞庭郡迁陵县治都比较远，均属于跨郡行动。而据岳麓秦简《奔警律》所示，奔警者大概来自缘故徼县道，[③]奔警的所在则是"故徼外盗彻所"，行动范围并不是太大，或许未出郡境。

《汉书·昭帝纪》："益州廉头、姑缯、牂牁谈指、同并二十四邑皆反。遣水衡都尉吕破胡募吏民及发犍为、蜀郡奔命击益州，大破之。"在这场战事中，犍为、蜀郡奔命前往益州、牂牁作战，与里耶秦简所见奔命之师类似。关于奔命者的身份，颜注引应劭曰："旧时郡国皆有材官骑士以赴急难，今夷反，常兵不足以讨之，故权选取精勇。闻命奔走，故谓之奔命。"又引李斐曰："平居发者二十以上至五十为甲卒，今者五十以上六十以下为奔命。奔命，言急也。"[④]师古按云："应说是也。犇，古奔字耳。"张家山汉简《二年律令》简 399："当奔命而逋不行，完为城旦。"整理小组注释即引应劭语作解。[⑤] 杨振红教授更指出：通过对奔命的考察，可以进一步证明"材官骑士"是职业军人，是常兵，岁时演兵讲肄，一般的战事征发他们应战。但如果出现重大紧急军情，仅仅依靠这些"材官骑士"是远远不够的，这时就要征发奔命。奔命的主体应当从傅籍的正卒中征发。因为他们正值壮年，堪

① 参见周振鹤：《汉书地理志汇释》，安徽教育出版社 2006 年版，第 272 页。

② 参见周振鹤：《汉书地理志汇释》，安徽教育出版社 2006 年版，第 135 页。

③ 《岳麓书院藏秦简（肆）》所载《尉卒律》简 132～134 一再说到"缘故徼县"，可参看。

④ 李斐，《资治通鉴·汉纪十五》孝昭皇帝上胡三省注作"李奇"。

⑤ 参见张家山二四七号汉墓竹简整理小组编著：《张家山汉墓竹简〔二四七号墓〕》，文物出版社 2001 年版，第 186 页。

当奔命的使命。[①] 不过，应劭是说郡国常备的"材官骑士"人数不足，因而"选取精勇"组成奔命之师，并没有说"材官骑士"不参与奔命。里耶秦简 8－439＋8－519＋8－537 中的奔命卒缭可年约廿五岁。[②] 看他的年龄，可知李斐之说不确，但却无助于"材官骑士"是否参与奔命的判断。就目前资料而言，奔命者从正卒中遴选，也可能包括"材官骑士"。至于岳麓秦简《奔警律》中的奔警者，只是剔除"黔首老弱及瘩（癃）病不可令奔敬（警）者"，显示遴选的标准更低、范围更宽。李斐所说"五十以上六十以下"，或许实指奔警者。作为另一种可能，秦代的奔警和奔命是在不同地区实行的制度，而不是在同一地区并存。

① 参见杨振红：《从岳麓秦简看秦汉时期有关"奔命警备"的法律》，载姚远主编：《出土文献与法律史研究》（第 7 辑），法律出版社 2018 年版，第 24～37 页。

② 兵卒亦称"徒"，参见陈伟主编：《里耶秦简牍校释》（第 1 卷），武汉大学出版社 2012 年版，第 345 页。

决事比、廷行事、比行事

徐世虹*

秦汉法律以律令为主要、基本的法律形式，这是自沈家本以来经历代学者辑佚、探究而明确的事实，自无须赘言。不过维系国家、社会运行与掌控者不唯律令，此亦显见。《汉书·刑法志》载"孝武招进张汤、赵禹之属，条定法令，死罪决事比万三千四百七十二事"，此见司法审判中决事比的行用；《汉书·孔光传》载"为尚书，观故事、品式，数岁明习汉制及法令"，此见品式在行政事务中的地位与作用。对决事比与品式的探讨，先贤基于传世文献掘之已深。今有赖于出土文献，或可推演其说，或可补充未见，以拓展对律令体系下多种规范形式的认识。以下以决事比、廷行事、比行事为说。

一

两《汉书》所载"决事比"，识者已详。不过为明线索，此仍不避文烦，略作梳理。汉志所言"死罪决事比"，颜注"比，以例相比况也"；《后汉书·陈忠传》载"奏上二十三条，为决事比"，注"比，例也"。两相比较，前注揭示了比况实态，死罪决事比即是在决断死刑

* 徐世虹，中国政法大学法律古籍整理研究所教授。

案件时可以比照的成案、条文，比自身具有较强的动词性。后书注释则倾向于成案先例性质的揭示。《论衡·程材》载“论者以儒生不晓簿书，置之于下第。法令比例，吏断决也。文吏治事，必问法家”，黄晖按“比，今言判例也”。[①] 文中“比例”与“法令”并列，指出两者是“吏断决”的依据，则“比例”作为规范的意义当属明显。《周礼·秋官》注“邦成”“八成”，皆言“若今时决事比”，沈家本言“周之八成乃成法，与汉之决事似不甚同。先郑取以为况，似汉之决事比即视为成法矣”。[②] 可知比照成案、条文是汉时司法、行政时的常态存在。这意味着“以例相比况”的结果具有规范效力，进而衍生为规范。只是这个规范与后世的“例”尚不等同。[③]

汉时决事比与秦时“廷行事”有无渊源关系，涉及对廷行事的判断。在睡虎地秦简中，廷行事集中出现于《法律答问》，凡12见，其中修正秦律3条，增补秦律4条，细化秦律4条，解决疑难案件1条。[④] 学者对廷行事的定性多有论述，大致有法廷成例、法廷判例、司法惯

---

① 黄晖：《论衡校释》，中华书局1990年版，第541～542页。

② （清）沈家本：《沈家本全集》（第4卷），中国政法大学法律古籍整理研究所、中国社会科学院法学研究所法制史研究室整理，中国政法大学出版社2010年版，第432页。

③ 滋贺秀三指出：以战国、秦、汉而言，正确的解释恐怕是，这是“法”“例”尚未分化的时期。由于尚未分化，故后世意义上的“例”字在这一时期并未形成，当时最接近此义且经常使用的是“比”字。唐代注释家以“例”字注释汉代文献中出现的“比”字。然而“比”并非严格对应于当时国家制定法的泛称法令、律令、法律等语，莫如说是作为同类处理而存在的。《汉书·刑法志》记述武帝时期的状况，作为法源举出了“律令凡三百五十九章”并“死罪决事比万三千四百七十二事”之数，从中可见实况。后世所说的比附操作，在汉代不只是准据法律条文，同时也准据审判先例，由此带来了“转相比况”的判例增殖。这不外乎是由于“法”“例”尚未区分。参见滋賀秀三『中国法制史論集：法典と刑罰』、創文社2003年、頁26。

④ 分类参见顾凌云、金少华：《廷行事的功能及其流变》，载《河北法学》2014年第8期。《法律答问》第162简载“‘毋敢履锦履。’‘履锦履’之状可（何）如？律所谓者，以丝杂织履，履有文，乃为‘锦履’，以锦缦履不为，然而行事比焉”，作者以“行事”前是否抄脱“廷”字尚待进一步研究而未计入。

例诸说,也有不认同判例定性而视其为官府行事之说。[①] 或谨慎为说,认为虽然尚不能确定其性质是判案成例还是惯行做法,也不能断定其与汉"决事比"的关系,但从简 38 ~ 39、简 142 等来看,其具有法律效力,且可以突破律的规定。[②]

关于行事可否释为成例,史家并无分歧。《翟方进传》相关传文如下:

> 既至甘泉宫,会殿中,庆与廷尉范延寿语,时庆有章劾,自道:"行事以赎论,今尚书持我事来,当于此决。前我为尚书时,尝有所奏事,忽忘之,留月余。"方进于是举劾庆曰:"案庆奉使刺举大臣,故为尚书,知机事周密壹统,明主躬亲不解。庆有罪未伏诛,无恐惧心,豫自设不坐之比。又暴扬尚书事,言迟疾无所在,亏损圣德之聪明,奉诏不谨,皆不敬。臣谨以劾。"庆坐免官。

"行事以赎论",颜注:"当祭泰畤时,行事有阙失,罪合赎。"《汉书补注》引刘敞曰:"汉时人言行事、成事皆请已行已成事也。王充书亦有之。又下文所谓'自设不坐之比'是也。"[③]王念孙《读书杂志·

---

① 诸说梳理,参见彭浩、刘乐贤等撰著:《秦简牍合集》(壹)(释文注释修订本),武汉大学出版社 2016 年版,第 196 ~ 197 页。主张廷行事为官府行事(或称官府实际做法)的学者认为,行事一词找不到成例的义项,更无当年判例的意义。整理者将廷行事释为成例的两个依据不能成立;官府的实际做法与法律规定不一致,是自由裁量权存在的结果。参见刘笃才、杨一凡:《秦简廷行事考辨》,载《法学研究》2007 年第 3 期。陶安认为:廷行事的意思是廷(日常)行事,是现在时而非过去时;廷行事是"活法",仅以前例解释,不免矮小化。参见陶安あんど『秦漢刑罰体系の研究』、東京外国語大学アジア・アフリカ言語文化研究所 2009 年、頁 486 – 487。

② 参见中国政法大学中国法制史基础史料研读会:《睡虎地秦简法律文书集释(七):〈法律答问〉1 ~ 60 简》,载中国政法大学法律古籍整理研究所编:《中国古代法律文献研究》(第 12 辑),社会科学文献出版社 2018 年版,第 52 页。

③ (汉)班固撰:《汉书补注》(第 10 册),(清)王先谦补注,上海师范大学古籍整理研究所整理,上海古籍出版社 2008 年版,第 5183 页。"请"或为"谓"之误。下引王念孙文作"谓"。

汉书第十二》傅常郑甘陈段传“行事”条载：“刘敞曰……行事者，言已行之事，旧例成法也。汉世人言行事、成事者，意皆同。”同条载：“《翟方进传》云，时庆有章劾，自道‘行事以赎论’。师古彼注亦误解‘行事’二字。刘敞云‘汉时人言行事、成事，皆谓已行已成之事。王充书亦有之’。案，刘说是也。”[①]孙诒让《周礼正义·秋官·士师》“掌士之八成”载：“郑司农云：‘八成者，行事有八篇，若今时决事比。’疏‘掌士之八成’者，贾疏云：‘言士者，此八者皆是狱官断成事品式，士即士师已下是也。’庄存与云：‘若今现行例也，乃决狱之成案。’诒让案：……士师掌以此八者，定百官府之刑罚，即刑官之官成、官法也。……注郑司农云‘八成者，行事有八篇’者，行事犹云往事，即《大宰》‘官成’注所谓成事品式也。《汉书·翟方进传》云：‘时庆有章劾，自道行事以赎论。’又《艺文志》有《汉五星彗客行事占验》八卷。此行事义与彼同，谓刑官故事也。”[②]其旨意有二：其一，八成同先郑所处时代的决事比，其性质是“狱官断成事品式”；其二，行事谓刑官故事。

睡虎地秦简整理小组即以《翟方进传》文、注刘敞说及王念孙的解释为据，将廷行事解释为法廷成例。有的学者则认为行事无成例义项，更无当时的判例之义，故整理小组所据不能成立。传文中的“自道行事以赎论”，应理解为“自己说他的行为应当以赎论”。[③]

读翟方进劾文，劾事有二。一是“案庆奉使刺举大臣，故为尚书，

① 前一“刘敞曰”，裘锡圭已指出“王氏误刘攽为刘敞”。参见裘锡圭：《裘锡圭学术文集》（第4卷：语言文字与古文献卷），复旦大学出版社2015年版，第481页。即刘敞注《翟方进传》言“已行已成事也”，刘攽注《陈汤传》言“已行之事，旧例成法也”。

② （清）孙诒让撰：《周礼正义》（第11册），中华书局1987年版，第2787页。

③ 参见刘笃才、杨一凡：《秦简廷行事考辨》，载《法学研究》2007年第3期。小竹武夫译《汉书》，亦将“行事以赎论”理解为“我做的事情作为赎罪裁断”。参见小竹武夫訳『漢書』（7）、筑摩書房1998年、頁142。

知机事周密壹统,明主躬亲不解。庆有罪未伏诛,无恐惧心,豫自设不坐之比",二是"又暴扬尚书事,言迟疾无所在,亏损圣德之聪明",罪名是"奉诏不谨,皆不敬"。此如颜师古曰"既自云不坐,又言迟疾无所在,此之二条于法皆为不敬"。"暴扬尚书事,言迟疾无所在",指陈庆自曝尚书内幕,即"常有所奏事,忽忘之,留月余"。[①] 如同传平当奏文所言,翟方进举劾陈庆,不无"内挟私恨,伺记庆之从容语言,以诋欺成罪"的动机,[②]但在刺探尚书事尚且坐罪的逻辑中,[③]"暴扬尚书事"理当更不允许。"有罪未伏诛",颜注曰"当祭泰畤时,行事有阙失,罪合赎",未知何据。但"有罪未伏诛""今尚书持我事来,当于此决"、对廷尉私语"行事以赎论",是事情发展线索。即"不坐之比"为"行事以赎论",而陈庆的问题在于"自设"——自认为适用此成例,其逻辑如《汉书补注》中苏舆所言,"谓庆自云当论赎也,犹今日坐事者非大故辄抵销。但庆自设比例非上意",[④]因而被翟方进劾以"自设不坐之比"。

学者理解"行事"为"自己的行为",亦是一解。不过细辨起来,同为表达"我的事情、我的行为",一言"行事",一言"我事",略觉窒碍。又陈庆对廷尉直接说"自己的行为应当以赎论",即是以一己意愿而非以法律依据授意廷尉,进而影响廷尉判断。这与此前严格依法劾奏通行驰道中的翟方进并没收其车马的做法,反差明显。反之,如果他援引既有的司法成例,以此作为决断自己案件的依据,也不无

① 颜师古注:"言此者,冀尚书忘己之事不奏。"《汉书补注》引刘敞曰:"予谓非冀尚书忘己不奏也,言及之耳。寻下文可见。"(汉)班固撰:《汉书补注》(第10册),上海古籍出版社2008年版,第5183页。

② 《前汉纪·成帝纪》:"方进伺庆微过,劾奏免官。"

③ 《周礼·秋官·士师》载"一曰邦汋",注:"郑司农云:'汋'读如酌,酒尊中之酌。国汋者,斟汋盗取国家密事,若今时刺探尚书事。"疏:"汉书尚书掌机密,有刺探尚书密事,斟酌私知,故举为况也。"

④ (汉)班固撰:《汉书补注》(第10册),上海古籍出版社2008年版,第5183页。

情理。据《汉书补注》先谦曰"《公卿表》，庆字君卿。后方进为丞相时，庆以琅琊太守入为廷尉，一年徙长乐少府"，此亦可见陈庆是熟知律令人士。因此就传文而言，将行事理解为成例无碍。刘敞注《翟方进传》"行事"为"汉时人言行事、成事皆请已行已成事也"，刘攽注《陈汤传》"行事"为"言已行之事旧例成法也"，可为互证。

将行事理解为官府行事，界限还是有些模糊。首先，官府行事的定义较成例宽泛，严格说来与后者是包容关系，似乎不能截然两分，"官府行事"不能排除"成例"。其次，官府行事若需要成为具有法律效力的援引依据，尤其是还要具有普遍适用性，甚至可以突破律的规定，则不通过法定认可恐难以为之。《二年律令·置吏律》219～220简"县道官有请而当为律令者，各请属所二千石官，二千石官上相国、御史，相国、御史案致，当请，请之，毋得径请。径请者，罚金四两"，《汉书·张汤传》"奏谳疑，必奏先为上分别其原，上所是，受而著谳狱法廷尉挈令"，说明无论是律文规定还是现实操作，律或官署令的增补都不能脱离立法的框架。在法无明文规定、例无许可援引的情况下，应无自由裁量的空间存在。最后，学者认为全部秦简廷行事中，多未涉及具体案件，只是对秦律的不严密、不合理、不明确之处加以规定，故将廷行事认定为判例不妥，将其解释为司法惯例或断案惯例更恰当。① 判例、司法惯例、断案惯例，或是学者用语不同，但在法定、成案、先例的意义上可以重合。

关于廷行事与决事比的关系，于豪亮早已指出"所谓的'行事''决事比'都是判例的意思"。② 学者亦通过出土文献的性质而有所钩稽。如籾山明指出："《奏谳书》的性质，较之《封诊式》这样的范文

① 参见顾凌云、金少华：《廷行事的功能及其流变》，载《河北法学》2014年第8期。

② 于豪亮：《于豪亮学术文存》，中华书局1985年版，第131页。

集,不如说与《法律答问》这样的案例集一致。《奏谳书》是通过比较接近原型的公文书展示疑罪判决的书籍,《法律答问》是通过问答题编集疑问点的书籍。”[①]疑罪无非围绕事实认定、法律适用产生,皆与案件审判密切相关。在此意义上,学界既往的认识依旧可从。再进一步考虑,如果可将廷行事解释为官府成例,而此成例又见于《法律答问》,则将其视为审判成例、先例,应无大碍。如此,作为审判成例、先例的廷行事与在审判中作为成案援引、比照的决事比,便无本质差异。

二

自岳麓书院藏秦简所见令文,亦可见二者间的源流。令文前章已引述,现不避文烦再次引述:

·制诏御史└:吏上奏当者,具傅所以当者律令、比行事。固有令,以令当,各署其所用律令、比行事$_{066}$曰:以此当某。今多弗署者,不可案课,却问之,乃曰:以某律令某比行事当之,烦留而不应令。今其令,$_{067}$皆署之如令。 ·五$_{068}$[②]

陈伟读此释文作:

·制诏御史:吏上奏当者具傅所以当者律令、比行事固有令。以令当各署其所用律令、比行事曰:以此当某。今多弗署者,不可案课。却问之,乃曰:以某律令某比行事当之。烦留而不应令。今其令皆署之如令。[③]

① 籾山明『中国古代訴訟制度の研究』、京都大学学術出版会 2006 年、頁 277。
② 陈松长主编:《岳麓书院藏秦简(伍)》,上海辞书出版社 2017 年版,第 60 页。
③ 陈伟:《〈岳麓书院藏秦简(伍)〉校释》,载姚远主编:《出土文献与法律史研究》(第 7 辑),法律出版社 2018 年版,第 7 页。

概言之，该令是重申旧令，要求官吏奏当中必须写明判决依据——律令与比照的行事，然后写明“以此当某”，因此“固有令”上读为宜，余仍可从原读。从令文可知，比行事是固定用语，所比行事与律令同具有法律效力，可作为“当”的依据。翻检张家山汉简《奏谳书》可见，有两则案例的“当”部分，包含了审断意见、征引律令及“以此当某”之语，反映了对此令的执行。在此意义上，比行事的范畴不宜越出成案、判例的边界。

所谓“比行事”之比，本身是动词比较、比照，它与行事结合才具有援引作用，才具有规范意义。另外，所比者也未必皆是成案。滋贺秀三区分了决事比的比较对象，一是近似的法律条文，一是审判先例，先例本身或比附法律条文而成，或依据皇帝的特旨而成。[①]《汉书·刑法志》载高祖七年诏：“高皇帝七年，制诏御史：‘狱之疑者，吏或不敢决，有罪者久而不论，无罪者久系不决。自今以来，县道官狱疑者，各谳所属二千石官，二千石官以其罪名当报之。所不能决者，皆移廷尉，廷尉亦当报之。廷尉所不能决，谨具为奏，傅所当比律令以闻。’”此即是在最终将疑案上报给皇帝时，在现有律令无可征引的情况下，要求附上可以比照的律令。现实的例子为刘向铸伪黄金案。刘向奉命铸作黄金未成，被吏劾为“铸伪黄金，系当死”。吏所据律文为景帝时颁布的“铸钱伪黄金弃市律”，其比照之失当如沈家本所言，“吏生典尚方铸作，乃奉帝之命，方不验而金不成，固难辞咎，然与私作伪黄金者不同，乃吏与伪黄金不加区别，此汉法之严”。[②] 这实际是吏比照律条的适用错误。《后汉书·陈宠传》“略依宠意，奏上二十三条，为决事比，以省请谳之弊”，也是指可作为审判依据的律条。

---

① 滋賀秀三『中国法制史論集：法典と刑罰』、創文社 2003 年、頁 43。

② （清）沈家本：《沈家本全集》（第 4 卷），中国政法大学法律古籍整理研究所、中国社会科学院法学研究所法制史研究室整理，中国政法大学出版社 2010 年版，第 213 页。

关于比附成案,学者一般认为《奏谳书》案例3"吏议"所引用的"人婢清以亡之诸侯论",即是成案:[①]

·鞫……敢谳之。·人婢清助赵邯郸城,已即亡,从兄赵地,以亡之诸侯论。今阑来送徙者,即诱南。·吏议:阑与清同类,当以从诸侯来诱论。·或曰:当以奸及匿黥舂罪论。

"·鞫……敢谳之",是县的奏谳报告,"·人婢清"以下是郡府的审理意见。[②] 郡府吏的意见有二,前者即是援引清案比照阑案,认为"当以从诸侯来诱论"。学者注释"亡之诸侯"引《汉书·刘长传》"亡之诸侯,游宦士人,及舍匿者,论皆有法",可知此法存在于西汉文帝时。[③] "人婢清"案应是依据"亡之诸侯"律审判的,案成后本身又成为可比的行事。

总之,如果将比行事定义为"可比照的具有法律效力的成案",廷行事定义为判案成例,决事比定义为司法实务中可引据的相似的律令规定或审判先例,则三者的关系一脉相承。对问题的讨论,"不应局限于中国古代有无判例法这一有着明显西方法学印记的思维范式"。[④]

"比"因其比照的对象具有等同于律令的依据效力,故自身又作为规范意义上的名词使用。不过需要辨析的是,并非言"比"即是决事比,在秦令中时见"它有等比"之语。如里耶秦简9-897+9-939简载:

---

① 李学勤:《〈奏谳书〉解说》(上),载《文物》1993年第8期。张家山二四七号汉墓竹简整理小组编著:《张家山汉墓竹简〔二四七号墓〕》,文物出版社2001年版,第215页。

② 参见李均明:《张家山汉简〈奏谳书〉是一部判例集》,载张伯元主编:《法律文献整理与研究》,北京大学出版社2005年版,第14页。

③ 池田雄一『奏讞書——中国古代の裁判記録』、刀水書房2002年、頁52。

④ 陈新宇:《帝制中国的法源与适用:以比附问题为中心的展开》,上海人民出版社2015年版,第16页。

□□子传丞相启上少府守嘉书言：北宫干官偕为军治粟，少府属卒史不足

□攻（功）次，为置守如从军者。它有等比。□报，追。[1]

简有残断，推测文意，大约是丞相上少府守嘉上书，因少府属卒史不足，故请求依功次置守，报、追涉及公文的追书制度。[2] 简文可能是下达秦令的残文。又《岳麓书院藏秦简（肆）》载：

县恒以十月鄰牒，书署当卖及就食状，须卒史、属粪兵，取省以令，令案视。当就食，其亲、所智（知）357

者卖之。隶臣妾、城旦、城旦舂司寇、鬼薪、白粲及毄（系）城旦舂老、瘁（癃）病、毋（无）赖不能作者，遣就食蜀守。□358

当就食，其亲、所智（知）欲买，勿令就食，许。其归，辠，不得卖。359

·东郡守言，东郡多食，食贱，徒隶老、瘁（癃）病、毋（无）赖，县官当就食者，请止，勿遣就食。它有等比。·制曰，可。360[3]

学者已论，前三简的简文是令文，第四简则是东郡守的请示，"它有等比"的意思是"其他官署遇到等同情况时须比照此事处置"。[4]"它有等比"之语，又见《岳麓书院藏秦简（肆）》其他令文简：

当买卖者└，令相监，毋（无）律令。议：令嚣园宣深啬夫若史相杂监，坐，如监令史，它有等比。342

① 陈伟主编：《里耶秦简牍校释》（第2卷），武汉大学出版社2018年版，第221页。

② 相关研究可参见刘自稳：《里耶秦简中的追书制度——从睡虎地秦简一则行书律说起》，载中国文化遗产研究院编：《出土文献研究》（第16辑），中西书局2017年版，第147～164页。

③ 陈松长主编：《岳麓书院藏秦简（肆）》，上海辞书出版社2015年版，第213～214页。

④ 欧扬：《岳麓秦简所见秦比行事初探》，载中国文化遗产研究院编：《出土文献研究》（第14辑），中西书局2015年版，第70～71页。

·县输从反者、收人、材官,多毋(无)衣履,毋(无)以蔽。输者或不逻冬夏贱衣。议:□新□而后,冬若383夏贱衣而联寒者,冬袍裘绔履及它物可衣履者,尽四月收。其后贱夏衣者,假禅群襦384尽九月收└,叚(假)裘者,勿假袍;假袍者,勿假裘。它有等比。□385[1]

以上两例,"它有等比"属于"议"的内容。结合东郡守所言之例,可知这是在修订律令提案中的习用语,意谓"其他有同等情况的可比照执行"。请示、提案经皇帝批准后,即作为令颁行全国。《岳麓书院藏秦简(伍)》秦令简载:

·令曰:叚(假)廷史、诸傳(使)有县官事给殹(也),其出县畍(界)者,令乘傳(使)马,它有等殹(也)。卒史、属、[尉][佐]□263

乘比叚(假)廷史、卒史覆狱乘傳(使)马者,它有等比。

·内史旁金布令第乙十八264[2]

如前章所述,"内史旁金布令"有内史旁金布令乙四、内史旁金布令第乙九、内史旁金布令第乙十八之别,应可理解为内史旁金布令至少有甲乙之编,而各编以序号为次。这些令的法源来自皇帝,而内史为受令主体。《岳麓书院藏秦简(陆)》见下述秦令:

·[延][陵]言:佐角坐县官田殿,赀二甲,贫不能入└,角择除为符离冗佐,谒移角赀署所,署所令先居之延陵,246

① 陈松长主编:《岳麓书院藏秦简(肆)》,上海辞书出版社2015年版,第208、222页。

② 陈松长主编:《岳麓书院藏秦简(伍)》,上海辞书出版社2017年版,第185页。

不求赏(偿)钱以糴,有等比。·曰:可。

·县官田令丙一247[①]

“制曰可”是皇帝对所奏事项的最后批示,此令无“制”字,疑脱。此格式与前引360简同,令文也包含了对“有等比”这种扩大适用的许可,是受令的实际情况。具体的行用令文,还可见张家山汉简《津关令》502－503简:

九、相国下〈上〉内史书言,函谷关上女子廁传,从子虽不封二千石官,内史奏,诏曰:入,令吏以县次送至徙所县。县问,审有引书,毋怪,502□等比。·相国、御史复请,制曰:可。503[②]

比对502简,503简残断部分大约有三字位置,欧扬补释出“有”字,释为“□有等比”。关于502简与503简的接续,学者识见不同。杨建将503简接续于498简之后,接续后的简文为:“□、御史请诸出入津关者,皆入传,书郡、县、里、年、长、物色、瑕疵见外者,及马职(识)物关舍人占者,津关谨阅,出入之。县官马勿职(识)物498□□□等比。·相国、御史复请,制曰:可。503”[③]503简墨钉前为奏请

① 陈松长主编:《岳麓书院藏秦简(陆)》,上海辞书出版社2020年版,第177～178页。

② 张家山二四七号汉墓竹简整理小组编著:《张家山汉墓竹简〔二四七号墓〕》(释文修订本),文物出版社2006年版,第85页。

③ 杨建:《西汉初期津关制度研究》,上海古籍出版社2010年版,第190～191页。从出土编号看,498简、503简为C122简、C131简,502简、503简为C130简、C131简,后者更为邻近。另外从文脉看,498简、499简记载了御史的请示,一是出入津关需要查验传及传的要件,二是对县官马无标识的处罚规定,最后是皇帝的批示。尽管对“出”字,学者认为“不只是出关,而是使未履行必要手续者违法出关,意思接近于74～75简所见的‘盗出’,也许是‘与盗同法’之盗字的误书”,(冨谷至编『江陵張家山二四七號墓出土漢律令の研究譯註篇』、朋友書店2006年、頁315)但“与出同罪”是处罚规定,此可明确。全文从请到制曰可,体现了令的立法过程。如果498简下接503简,“县官马勿职(识)物”与“□□□等比”理解起来还是有所窒碍,而且“相国、御史复请”基于何者而为,似乎也无对应。

内容,墨钉后为皇帝对复请的批示。无论接续何简,“有等比”都是令立法过程中的用语,立法的最终结果是令。即含有“有等比”或“它有等比”用语的提案最终经皇帝批准而颁行,在法律形式上它已是令。受令单位即使依据此令去处理其他与本令规范相类似的事务,也是在执行现行令而非比照行事。[①] 此种比的用法,与睡虎地秦简《法律答问》1 简“求盗比此”的意思相同。比,整理小组注释为“秦汉法律习语,意思是同例可以比附。求盗比此,即求盗犯罪和本条同例处理”。[②] 即对“害盗别徼而盗”已有“加罪”处罚规定以及何为加罪的解释,故处罚求盗同等犯罪时可比照对害盗的处罚规定。“此”指前文害盗的既有规定,而非行事。因此对比行事的理解,还是限制在司法实务中可引据的具有法律效力的成案、先例为宜。决事比除比照成案、先例外,亦可比照近似律令,然而其前提是成文法无明文规定。所谓“有律不当谳”,是上级机构对奏上的请谳案件的表态,即所谳案件法律有明文规定,不应奏谳。反之,受理请谳即表明认可疑案,做出批复,以为依据。

---

① 与“它有等比”可对照的,是对特殊事项批示后的禁令“不得为比”。《后汉书·刘恺传》:“恺字伯豫,以当袭般爵,让与弟宪,遁逃避封。久之,章和中,有司奏请绝恺国,肃宗美其义,特优假之,恺犹不出。积十余岁,至永元十年,有司复奏之,侍中贾逵因上书曰:‘……窃见居巢侯刘般嗣子恺……宜蒙矜宥,全其先功,以增圣朝尚德之美。’和帝纳之,下诏曰:‘故居巢侯刘般嗣子恺,当袭般爵,而称父遗意,致国弟宪,遁亡七年,所守弥笃。盖王法崇善,成人之美。其听宪嗣爵。遭事之宜,后不得以为比。’”刘恺为实现父亲遗愿,让国于弟而遁逃七年。后和帝下诏,允许其弟嗣爵,但明确表示这是特殊情况下的做法,此后不得比照此令。

② 睡虎地秦墓竹简整理小组编:《睡虎地秦墓竹简》,文物出版社 1990 年版,释文注释第 94 页。陶安认为:“‘比此’,指‘仿’此处理,即实施同等加重。以后称前例为‘比’或‘决事比’,是基于比的此种用法。”陶安あんど『秦漢刑罰体系の研究』、東京外国語大学アジア・アフリカ言語文化研究所 2009 年、頁 486。

三

前文注释引述滋贺秀三之说，认为战国秦汉时“法”“例”尚未分化，故后世意义上的“例”字在这一时期并未形成，最接近此义且经常使用的是“比”字，然而“比”并非严格对应于当时国家制定法的泛称法令、律令、法律等语。陶安也指出，前例在秦尚称“廷行事”，“比”这一固定的法源形式还未必存在。[①] 不过以“比行事”之语而见，所比行事被赋予法律效力并具有普遍适用性后，就具有实质上的法源属性。当比上升为法源后，在形式上自然不与律令一体，因而在编纂上也分而为之。《后汉书·陈宠传》载“初，父宠在廷尉，上除汉法溢于《甫刑》者，未施行，及宠免后遂寝。而苛法稍繁，人不堪之。忠略依宠意，奏上二十三条，为决事比，以省请谳之弊”，此知请谳的需求，在于获得明确的法律适用依据。传文所言，自然是为了减少请谳的弊端，故选择部分律条作为决事比例，这是编律条为决事比。[②] 另一方面，经皇帝制可的行政事务类的奏请提案，最终是作为令依类别被编入令篇。《津关令》18 则令文，既有通过制诏御史为令者，也有以“请 + 制可”、“议 + 制可”为令者，更多的是以“奏言 + 请 + 制可”为令者，[③]较清楚地显现了令的立法过程。这些令最终被编为《津关令》，则作为最终需要皇帝批示的请谳案件，是否也不会脱离这一模

---

① 参见陶安あんど『秦漢刑罰体系の研究』、東京外国語大学アジア・アフリカ言語文化研究所 2009 年、頁 486。

② 《后汉书·陈宠传》载，和帝永元六年(94 年)，陈宠代郭躬为廷尉，“钩校律令条法，溢于《甫刑》者除之”，主张“宜令三公、廷尉平定律令，应经合义者，可使大辟二百，而耐罪、赎罪二千八百，并为三千，悉删除其余令，与礼相应”，因此所谓“忠略依宠意”，是指陈忠遵循陈宠的意愿，在“平定律令”的范畴内做出少许修改。

③ 参见杨建:《西汉初期津关制度研究》，上海古籍出版社 2010 年版，第 18 ~ 23 页。

式而另行,目前尚无实体令篇可证。[①] 不过也并非绝无线索可寻。张家山汉简《奏谳书》中有10件案例获得“廷报”,2件“廷以闻”。10件“廷报”中,县道谳2件,郡谳8件;2件“廷以闻”均为县谳。廷报为上级机构的判决批复,[②]廷以闻则是廷尉再上奏给皇帝以待批复,[③]这与《津关令》所见的“上言、请——以闻——制曰可”中的程序是一致的。“报”与“以闻”的相关主体,《汉书·刑法志》载高祖七年谳疑狱诏有明确规定,所谓“自今以来,县道官狱疑者,各谳所属二千石官,二千石官以其罪名当报之。所不能决者,皆移廷尉,廷尉亦当报之。廷尉所不能决,谨具为奏,傅所当比律令以闻”,“以闻”即是廷尉上奏皇帝以待裁决。“廷以闻”的请谳案件经皇帝批示回复给廷尉后,廷尉的做法自《汉书·张汤传》可明:“奏谳疑,必奏先为上分别其原,上所是,受而著谳法廷尉挈令,扬主之明。”《汉书补注》王先谦曰:“言上所允行者,则受而书之于板,著其上请之事为定法,复举此令以宣布上美。”[④]张汤所为,自然不无唯上,不过也可看出疑案奏谳得皇帝批复许可后,则被著录于廷尉挈令。而廷尉权限内批示的案件,大概是或存留于廷尉及奏谳机构,或经选编而成《奏谳书》之类的指南读本。

上述之比是在请谳制度下衍生出的审判依据,而比上升为律,仍需经过“著为定法”的程序。《后汉书·张敏传》:“建初中,有人侮辱

---

① 胡家草场西汉墓M12出土令简,第1卷有令名11种,第2卷有26种,在已披露的令名中尚未见有与决狱相关者。

② 如果说县道谳所获“廷报”,尚不好确定是郡还是廷尉,则郡谳所获“廷报”,当可明确是廷尉所复。

③ 池田雄一等认为:“廷报”“廷以闻”,上级机关做出的判决。有“以闻”的情况下,则是皇帝做出的判决。参见池田雄一『奏讞書——中国古代の裁判記録』、刀水書房2002年、頁33。《奏谳书》还有郡“谒以闻”之例,此亦应是向皇帝奏谳。

④ (汉)班固撰:《汉书补注》(第9册),(清)王先谦补注,上海师范大学古籍整理研究所整理,上海古籍出版社2008年版,第4243页。

人父者，而其子杀之，肃宗贳其死刑而降宥之，自后因以为比。是时遂定其议，以为《轻侮法》。敏驳议曰：夫轻侮之法，先帝一切之恩，不有成科颁之律令也……若开相容恕，著为定法者，则是故设奸萌，生长罪隙……又轻侮之比，寖以繁滋，至有四五百科……和帝从之。"该案经皇帝批示后成为比，影响颇大，逐渐繁衍为四五百科，后又经讨论形成轻侮法，最终经张敏反对而未行。"遂定其议，以为轻侮法"，意味着轻侮之比已经完成立法程序而形成了轻侮法；而"夫轻侮之法，先帝一切之恩，不有成科颁之律令也"，也说明"轻辱之比"以前是"一切之恩"，是权宜之令，未入正式之律，而"著为律""著为令"是秦汉时期的立法用语，"著为定法"即是将此比定为常法，上升为律。冨谷至认为《张敏传》反映了诏书不久被成文法化的程序，"定法"相当于"律"。[①]《后汉书·梁统传》载"臣窃见元哀二帝轻殊死之刑以一百二十三事，手杀人者减死一等，自是以后，著为常准，故人轻犯法，吏易杀人"，李贤注引《东观汉记》则作"元帝初元五年，轻殊死刑三十四事，哀帝建平元年，轻殊死刑八十一事，其四十二事手杀人者减死一等"，《晋书·刑法志》载，梁统疏"臣窃见元帝初元五年，轻殊刑三十四事，哀帝建平元年尽四年，轻殊死者刑八十一事，其四十二事，手杀人皆减死罪一等，著为常法"。比较三文可知，"手杀人减死

① 参见[日]冨谷至：《通往晋泰始律令之路（Ⅰ）：秦汉的律与令》，朱腾译，载中国政法大学法律史研究院编：《日本学者中国法论著选译》（上册），中国政法大学出版社2012年版，第162页。

一等"承"四十二事"而言,即42件手杀人事例皆减死刑一等,[①]"著

① 关于"手杀人",一般理解为亲手杀人。对此,学者抉其隐微,指出"是与'手刃杀人''兵刃杀人'相对而言的杀人犯罪方法";其有两种不同用法:一是在特指时,与"手刃杀人""兵刃杀人"相对而有所区别;二是在泛指时,也包括"手刃杀人"或"兵刃杀人"。参见周东平主编:《晋书·刑法志译注》,人民出版社2017年版,第51~52页。《二年律令·贼律》21简有贼杀人、斗杀人、过失杀人、戏杀人、过失伤人、戏伤人之分,这是对杀、伤人罪的罪名确定,而"手刃杀人""兵刃杀人"又有杀人手段的指向。在汉初律中,对斗以器物伤人有明文规定,此见《二年律令·贼律》27~28简:"斗而以釰及金铁锐、锤、椎伤人,皆完为城旦舂。其非用此物而眇人,折枳、齿、指、胅体、断肤(决)鼻、耳者,耐。其毋伤也,下爵殴上爵,罚金四两。殴同死〈列〉以下,罚金二两;其有痏痏及□,罚金四两。"律文区分了三种情况:一是斗殴以不同的器物造成伤害后果的,处完城旦舂;二是未用器物而造成规定部位伤害的,处以耐刑;三是斗殴未造成伤害后果,则以身份确定处罚。其中下爵殴上爵,罚金四两;爵位相等者互殴,罚金二两,造成痏痏者,罚金四两。"斗以刃伤人,完为城旦舂"的律文,亦见《汉书·薛宣传》载薛况伤人案廷尉之语。对杀人罪是否有如此细分,目前不详。不过就字面意思理解,手杀还是指本人亲手杀人。《汉书·匈奴传下》"单于尽收四人及手杀校尉刀护贼芝音妻子以下二十七人",《后汉书·铫期传》"期先登陷陈,手杀五十余人……期还击之,手杀伤数十人",手杀之义自明。在杀人罪中,手杀恐怕也是此义。手杀人罪的成立,基本要件即在于"亲手"。《通典》卷166《刑法典四》:"汉景帝时,廷尉上因防年继母陈论杀防年父,防年因杀陈,依律,杀母以逆论。帝疑之。武帝时年十二,为太子,在旁,帝遂问之。太子答曰:'……今继母无状,手杀其父,则下手之日,母恩绝矣。宜与杀人者同,不宜与大逆论。'从之。"从中可见,手杀即下手杀。居延新简ESC1-9简为册书,是王莽于居摄年间,为打击宗室刘崇起兵造反而悬赏的诏令,简背分别有十六、十七、□八、廿、卅五、七十三、五十一、廿二□等编号。其中编号为"卅五"的简文为:"部吏虽手杀人,除其罪。其斩、捕渠率者,又予购如列。其溉出界,能随斩、捕,购赏半之。令、长、相不在,而丞将。"参见中国简牍集成编委会:《中国简牍集成(标注本)》第12册,敦煌文艺出版社2001年版,第252页。"部吏虽手杀人,除其罪",恐怕是在特殊情况下的破例,一般情况下则是手杀人坐罪。与此相对的犯罪行为有"非手杀人"。《周礼·秋官·司刺》"壹赦曰幼弱,再赦曰老旄"注:"郑司农云:幼弱、老旄,若今律令年未满八岁、八十以上非手杀人,他皆不坐。"敦煌悬泉汉简Ⅱ0115③:90简载:"赦天下自殊死以下,非手杀人、盗宗庙服御物及吏受赇直金十斤,赦除之,免官徒隶。""非手杀人"的文面意思是未亲手杀人,但在法律意义上并非与杀人罪无关,而是实际参与杀人犯罪。秦汉时期的相关规定未详,不过以《唐律》推研,可得同理。如《唐律·贼盗》"谋杀人"条载:"诸谋杀人者,徒三年;已伤者,绞;已杀者,斩。从而加功者,绞;不加功者,流三千里。造意者,虽不行仍为首。"疏议对"从而加功"的解释是:"谓同谋共杀,杀时加功,虽不下手杀人,当时共相拥迫,由其遮遏,逃窜无所,既相因藉,始得杀之,如此经营,皆是'加功'之类,不限多少,并合绞刑。"律文规定对已杀者处斩,加功

为常准”“著为常法”与《张敏传》“著为定法”义同，即定为律。[1]《汉书·刑法志》载“律令凡三百五十九章，大辟四百九条，千八百八十二事，死罪决事比万三千四百七十二事”，其中篇或章用于律、令之篇，条是其下一级单位。关于事，学者一般将“千八百八十二事”之“事”译为“事项”，“死罪决事比……事”之“事”译为“例”。条与事的关系是否如后世律的门类或律例，尚不明。而决事比之事，应可理解为事例、案例。上文中的“事”亦如此。[2]

1959 年出土于甘肃武威磨嘴子 18 号汉墓的王杖十简，内容由授王杖诏令与侵害王杖者的案件构成，[3]它与 1981 年所获王杖诏书令

者处绞，见其等级。从疏议的解释看，加功者虽未下手杀人，但由于实施了阻止受害人逃跑致使被杀的行为，起到共同犯罪中的从犯作用，故亦处死刑，只是较下手杀人者轻一等。在汉代，“非手杀人”在一定条件下可以减轻处罚甚至赦免。前述郑司农引东汉时律文及悬泉汉简即是如此。《梁统传》中所见“手杀人减死罪一等”，不详轻刑理由，但从“人轻犯法，吏易杀人”的后果看，属于滥用轻刑，故为梁统反对。又，本段文字完成后，读到刘月静《〈晋书〉“手杀人”小考》（载张生主编：《法史学刊》2020 年卷，社会科学文献出版社 2020 年版）一文，文中的观点是“手杀人”“应指不假他人之手，亲自杀人”。笔者同意其说，只是论证过程有所不同，故仍保留前述论说。

① 常法，有概言法律、制度的宽泛之义，《左传·文公六年》载：“宣子于是乎始为国政，制事典，正法罪，辟狱刑，董逋逃，由质要，治旧洿，本秩礼，续常职，出滞淹。既成，以授大傅阳子与大师贾佗，使行诸晋国，以为常法。”也有指现行的法律规定之义，《汉书·杜延年传》载：“延年乃奏记光争，以为‘吏纵罪人，有常法，今更诋吴为不道，恐于法深。’”由此义推延常准、定法，再参“著”律令用语，常法、常准、定法可取义于固定的现行律令。

② 梁统疏下文言“至哀平继体，而即位日浅，听断尚寡，丞相王嘉轻为穿凿，亏除先帝旧约成律，数年之间，百有余事”，“百有余事”，或概言“亏除旧约成律”有百余处。而“元哀二帝轻殊死之刑一百二十三事，或对应于《刑法志》所言“大辟四百九条，千八百八十二事”之事。

③ 相关释文见甘肃省博物馆编：《武威汉简》，文物出版社 1964 年版，第 140 页。

册 26 枚简,[①]同为认识、研究汉代法制的珍贵资料。由于王杖十简由诏令与案例构成,与既往所见汉令有所不同,因此引起了学者对其性质的探讨。如大庭脩依据自己对十简的排序,认为此是制诏形式的"死罪决事比";而滋贺秀三认为诏文来自形成于汉代的令典,审判记录是其中一令的附录。[②] 这是以十简为令文本前提提出的认识。1981 年"王杖诏书令册"公布后,大庭脩认为"有关决事比、谳的一般性的看法应当撤回,考虑修正"。[③] 不同认识的产生,除去简的排序、简文理解外,最主要的就是对汉令形态及其编纂形态的认识差异。从"廷尉挈令""兰台令第卅""御史令第卌"诸令名看,经过"以闻"后由皇帝裁断的请谳案件,最后以令的形式编入官府令,应该是存在的,因而其呈现的形态也许是"制诏 + 案例"。[④] 但是王杖简的复杂性在于,若认定其为私人文书,则以汉令的一般形态加以认识便会存

① 释文见武威县博物馆:党寿山执笔《武威新出王杖诏令册》,甘肃省文物工作队:《汉简研究文集》,甘肃人民出版社 1984 年版。关于诏令册的出处,首次披露册书的党寿山之文写道"……又交出一份近年来在磨嘴子汉墓出土的'王杖诏书令'木简二十六枚"(甘肃省文物工作队:《汉简研究文集》,甘肃人民出版社 1984 年版,第 34 页),知出于汉墓,但如何落入个人手中,未详。1994 年,"中国甘肃简牍暨古墓文物展"于日本大阪府立近飞鸟博物馆开展,诏令册原物为展品之一,其文字说明为:"出土:1981 年 9 月,甘肃省武威市新华乡缠山村汉墓。"大阪府立近つ飛鳥博物館『シルクロードのまもり:その埋もれた記録』、大阪府立近つ飛鳥博物館 1994 年、頁 67。

② 相关研究梳理参见冨谷至:「王杖十簡」、『東方学報』(64),1992 - 03。

③ 关于王杖十简的研究过程,可参见冨谷至:「王杖十簡」、『東方学報』(64),1992 - 03。中译本载杨一凡、[日]寺田浩明主编:《日本学者中国法制史论著选·先秦秦汉卷》,中华书局 2016 年版,第 502 ~ 553 页。关于王杖简的学术研究简史,可参见徐世虹:《百年回顾:出土法律文献与秦汉令研究》,载《上海师范大学学报》(哲学社会科学版)2011 年第 5 期。

④ 经皇帝制可的请谳案件,是获得法律适用依据许可,具有法定的、普遍的指导意义的法源。不过诏令中的请谳案例,本身并不是比,而是请谳——制曰过程的反映,最终的形式仍然是令。王杖十简有太守就王杖者被殴打案件上谳廷尉,廷尉批复"罪名明白,赏当弃市"的记载;王杖"诏书令"简有皇帝对王杖者殴辱案的批复,处刑弃市。然而正如王杖十简"·兰台令第卅三、御史令卌三"、王杖"诏书令"简"右王杖诏书令在兰台第卌三"所示,这是包含了请谳案件及上级乃至皇帝批示在内的令。

在风险。[①] 对王杖简性质的讨论自20世纪60年代持续至当下，正是其复杂性所致。最终也许将如大庭脩生前所期待的，“期待着更有意义发掘成果问世”。[②]

---

① 如胡平生在考释简文文意的基础上，认为诏令歧异的存在，表明简册的编写者不是政府官吏，简册并非原文照抄正规的官文书，它很可能是“受王杖主”自己编集成册的，其目的在于以此为“护身符”。参见胡平生：《玉门、武威新获简牍文字校释——读〈汉简研究文集〉札记》，载《考古与文物》1986年第6期。冨谷至认为“在十简中明确记载以上内容，以此作为通知地下世界，希望继续保持墓主待遇与特权的黄泉文书，这就是王杖十简的性质。因此制作十简是墓主周围的人，简牍也不是公文，而是个人性质的文书”。参见冨谷至：「王杖十簡」、『東方学報』(64)，1992－03。仲山茂将王杖简定性为“在民间被重复抄写的、作为‘护身符’的法律文书，王杖简原本应是流传于民间的法令”。参见仲山茂「王杖簡の資料的性格についての一考察」、『名古屋大学東洋史研究報告』(34)、2010。秦涛则从诏书原本、简文书写换行、抄写年代考虑，认为王杖简是民间传抄的版本。参见秦涛：《汉简“王杖诏书”比勘研究》，载中国政法大学法律古籍整理研究所编：《中国古代法律文献研究》(第10辑)，社会科学文献出版社2016年版，第155～169页。

② [日]大庭脩：《秦汉法制史研究》，徐世虹等译，中西书局2017年版，第519页。

岳麓秦简“治者杂受印”小考

南玉泉*

一

《岳麓书院藏秦简(伍)》简 123 ~ 127 多处漫漶或残断,对于准确、完整的解读文意造成障碍。但认真分析残存简文可以发现,该简文可能含有秦朝官印管理制度、诉讼制度的重要信息。现将简文誊录如下:

123・令曰:吏有论毄(系)二千石,治者辄言御史,御史遣御史与治者雜受印。在郡者言郡守、郡监,守丞、尉丞与治

124 者杂受印,以治所县官令若丞之印加封,令卒史上御史。千石到六百石,治者与治所县令若丞雜受,(以令若丞

125 杂受),以令若丞印封,令吏上御史;五【百石】以下,印行郡县者,治者受印,以治□☒

126 所执法。印不行郡县及乘车吏以下,治者辄受,以治所令、丞印封印,令吏□☒

127□当以县次驾到官,及吏归印御史以次驾舍郡柢(邸)及

* 南玉泉,中国政法大学法律古籍整理研究所教授。

咸阳中它官,咸阳当为驾送到官及到御史而毋☐[1]

简124尾部与简125头部的"以令若丞杂受"应属衍文;简125"五"下应加"百石",原报告只加"百"字;简127尾部残缺,故不能像其他完整令文那样知道令名,但从前后所属群简内容推测,可能是《卒令丙》的内容。周海锋认为,"尉郡卒令""郡卒令"之"卒"通"萃",取聚集义。[2]

二

简文中"治者",即刑事案件的审理人员。"杂受印"就是共同接受官印。《史记》《汉书》有"杂治",即多个主体共同审理案件。[3]"杂受印"后,还要将所受之印"加封",令官吏将所封之印"上御史"。封,是国家机关之间往来信件、物品绳束后为保密而加盖的钤泥装置。秦汉各级之间往来信件等都存在"封"的制度。皇帝的诏书、制书也用玺印封缄,并经尚书令重封。《汉书·平帝纪》:"在所为驾一封轺传。"如淳注:"律,诸当乘传及发驾置传者,皆持尺五寸木传信,封以御史大夫印章。其乘传参封之。"则封缄必加印章。岳麓秦简规定,在治者杂受印后,由治者所在地的令或丞印"加封""封印",而不是由治者之印封之。这样做就使治者所在地的令或丞无形中具有了监督者的身份,由他们加封然后"以县次驾到官",最后交归中央御史。"治者受印",就是治狱者直接接受被论系(大意为审讯,拘系)者的印信,并按规定将其上缴。

---

① 陈松长主编:《岳麓书院藏秦简(伍)》,上海辞书出版社2017年版,第108、109页。

② 参见周海锋:《岳麓秦简〈尉卒律〉研究》,载中国文化遗产研究院编:《出土文献研究》(第14辑),中西书局2015年版,第79~80页。

③ 《史记·淮南衡山列传》:"公卿请遣宗正、大行与沛郡杂治王。"《汉书·楚元王刘交传》:"昭帝初,(刘德)为宗正丞,杂治刘泽诏狱。"颜师古注:"杂谓以他官共治之也。"

这里最关键的问题是所受之印是谁的,或者说是哪个部门官员的,弄清这个问题,其他问题就好理解了。“治者雜受印”后,还要“以治所令丞印封印”,即将所受之印加封被论系官吏所在地的令或丞的印信。因此,所受之印应当是被论系官员的印信,换言之就是收缴被论系官吏的印信。从该令可知,论系各级官员都有一个前置程序——收缴其印信。如果将“杂受印”之印理解为秦朝中央对审讯二千石秩官的凭证,后面的“令丞封印”等句子就解释不通。该令分别规定对二千石秩、千石到六百石、五百石以下、乘车吏以下官员的论系程序,其中五百石以下官吏又分“印行郡县者”与“印不行郡县”两类。显然这个“印行”之印不会是中央朝廷的,只能是郡县各部门文书传递时加盖的五百石以下被论系官吏之印。“印不行郡县”者,则是只在本部门文书上加盖印信之官吏,他们加盖印信只起签收作用,这种官吏的权力与责任显然比“印行郡县者”要小。按照这个思路,收缴被审系官吏印信,按秩石级别分为 4 种情况,下面按内容层次分析如下:

(1)论系二千石秩官,治狱之吏都要向御史寺报告;御史寺派御史与治狱人员共同接受被拘审官员的官印。审讯郡署官员要向郡守、郡监通报,守丞、尉丞与治狱人员共同接受被审讯者的官印。接受印信后,加封论治所在地的县令或丞之印,然后郡府派卒史将收缴之印上交御史寺。

(2)论系千石到六百石秩官,由治狱者、治狱所在地的县令与丞共同接受印信,接受印信后,由令或丞加封,令吏上交御史。

(3)论系五百石秩以下官吏,郡、县流通文书需加盖其印信的,由治狱者受印,并由治狱所在地的〔令若丞印加封,令吏上〕属所执法。

(4)郡县各部门之间传递文书无须加盖被论系官员印信的,以及乘车吏以下吏员,由治狱者直接接受被审讯官吏印章,以治狱所在地之令、丞印加封,令吏上交。

官印被收缴后,当驾车依次沿县送达官署,吏员将印章归还御史时亦依次驾车抵郡公馆或咸阳中它官府,咸阳首府官吏应为护送官印者驾送到官及御史寺而不能〔违令〕。

据此令文可知,审毄五百石秩以下的官吏也要收缴官印,只是收缴者的级别不同而已。乘车吏是低级官吏中的又一划分界线,《二年律令·传食律》:"诸吏乘车以上及宦皇帝者,归休若罢官而有传者,县舍食人、马如令。"(简 237)《秩律》:"□都官之稗及马苑有乘车者,秩各百六十石,有秩毋乘车者,各百廿石。""县道司马、候、厩有乘车者,秩各百六十石;毋乘车者,及仓、库、少内、校长、矛长、发弩、卫将军、卫尉士吏,都市亭厨有秩者及毋乘车之乡部,秩各百廿石。"(简 470)[①]故有秩乘车吏当为百六十石以上。

罢官收印在汉简中也有记载:"长秩官吏员,丞相请,许臣收罢官印,上御史,见罔自诇。臣昧死以闻。制曰:可。"(EPT59.36)敦煌第 497 简载:"六月戊午,府下制书曰:安众侯刘崇与相张绍等谋反,已伏辜。崇季父蒲及令犁解印授(绶),肉袒自护。"延居简明白记载,收罢官印后"上御史"。结合岳麓秦简,可知罢官后收缴官印上交御史是一项固有制度。

三

《岳麓书院藏秦简(伍)》简 123 ~ 127 简文所载内容虽事涉诉讼,但应归属于官印管理制度。对于受审官员,原则上由审理者(治者)与郡或县级官员共同接受官印。审讯中央机关的二千石秩官吏

① 张家山二四七号汉墓竹简整理小组编著:《张家山汉墓竹简(二四七号墓)》,文物出版社 2006 年版,第 40、80 页。

则由御史与治者共同接受官印。监御史与执法对官员的论系具有监督权。审讯在郡者官吏,须向郡守、郡监通报,而论系五百石秩以下官吏,收缴官印后需上交所属执法。岳麓秦简所载的详细的关于审讯各级官员收缴印信的规定还是首次发现,这对于了解秦朝官印管理制度和诉讼制度都具有重要意义。

《汉书·百官公卿表》有不同官吏级别的用印制度:"凡吏秩比二千石以上,皆银印青绶;光禄大夫无。秩比六百石以上,皆铜印黑绶,大夫、博士、御史、谒者、郎无。其仆射、御史治书尚符玺者,有印绶。比二百石以上,皆铜印黄绶。成帝阳朔二年除八百石、五百石秩。绥和元年,长、相皆黑绶。哀帝建平二年,复黄绶。"《续汉书·舆服制》记载有印的大小、各级别的绶色长短:"四百石、三百石、二百石黄绶〔一采〕,淳黄圭,长丈五尺,六十首。自墨绶以下,逆绶皆长三尺,与绶同采而首半之。百石青绀绶,一采,宛转缪织〔圭〕,长丈二尺。"说明官印制度包括百石小吏。用汉制说明秦制虽有很大风险,但可以参考。典籍载,汉官印由中央统一制定,《通典·卷二四·职官六》载:"二汉侍御史所掌凡有五曹,一曰令曹,掌律令。二曰印曹,掌刻印。"《汉书·王莽传》载元始四年(公元4年),王莽上书曰:"臣请御史刻宰衡印章曰'宰衡太傅大司马印',成,授臣莽,上太傅与大司之印。"印证了这个制度。侍御史掌管中央官吏的印章核准与篆刻,但具体操作当由兰台令史负责。《续汉书·百官志》载:"兰台令史,六百石。本注曰:掌奏及印工文书。"汪桂海先生考证,《续汉书·百官志》这一段文字有误,结合两汉志文字,应为:"兰台令史,六人,百石。本注曰:掌书劾奏及印,主文书。"①侍御史所掌印曹及兰台令史所掌印文、篆刻应当是中央所属官吏的印章,而大量的地方官吏印

① 汪桂海:《汉印制度杂考》,载《历史研究》1997年第3期。

章由哪个部门负责篆刻却史无记载。王廷洽先生认为,兰台令史掌“印工文书”指书写官印文字,设计印面,然后交给制印工匠刻制印模进行翻铸。郡国地方政府虽然没有兰台令史一职,但肯定有令史机构的官员。地方政府所设之令史,其职责之一当是掌“印工文书”。[①]这种推论还需要直接证据。不过,从岳麓秦简可知,地方官员被拘系,其印章收缴后也要上交给中央御史机关,这同汉代收缴中央官吏印章后须上交御史是相同的。典籍所载这些汉代制度对于理解秦朝的官印管理制度应当有所帮助。

① 王廷洽:《居延汉简印资料研究》,载《青海师范大学学报(哲学社会科学版)》1999年第3期。

读岳麓秦简律令文献札记四则

王博凯*

近期研读岳麓秦简，偶有心得，遂草成零札数则，以向学界同仁求教学习。文中不当之处，敬请方家指教。

一

《岳麓书院藏秦简（陆）》中有一则内容涉及“黔首挟兵”的令文，其中1433号简：

> 诣吏及已闻令后敢有私挟县官戟、刃、弓、弩及卖买者，皆与盗同法。挟弓、弩殊折，折伤不□1433[1]

简末的未识字或当释为“可”字。未识字图版作，从字形上看，未识字与岳麓秦简、里耶秦简中“可”字的写法十分接近。如（岳麓秦简0114）（里耶秦简8－125），竖笔仍有笔迹残留可见，明显是“可”字下部残存笔画。从文意看，“挟弓弩殊折，折伤不可”的说法与睡虎地秦简《金布律》的“县、都官以七月粪公器不可缮者”及

* 王博凯，清华大学出土文献研究与保护中心博士后。

[1] 陈松长主编：《岳麓书院藏秦简（陆）》，上海辞书出版社2020年版，第48页。

"取不可葆缮者,乃粪之"[①]的意思很相近,均应是对不可修缮的器物的处置规定。

二

岳麓秦简中有关于"入姨夫"的记载:

> 有子者,毋得以其前夫、前夫子之财嫁及入姨夫及予 1107 后夫、后夫子及予所与奸者,犯令及受者,皆与盗同法。母更嫁,子敢以其财予母之后夫、后夫子者,弃 1108[②]

关于"入姨夫"的内涵,学术界已作了较多研究。[③] 也基本上达成了"姨夫"属"赘婿"群体的共识,"入姨夫"即为招赘。若此理解不误的话,或许可对认识《周礼》"判妻入子"中"入子"的含义这一自古以来颇具争议的问题提供参考。《周礼·地官·媒氏》载:"凡娶判妻入子者,皆书之。"[④]对其中"判妻入子"一句的理解自汉代以来争议不断。有学者对这些分歧作了系统梳理,指出"判妻"有"娶妻""出妻""娶再嫁妇"等观点;"入子"有"嫁女""纳妾""入宗子为嗣""接纳再嫁妇所携带子女""赘婿"等诸说。[⑤] 关于"入子"的理解问题,目前学界多从清儒孙诒让的观点,"入子"即接纳再嫁妇所携带的子女。延瑞芳等虽对孙氏之说作了辩驳,认为其理据不足,但也仅是

① 睡虎地秦墓竹简整理小组编:《睡虎地秦墓竹简》,文物出版社 1990 年版,释文注释第 40~41 页。

② 陈松长主编:《岳麓书院藏秦简(伍)》,上海辞书出版社 2017 年版,第 39 页。

③ 参见王博凯:《〈岳麓书院藏秦简(伍)〉研究二题》,载李学勤主编:《出土文献》(第 15 辑),中西书局 2019 年版,第 264~272 页;张以静:《秦汉再婚家庭的财产权——以简牍材料为中心》,载《河北学刊》2019 年第 4 期。

④ (清)孙诒让撰:《周礼正义》(二),中华书局 2016 年版,第 1251 页。

⑤ 具体辨析之文参见延瑞芳、陈戍国:《〈周礼·地官·媒氏〉"判妻入子"诸说考辨》,载《广西社会科学》2018 年第 3 期。

从推理上分析,并没有提供文献上的依据。而岳麓秦简的"入姨夫"与《周礼》"入子"或可对应参照理解。"子"在古文献中并非仅指子女,其还是男子的代称,而"姨夫"也是指一类男子。延氏认为"入子"为赘婿,将其作为一个整体名词来理解,似乎不妥。《周礼》"凡娶判妻入子"一句或应理解为"娶判妻"和"入子"两种行为,"娶"和"入"相对应。"判妻"的"判"字,《广雅·释诂一》:"判,分也。"[①]《左传·庄公三年》:"纪于是乎始判。"杜预注:"判,分也。"[②]分即分开,"判妻"是已与前夫分开的女子,即离婚之女,"娶判妻"也就是娶再嫁女。这里的"入"与岳麓秦简"入姨夫"之"入"均应为招纳赘婿之意。《周礼》该句的含义可能是指男子娶再嫁妇和妇女招赘这两种行为都要到"媒氏"那里去登记,此句是对女子再婚和招赘行为的规范。这点在出土简牍中亦有体现,岳麓秦简1099号简载:

·十三年三月辛丑以来,取(娶)妇嫁女必参辨券└。不券而讼,乃勿听,如廷律└。前此令不券讼者,治之如内史1099[③]

可见,在秦统一前已经实行了婚姻登记的参辨券制度,对百姓的婚姻秩序予以管控,这和《周礼》的记载可相对应。寡妇招赘亦等同于男子娶妇,也应到相应政府机构登记注册。

三

岳麓秦简1017号简是一则关于秦代"行訞"的令文:

【·】自今以来,有诲传言以不反为反者,辄以行訞律论之,

① (清)钱大诏撰:《广雅疏义》,中华书局2016年版,第50页。
② 杨伯峻:《春秋左传注》,中华书局1981年版,第161页。
③ 陈松长主编:《岳麓书院藏秦简(伍)》,上海辞书出版社2017年版,第130页。

其有不□者，徙洞庭，洞庭处多田所。 ·十三 1017[①]

简文“其有不□者”中的未识字，学界作过较多讨论，拙文对此也曾予以辨析。[②] 虽然目前整理者注为“疑为安”的说法是最可取的，但在令文意思的解读上似还可再讨论。拙文曾指出，“不安者”是指不安现状，预谋造反之人。秦令虽然严惩散布危言，混淆视听，扰乱民心的行为，但对那些不安现状，预谋造反而尚未付出行动者则予以从轻处理。[③] 这一解释虽能疏通文义，但在文献依据上尚有些不足，对其理解似可再探寻。在“安”字的理解上，其或可读为“案”，如此似能得到秦汉律及唐律的佐证。“案”字在古文献中有“界限”之意，如《国语·齐语》载“参国起案，以为三官”，韦昭注“案，界也”。[④] 可见，“案”在此可表界限、范围，引申为用于区分的标准或限度。则“其有不案者”，从语境上看当指其中有未超过“行訞”罪定罪量刑的限度标准者，要迁往洞庭郡劳作。那么，这个标准具体指什么？我们可从秦汉律及唐律中寻求线索。秦时对多数言论罪的定罪强调“聚众”，注意防范群体造谣的行为。这一点从秦始皇焚书时李斯的奏疏中可窥一斑，《史记·秦始皇本纪》载：

> 今皇帝并有天下，别黑白而定一尊。私学而相与非法教，人闻令下，则各以其学议之，入则心非，出则巷议，夸主以为名，异取以为高，率群下以造谤。如此弗禁，则主势降乎上，党与成乎下。[⑤]

---

① 陈松长主编：《岳麓书院藏秦简（伍）》，上海辞书出版社 2017 年版，第 42 页。

② 相关内容参见王博凯：《〈岳麓书院藏秦简（伍）〉研究二题》，载李学勤主编：《出土文献》（第 15 辑），中西书局 2019 年版，第 264～272 页。

③ 相关内容参见王博凯：《〈岳麓书院藏秦简（伍）〉研究二题》，载李学勤主编：《出土文献》（第 15 辑），中西书局 2019 年版，第 264～272 页。

④ 徐元诰撰：《国语集解》，中华书局 2002 年版，第 222 页。

⑤ （汉）司马迁：《史记》，中华书局 1959 年版，第 255 页。

文中的“巷议”和“率群下以造谤”都体现了群体聚众散播不当言论的情况,进而指明其危害性,即易造成“主势降乎上,党与成乎下”的局面。此外,秦始皇三十五年的“坑儒”事件,案件中也多次强调“诸生”,说明秦代对聚众散布妖言,惑乱黔首之行为的防范和打击极其严厉。《汉书·高帝纪》载秦苛法时言:“诽谤者族,耦语者弃市。”应劭曰:“秦法禁民聚语。”[①]简文似乎正反映了这一情况。这里“其有不案者”或指没有超过法律规定“聚众”这一限度标准的人,故从轻发落,免其极刑而只是迁徙到洞庭多田所劳作,以儆效尤。但“聚众”到底是一个什么样的限度?有没有具体的划分标准?这一点在唐律中有明确体现。《唐律疏议》载:

> 诸造祆书祆言者,绞。传用以惑众者,亦如之;其不满众者,流三千里。疏议曰:其不满众者,谓被传惑者不满三人。若是同居,不入众人之限;此外一人以上,虽不满众,合流三千里。[②]

可与此条令文相参看。唐律是承继秦汉律而来,其中的许多规定均可追寻到秦汉律的影子。“不满众者,谓被传惑者不满三人”很可能同于这里“案”的界限标准,不满三人者就不符合聚众之标准,即可以依律从轻处以流放刑,与此内容极为相近。这一情况说明,秦法对散布“妖言”罪行的处理并非尽如传世典籍所言一概处以极刑,而是根据情况具体变通,显示了秦法的灵活性。

四

岳麓秦简中有边疆蛮夷来边地诱导及来盗略人现象的记载:

> 诱隶臣、隶臣从诱以亡故塞徼外蛮夷,皆黥为城旦舂;亡徼

---

① (汉)班固:《汉书》,中华书局1962年版,第23~24页。

② (唐)长孙无忌等撰:《唐律疏议》,中华书局1983年版,第345页。

中蛮夷,黥其诱者,以为城旦舂;亡县道,耐其诱者,以为隶臣。2065+0780道徼中蛮夷来诱者,黥为城旦舂。其从诱者,年自十四岁以上耐为隶臣妾∟,奴婢黥(颜)頯,畀其主。0187[①]

从简文看,秦时徼外蛮夷与秦王朝之间存在人力资源之争。处于秦帝国统治之外的蛮夷为了获取内地的人力和技术资源,采取"诱导"和"盗略"等方式与秦帝国开展人力资源的争夺。这种现象不仅会导致帝国人口流亡,还会造成先进生产技术等资源的外泄,危害秦边疆秩序的稳定,这当然是秦王朝所不能允许的。秦政府对诱导隶臣逃亡者予以严惩,并根据逃亡地域的不同情形做了区别量刑。徼外蛮夷将人员诱亡徼外者,诱者及从诱者均要被处以黥城旦舂处罚;亡徼中者,对诱者施以黥城旦舂处罚;亡县道者,耐诱者以为隶臣。

简文"道徼中蛮夷来诱者"一句中"道"的含义学者有争议,如陈伟认为,这个"道"应为"导",引导之意。[②] 不少学者从此说。[③] 但也有学者结合《岳麓书院藏秦简(伍)》的内容对此提出了不同意见,如"道"或指"从""经由"及"县道"诸说。[④] 其中,高欣媛提出此"道"可能指县道,郭涛指出此说不能忽视和轻易否定。我们认为,这个"道"很可能就是"县道"之意,指行政区域。我们已知晓,"道"在秦汉时期就是特指蛮夷居住地的行政单位。《汉书·百官公卿表》载"有蛮夷曰道"就是指此。从前后文语境上来分析,此句前半部分律文所见处罚都是针对"蛮夷来诱者"及"从诱者"两类人而言的。若作"引

---

① 陈松长主编:《岳麓书院藏秦简(肆)》,上海辞书出版社2015年版,第72页。

② 陈伟:《〈岳麓书院藏秦简(伍)〉校读(续三)》,载简帛网,http://www.bsm.org.cn/show_article.php?id=3030,首发于2018年3月21日。

③ 武汉高校读简会:《〈岳麓书院藏秦简(伍)〉研读记录(三)》,载简帛网,http://www.bsm.org.cn/show_article.php?id=3187,首发于2018年7月5日。

④ 武汉高校读简会:《〈岳麓书院藏秦简(伍)〉研读记录(一)》,载简帛网,http://www.bsm.org.cn/show_article.php?id=3175,首发于2018年6月21日。

导”讲,则此句意为:引导蛮夷来诱者,黥为城旦舂。这是对引导者的处罚,后文紧接着又是对“从诱者”的处罚。显然与前面所述对象不一致,在这一情况下的犯罪中,最大的危害者,也就是主谋“蛮夷诱者”却未见律令的任何处罚,显然是不可思议的。有学者对秦代蛮夷边疆治理区域作了图示:

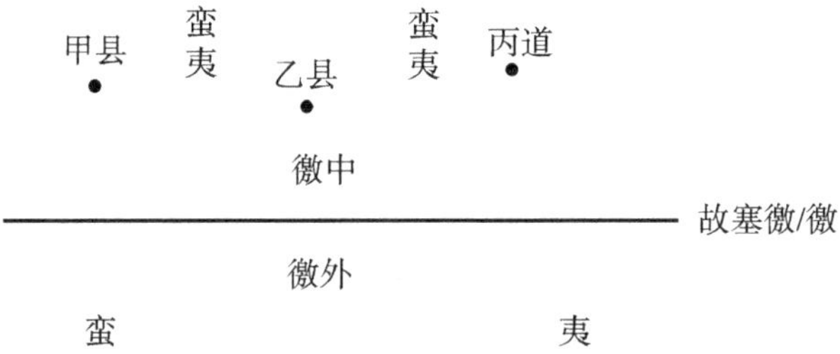

图 1　秦代蛮夷边疆治理区域

(资料来源:武汉高校读简会:《〈岳麓书院藏秦简(伍)〉研读记录(三)》,载简帛网,www. bsm. org. cn/show - artiole. php? id = 3187,2018 年 7 月 5 日。

从图 1 来看,秦代蛮夷统治区分为县道、徼中地区,以故塞徼为分界线,徼外蛮夷为非秦控制区。秦代对蛮夷来诱者及被诱者逃亡问题的处理,只要未逃出秦控制区就只对来诱者予以处罚。这一现象的原因,一种情况是还在秦代的管控范围,未造成人力资源或技术的外流;另一种情况可能是出于对劳动力的保护,当然这种保护也是功利性的。逃离秦蛮夷控制区者,诱者和从诱者均要予以严惩。而已归附秦的蛮夷,即处在道、徼中地区的蛮夷还要诱导内地人员到徼外去,处罚亦与徼外蛮夷来诱者相同。

从《岳麓书院藏秦简(伍)》看秦诏令关系

王牧云*

《岳麓书院藏秦简(伍)》有两条关于诏、令关系的新记载:

·令曰:诸所上而为令,诏曰可,皆以书下日定,其奏日下之,其当以时下,各以下时定之。

·卒令乙廿七。106/1907①

·令曰:治狱有遝宦者显大夫若或告之而当征捕者,勿擅征捕,必具以其遝告闻,有诏乃以诏从事。J22/304②

此两简均以"令曰"起首,全简较为完整,字迹清晰。后简另有《岳麓书院藏秦简(陆)》简 74/1971 载"令治狱者自今以来,有遝(逮)宦者显大夫若或告之而当征捕者,勿擅征,必具以其逮告闻,有诏乃",与其内容一致,应为同一完整令文,可参看。③

从内容上看,第一枚简规定令的生效须经过"诏曰可"的程序,并

---

* 王牧云,中国人民大学法学院博士研究生。

① 陈松长主编:《岳麓书院藏秦简(伍)》,上海辞书出版社 2017 年版,第 103 页。

② 陈松长主编:《岳麓书院藏秦简(伍)》,上海辞书出版社 2017 年版,第 199 页。

③ 陈松长主编:《岳麓书院藏秦简(陆)》,上海辞书出版社 2020 年版,第 72 页。

以诏书下达的时间作为其生效时间,第二枚简则规定征捕特殊身份人群需要上告,有诏书规定的按照诏书办事。其中第二枚简的简末以"有诏乃以诏从事"作结为简文首见,《岳麓书院藏秦简(陆)》简74/1971或有一致用语(其后缺简)。就此二枚简文记载,此时诏、令已有明显的区分,令的制定须经诏准许。另在法律适用上,诏的适用或优先于令。

诏、令的关系与区别自有其发展流变的过程。有关诏、令关系及其区分,或可从其字源进行考证。《说文》云:"诏,告也。令,发号也。"以此为据考证"诏""令"二字,其义在"发布命令"上有所重叠。而后,据《史记·秦始皇本纪》载"丞相绾等曰:臣等昧死上尊号,王为'泰皇',命为'制',令为'诏'",皇帝之令至此统称为"诏"。[1] 此改称之事,亦得出土文献验证,譬如《里耶秦简(壹)》简8-461有载:"以王令曰【以】皇帝诏。"BⅥ[2]诏、令发展到汉代,已有严格的文书格式。《独断》释诏有云:"诏书者:诏告也,有三品,其文曰告某官。官如故事,是为诏书。……下有制曰天子答之曰可下某官云云……"于令则释为"奉而行之名曰令",另在"令"前释"命"为"出君下臣名曰命"。依此条记载推测,命、令为皇帝之言从下达到执行的不同程序。令的范围应远广于诏,所有执行皇帝之言的行为都可称令。杨振红先生对《二年律令》文本进行考察,认为《二年律令》中的很多律条是以诏书令的形式颁布的,此处的诏书令应就指诏书。换言之,其认为部分诏书可经过编纂转化为律令。综上所述,出土文献同传世文献中汉诏令的记载都与此二简记载有异,故不能以汉诏令佐证秦

① 参见(汉)司马迁:《史记·秦始皇本纪》,中华书局1959年版,第236页。
② 陈伟主编:《里耶秦简牍校释》(第1卷),武汉大学出版社2012年版,第156页。

诏令,仍需回归秦诏令本身进行考察。[①]

回归秦诏令本身进行考察,笔者认为秦诏与秦令或在以下几个方面有别:

首先,秦诏与秦令的内容有异。除《史记·秦始皇本纪》中有关于改王令称诏的记载外,其余传世文献暂未见有关秦诏的内容。《岳麓书院藏秦简(肆)》简 0519/344 有载"昭襄王命曰:置酒节(即)征钱金及它物以赐人,令献(谳),丞请出;丞献(谳),令请出,以为恒。·三年诏曰",此简为"复用昭襄王之令"之诏。[②] 陈伟先生改释其"诏曰"为"制曰"。[③] 若从其改释,"制曰"与起首"命曰"相对,亦与"命为制"记载相符,应将此简排除在秦诏之外。另有益阳兔子山秦简简 J9③1 所载《秦二世元年十月甲午诏书》,此牍虽无"诏曰"二字,其简文所载"朕"为皇帝自称,又有"奉遗诏"等言,应为秦二世的诏书无误。[④] 此诏为秦二世登基后将推行的改革,涉及废除流罪、赈济贫民等内容,在适用对象上已具有一般性。其余秦简暂不见秦诏的具体内容。

除传世文献及出土文献以外,一些青铜器上可见秦诏内容。此类刻有秦诏的青铜板统称为"秦诏版",亦可称"秦量诏版"。其上或刻秦始皇二十六年统一度量衡诏书,或刻秦二世元年同类诏书,或二

---

① 参见杨振红:《从〈二年律令〉的性质看汉代法典的编纂修订与律令关系》(连载二),载简帛网,www. bsm. org. cn/show_article. php? id = 172,首发于 2006 年 1 月 9 日。

② 陈松长主编:《岳麓书院藏秦简(肆)》,上海辞书出版社 2015 年版,第 209 页。

③ 参见陈伟:《秦简牍校读及所见制度考察》,武汉大学出版社 2017 年版,第 92 ~ 93 页。

④ 益阳兔子山秦简简 J9③1:"天下失始皇帝,皆遽恐悲哀甚,朕奉遗诏,今宗庙吏及箸,以明至治大功德者具矣,律令当除、定者毕矣。元年与黔首更始,尽为解除流罪,今皆已下矣,朕将自抚天下。(正)吏、黔首,其具行事已,分县赋援黔首,毋以细物苛劾县吏,亟布。以元年十月甲午下,十一月戊午到守府。(背)"《益阳兔子山遗址出土简牍(一)》,载湖南考古网,http://www. hnkgs. com/show_news. aspx? id = 973,首发于 2014 年 12 月 10 日。

诏合刻,应为研究秦诏的一手材料。秦始皇二十六年诏释文如下:[1]

> 廿六年,皇帝尽并兼天下,诸侯黔首大安。立号为皇帝,乃诏丞相状、绾法度量,则不壹歉疑者,皆明壹之。

此诏内容为规范度量,统一标准。与上引《秦二世元年十月甲午诏书》相比,两者的适用对象都颇为广泛,同不见制度的细则与违诏的惩罚措施。

至于秦令,其内容则更为丰富多见。最容易判断的便是以"令曰"为首之令,如《岳麓书院藏秦简(伍)》简 100/1679 + 1673 至简 101/1667 载"·令曰:制书下及受制有问议者,皆为薄(簿),署初到初受所及上年日月、官别留日数、传留状,与对皆(偕)上。不从令,赀一甲。·卒令乙五",[2]简 102/1877 载"·令曰:御史、丞相、执灋以下有发征及为它事,皆封其书,毋以檄。不从令,赀一甲。·卒令乙八"等,[3]分别是有关受制的记录和封书的相关规定,从现代法制来看应归属于行政法内容。有些秦令起首未见"令曰"二字,其后或有编号,或直书令名,可明确归属于秦令。从明确的归属于秦令的简牍文本中还可见到现代法意义上有关刑法、行政法、民商事务等方面的内容。[4] 综上所述,与秦诏相比,秦令内容更为丰富。另外,秦令的规定亦更为细致,文末一般带有违令处罚。此处须注意的是,出土秦诏版虽多,但其内容一致,具体的秦诏内容仅有两例,能否以此管窥秦

---

① 以往学者多从书法视角探讨秦诏版的篆刻艺术,而少见对其法律意义的探讨。《文博》所载两期《秦诏版研究》首先对可见的秦诏版进行了数量统计,后从形制、制造、使用等方面归纳了以往学者对其释文等方面的差异,可为参考。参见赵瑞云、赵晓荣:《秦诏版研究》,载《文博》2005 年第 2 期、第 3 期。

② 陈松长主编:《岳麓书院藏秦简(伍)》,上海辞书出版社 2017 年版,第 101 页。

③ 陈松长主编:《岳麓书院藏秦简(伍)》,上海辞书出版社 2017 年版,第 101 页。

④ 有关秦令内容的部门法分类,参见王牧云:《岳麓书院藏秦简所见秦令研究》,华东政法大学 2020 年硕士学位论文。

诏内容仍需谨慎。

其次,两者在接受对象上或有不同。《岳麓书院藏秦简(伍)》与《里耶秦简(贰)》分别有关于"受诏"与"受令"的记载。《岳麓书院藏秦简(伍)》简 079/1007:"论之,而上其奏夬(决)。·其都吏及诸它吏所自受诏治而当先决论者,各令其治所县官以瀍决论",[①]简 327/1857:"□∠。自今以来,令诸尝受诏有案行覆治而能中诏以赐者,及虽不身受诏,诏吏之所遣事已,上其奏",[②]从此二简来看,诏的接受对象为吏。《里耶秦简(贰)》有简 9-170"安成更不更唐頪受令",9-284"安成不更贾受令",9-1130"东成不更朱发受令"等语,[③]可见受令的对象为不更。另有《睡虎地秦简·为吏之道》载"……·吏有五失:……四曰受令不偻……",[④]即受令不恭敬。据此,吏也可能是受令的对象。从暂见的出土秦简来看,受诏的对象为吏,受令的对象则有吏与不更,在接受对象上,受令的主体范围要广于受诏的主体。

最后,两者在适用时效上亦有不同。适用时效的长短是行政命令与法律规范之令最主要的区别之一,亦是秦诏与秦令的重要区别。《岳麓书院藏秦简(伍)》所载令文中常见"以为恒"辞例,或可说明其时秦令已具备永久时效。如:

> □军□为令。奏。制曰:可。布以为恒令。
>
> ·尉郡卒令乙。153/1163[⑤]
>
> ☑节(即)吏有请若上书者,有言殹(也)。其所请、言节

① 陈松长主编:《岳麓书院藏秦简(伍)》,上海辞书出版社 2017 年版,第 65 页。

② 陈松长主编:《岳麓书院藏秦简(伍)》,上海辞书出版社 2017 年版,第 207 页。

③ 陈伟主编:《里耶秦简牍校释》(第 2 卷),武汉大学出版社 2018 年版,第 266 页。

④ 睡虎地秦墓竹简整理小组编:《睡虎地秦墓竹简》,文物出版社 1990 年版,释文第 169 页。

⑤ 陈松长主编:《岳麓书院藏秦简(伍)》,上海辞书出版社 2017 年版,第 118 页。

(即)已行而后有(又)有请、言其等者,必尽具写其前所已行186/1794+1856-1,与奏偕上。以为恒。

·廷卒乙。187/1785[①]

上引第1条简文有字模糊,凭“军”字或可推测是针对军事下达的命令,经过“制曰可”的程序公布为永久性的秦令。上引第2条简文规定再次请、言的一定要完整写下之前的执行情况,和其奏章一起上报,以上规定作为常制。“以为恒”,尤其是“恒令”的出现说明秦令已有了永久的适用时效。至于秦诏,笔者在其学位论文《岳麓书院藏秦简所见秦令研究》一文中将具有普遍适用性(或说适用时效长久)的秦诏归为了“秦令”的研究范畴。[②] 而从秦始皇二十六年诏“诏丞相状绾法度量”之语推测,秦诏或应人应事而下,其适用时效远未达到“恒”的地步。受秦诏材料之缺所限,或有“恒诏”亦未可知。

综上所述,从目前所见的出土文献与器物来看,在秦始皇“令为诏”改称之后,秦诏与秦令在内容、接受对象和适用时效上有异,两者应为秦时不同的法律形式,不可混同。

---

① 陈松长主编:《岳麓书院藏秦简(伍)》,上海辞书出版社2017年版,第130页。

② 参见王牧云:《岳麓书院藏秦简所见秦令研究》,华东政法大学2020年硕士学位论文。

秦至汉初特殊身份者审判程序研究

管笑雪[*]

秦至汉初，具有高爵、高秩的特殊身份者犯罪案件，表现出与一般案件不同的审判程序，最为显著的即是案件需要上报。以往通常认为，特殊身份者案件须“请”，是法律上的一种特权，并且秦至汉初的“请”与后世的“上请”有着相当的联系。从出土材料来看，特殊身份者犯罪的审判程序，究竟是否为一种法律特权，尚有讨论的余地。

张家山汉简《奏谳书》中出现了几则因嫌疑人身份较为特殊而需要上报的案件，即案例十四、案例十五和案例十六。对其审判程序的研究已有诸多成果，现在此基础上做进一步的探究。

一、从个案入手：特殊身份者审判程序辨析

研究着眼于《奏谳书》案例十四由谁审，又由谁判。首先需明确案件的管辖问题，宫宅洁指出，“受理时，并不考虑犯罪地点和嫌疑人籍贯，即贯彻所谓的发现地原则”。[①]《奏谳书》案例十四中，案件由

* 管笑雪，中南财经政法大学法律史专业博士研究生。

① ［日］宫宅洁：《秦汉时期的审判制度——张家山汉简〈奏谳书〉所见》，徐世虹译，载杨一凡、［日］寺田浩明主编：《日本学者中国法制史论著选·先秦秦汉卷》，中华书局2016年版，第277页。

安陆丞忠举劾,说明安陆县为发现犯罪端倪的机关,然而本案由南郡承担审判。那么就存在疑问:安陆县在受理案件后,为何仅承担了"举劾"的功能?南郡又怎样承担本案的审判?

对此,李力认为,"案发后,其初审机关是安陆县衙"。案件由安陆丞忠举劾,故可能是由安陆县令进行主审。由于狱史平具有"五大夫"爵位,"县令无权审理,因此就上报给南郡守,由郡一级来审理"。在案件来到南郡后,南郡守强等人根据"令"的规定,对狱史平作出判决。"但是,该判决需要履行法定的上级审批制度后才能生效。"[①]其理解基本是合理的,即本案安陆县无权审理,故仅举劾。南郡审理完毕后的"当:平当耐为隶臣,锢,毋得以爵、当赏免"已经是正式的判决结果。其后南郡将案件上报,是为了完成上级审批这一法定环节。

接下来,就其中几点问题稍作补充说明。

其一,文书末尾的"谒以闻",并不是指南郡将案件上报廷尉,而应当是指南郡请求上级(廷尉)将案件报告给皇帝。

据邬勖考证,"'以闻'在史籍中一般特指闻于君主","谒以闻"是"请求上级将判决报告给皇帝之语"。[②] 陶安同样持此观点,即"谒以闻"是"要求廷尉向朝廷'以闻'"。[③] 张家山汉简《二年律令》多次出现"相国、御史以闻""丞相、御史以闻""御史以闻"的辞例,其后均接:"制曰:可。"而《岳麓书院藏秦简(伍)》简 281 中亦出现"御史以闻"。可见在秦及汉初,"以闻"在大多数情况下指代将记载事务的

① 李力:《"隶臣妾"身份再研究》,中国政法大学 2006 年博士学位论文。

② 参见邬勖:《〈奏谳书〉篇题再议——以文书类型和案件性质的考察为视角》,载简帛网,http://www.bsm.org.cn/show_article.php? id = 1962,首发于 2013 年 12 月 10 日。

③ [德]陶安:《试探"断狱"、"听讼"与"诉讼"之别——以汉代文书资料为中心》,载张中秋编:《理性与智慧:中国法律传统再探讨——中国法律史学会 2007 年学术研讨会文集》,中国政法大学出版社 2008 年版,第 69 页。

文书上奏给君主。

其二,本案只有在完成“上级审批”后,判决才能够生效并进入执行阶段。

在《奏谳书》案例十四中,在南郡和安陆县之间并不存在上级“审批”,因为安陆县并没有就案件给出自己的判决(或者说是判决意见)。而在皇帝和南郡之间则存在“上级审批”。南郡已经就此案给出了自己的判决(“当”),并将此判决上奏廷尉,请求廷尉将案件上闻于皇帝。

需要注意的是,水间大辅认为南郡拟定的是判决意见。[①] 陶安甚至认为,“‘当’是在自己不能独立论断该案的情况下转告给其他机关的‘判决意见’”。[②] 即该案中,南郡不能独立论断。

南郡的判决必须经过皇帝核准(或驳回、改判),否则不能进入执行环节。这一见解毫无疑问是正确的。然若说“当”就一定指“判决意见”,是由无独立论断权的机关做出的?没有上级回“报”就不能生效?似乎不然。按《岳麓书院藏秦简(伍)》简 078－081 载:

> ·辠(罪)人久毄(系)留不决,大费殹(也)。·诸执法、县官所治而当上奏当者:·其辠(罪)当耐以下,皆令先决论之,而上其奏夬(决)。·其都吏及诸它吏所自受诏治而当先决论者,各令其治所县官以法决论之,乃以其奏夬(决)闻。·其已前上奏当而未报者,亦以其当决论之。·其奏决有物故,却而当论

① [日]水间大辅:《张家山汉简〈奏谳书〉与岳麓书院藏秦简〈为狱等状四种〉之形成过程》,载中国政法大学法律古籍整理研究所编:《中国古代法律文献研究》(第11辑),社会科学文献出版社2018年版,第91～119页。

② [德]陶安:《试探“断狱”、“听讼”与“诉讼”之别——以汉代文书资料为中心》,载张中秋编:《理性与智慧:中国法律传统再探讨——中国法律史学会2007年学术研讨会文集》,中国政法大学出版社2008年版,第70页。

者,以后却当更论之。·十六[1]

此简所载内容大意为,犯罪之人长期拘系而不进行论处,所费颇多。各执法、县官对案件进行审理,而需要上报其载有判决及所引法律的文书的:若犯人所犯之罪在耐罪以下的,都由执法、县官先行判决处置,并将判决论处的文书上报。若是都吏及其他官吏自身受到诏令要求其审理,而应当先行判决处置的,各自令其治所所在地的县官依法判决处置,然后将案件的判决论处文书上闻于皇帝。在此之前,已经将载有判决及所引法律的文书上报而没有得到回复的,也依所作出的判决文书对犯人进行判决处置。若判决论处的文书出现了问题,上级驳回时给出其判决文书的,应当按照后来上级驳回时出具的判决文书更改对犯人的处置。

此条令文当为针对案件久留不判问题所做出的规定。其中"诸执法、县官所治而当上奏当者:其辠(罪)当耐以下,皆令先决论之,而上其奏夬(决)"一句,说明了对于"耐罪以下"的案件,若久留不判的,县道可以直接先行判决、执行,待执行完毕之后再将判决处置的文书上报,此时的判决执行文书称为"奏决"。

要知道,"耐罪以下"案件,本就是县道拥有审判权的案件。本条的规定说明,在通常情况下,案件没有久留不判的,即使是这类案件,县道仍旧需要上报其判决文书,即"奏当"。显然,此时"当"的出具主体是拥有审判权的,而依旧可以称为"当",故"当"的出具主体并非不能独立论断该案的机关。

而"其已前上奏当而未报者,亦以其当决论之"一句,是指若下级已经将案件判决文书上报,上级长时间未给与回复的,在此条令文颁布之后,下级即可按照判决文书直接对犯人进行判决处置。由此反

① 陈松长主编:《岳麓书院藏秦简(伍)》,上海辞书出版社 2017 年版,第 65 页。

推可知,在没有久留不判的情况下,县道在判决之后,须经上级审批,判决才能够执行。而在某些特殊情况(如该条)下,“审批”程序当可略过,说明“当”为“判决”而非“判决意见”。

县道拥有的审判权,仅能支持其在一定条件下独立完成判决执行。大多数情况下,其判决权要依靠上级审批方能圆满。上级机关可以核准县道的判决,也可以驳回、变更判决。这使县道的判决效力无比接近“判决意见”。

其三,“五大夫”有爵者这类特殊身份者,其案件的管辖权在郡一级。

本案应当是由安陆县受理的。实际的司法过程可能是安陆县在受理案件后,发现狱史平的爵位为“五大夫”,这类群体犯罪,案件的管辖权在郡一级,故安陆县将案件呈报给南郡。

综上所述,特殊身份者案件,县道无权审理,案件管辖权在郡。郡审理案件并判决,上奏廷尉,廷尉再将案件上奏给皇帝,由皇帝批准后方能执行。

二、对照其他案件:细化特殊身份者审判程序

《奏谳书》案例十五和案例十六,同为具有特殊身份嫌疑人的案件,其审判程序是否与案例十四一致?

(一)地域回避:对《奏谳书》案例十五的分析

案例十五“醴阳令恢盗县官米”案,所能见到的关键性审判程序有“江陵忠言”及“南郡守强、守丞吉、卒史建舍治”。水间大辅认为:“忠陈述于南郡,南郡审理之,拟定判决意见。”且与案例十四相同,

“本案亦非由县而由郡审理”。[①]

与案例十四稍有差异的是,该案中将案件向南郡呈报的县为江陵县。据简文记载,嫌疑人恢为醴阳县令,而其居住地在郦邑建成里,指使下吏所盗之米为醴阳县己乡的公米。从中可见,江陵县既非嫌疑人居住地,也不是犯罪发生地,那么案件为何是由江陵县来进行呈报?

彭浩认为,这是因为“恢是在江陵被捕的”。[②] 显然,这是根据案件受理的“发现地原则”,推断出恢是在江陵县被捕,从而由江陵丞告劾。但案例十五中,江陵忠将案件呈报南郡的文书用语是“言”,与案例十四中的“安陆丞忠劾”当有所区别。且案例十五的文书记载应当并不完整,其后尚缺南郡将案件判决文书呈报上级的上奏用语。[③] 因此,本案中江陵丞承担了怎样的职责,似当再行斟酌。

相比起“劾”,“言”的内容似乎包含着对案件的调查审理。邬文玲讨论过“论言”,举里耶秦简 8 - 1032 为例:

书迁陵,迁陵论言。问之,监府致毄痤临[④]

指出其中“论言”应是“论言决”的省称,指“要求迁陵县调查审理,并将审理结果上报”。[⑤] 可谓洞见。由此可知,“论”当指调查审理,“言”则指将调查审理的结果上报。

---

① [日]水间大辅:《张家山汉简〈奏谳书〉与岳麓书院藏秦简〈为狱等状四种〉之形成过程》,载中国政法大学法律古籍整理研究所编:《中国古代法律文献研究》(第 11 辑),社会科学文献出版社 2018 年版,第 91 ~ 119 页。

② 彭浩:《谈〈奏谳书〉中的西汉案例》,载《文物》1993 年第 8 期。

③ [日]水间大辅:《张家山汉简〈奏谳书〉与岳麓书院藏秦简〈为狱等状四种〉之形成过程》,载中国政法大学法律古籍整理研究所编:《中国古代法律文献研究》(第 11 辑),社会科学文献出版社 2018 年版,第 91 ~ 119 页版。

④ 陈伟主编:《里耶秦简牍校释》(第 1 卷),武汉大学出版社 2012 年版,第 265 页。

⑤ 邬文玲:《秦简法律文书释文注释校补》,载徐世虹等:《秦律研究》,武汉大学出版社 2017 年版,第 38 页。

除此之外,在其他材料中也出现了可参照的例子。

《岳麓书院藏秦简(叁)》案例一"癸、琐相移谋购案"中,州陵县第一次对癸、琐等人论罪之后,监御史康对此进行了举劾。《岳麓书院藏秦简(叁)》简014载:

监御史康劾以为不当,钱不处,当更论。更论及论失者。言夬(决)。[①]

此处的"言决"亦指要求州陵县对案件重新进行审理判决,并将新的判决文书上报。

《岳麓书院藏秦简(叁)》案例四"芮盗卖公列地案"中,江陵官吏向南郡呈报自己所审理判决的案件,文书用语即为"言"。《岳麓书院藏秦简(叁)》简062-063载:

江陵言:公卒芮与大夫材共盖受棺列,吏后弗鼠(予)。芮买(卖)其分肆士五(伍)朵,地直(值)千,盖二百六十九钱。以论芮。[②]

而南郡太守对江陵县的判决并不予认同,因此才要求江陵县"吏自别直,别直以论"。[③]

《岳麓书院藏秦简(伍)》简053-055载:

·定阴忠言,律曰:"显大夫有辠当废以上勿擅断,必请之。"今南郡司马庆故为冤句令,誶(诈)课,当废官,令以故秩为新地吏四岁而勿废,请论庆。制书曰:"诸当废而为新地吏勿废者,即

① 朱汉民、陈松长主编:《岳麓书院藏秦简(叁)》,上海辞书出版社2013年版,第13页。
② 朱汉民、陈松长主编:《岳麓书院藏秦简(叁)》,上海辞书出版社2013年版,第22页。
③ 此处"吏自别值,别值以论",参考邬勖句读。参见邬勖:《秦汉商业用地制度初探——以出土文献为中心》,载《江西社会科学》2015年第7期。

非废。已后此等勿言。 ·廿六[①]

此条令文中所出现的“定阴忠言”,所言的内容即为对南郡司马庆进行调查所得的案件事实与所引法律。

以上诸例,足以说明“言”在司法文书呈报过程中,多指下级将自己的调查审理结果向上级呈报,部分情况下还包含有对案件的判决。那么接下来的问题就是,为何在案例十四中,安陆县“劾”,而案例十五中,江陵县“言”?

该案的“发现地”可能并不在江陵县。根据简文记载,恢的供职地和居住地都不在江陵县,为何恢会在江陵被发现犯罪,其实十分难解。案件很可能是由受案县道在呈报南郡之后,由南郡转交江陵县审理。本案嫌疑人恢“秩六百石,爵左庶长”,属于特殊身份者,根据上文所述的审判制度,本应当由南郡管辖,由南郡进行审理,并由南郡做出判决呈报上级。陈迪对此进行考证,指出江陵县能够上请,说明“汉初存在由同级的县向上奏报它县长官犯罪的司法实践,或者说可以进一步推测这一实践背后是有具体的规定作为制度依据”。并进一步推断,“郡治所在县的县令将郡管辖的特殊身份犯罪案件上报至中央,由皇帝最终裁决”。[②] 很有道理。

比较案例十四和案例十五可以发现,江陵县对案件的调查审理反映出地域回避的制度设计。安陆县是嫌疑人居住地,对案件仅能举劾,不能审理。江陵县既不是恢的供职地,也并非其居住地,与恢并无利益牵涉,故江陵县能够对案件进行调查审理,类似于“异地

① 陈松长主编:《岳麓书院藏秦简(伍)》,上海辞书出版社2017年版,第56页。

② 陈迪指出,本案可与《岳麓书院藏秦简(伍)》“定阴忠言”条参看。郡治所在县可向上奏报它县长官犯罪,这一司法实践背后可能有具体规定作为制度依据。参见陈迪:《〈岳麓书院藏秦简(伍)〉053-055简小考(初稿)》,第八届“出土文献与法律史研究”学术研讨会论文,2018年11月。

审理”。

(二)人员回避:对《奏谳书》案例十六的分析

案例十五体现出的“异地审理”,在案例十六中又出现了例外。《奏谳书》案例十六基本案情为:新郪县令信指使髳长苍杀害狱史武,校长丙与发弩赘有逮捕之责,却在知道苍是受信指使后将其释放。

在此需先对文末的简文编排做出说明。陶安指出,“案件 16 原释文编排恐失真,简 92 与 98 似系‘上请文书’,不应该把‘当’之引文(简 96,93,94,95)混入。简 97 的记载内容与本案简 67 后半部相同,应该为断狱文书的词语”。简 98 的“谒请”是新郪县令要求郡向廷尉“请”。[①] 此说甚确,按照陶安的编排,案例十六末段当为:

爵,属汉以比士,非诸侯子。布、余及它当坐者,县论。它如辤(辞)。·鞫(鞫)之:苍贼杀人,信与谋,丙、赘捕苍 90

而纵之,审, 91

当之:信、苍、丙、赘皆当弃市, (系)。 96

律:贼杀人,弃市。·以此当苍。 93

律:谋贼杀人,与贼同法。·以此当信。 94

律:纵囚,与同罪。·以此当丙、赘。 95

新郪甲、丞乙、狱史丙治。 97

敢言之,新郪信、髳长苍谋贼杀狱史武,校长丙、赘捕苍而纵之,爵皆大庶长。 92

为奉〈奏〉当十五牒上,谒请,谒报,敢言之。 98

---

① 《奏谳书》简 98 载:“为奉〈奏〉当十五牒上,谒请,谒报,敢言之。”此句之句读从陶安意见。参见陶安:《试探“断狱”、“听讼”与“诉讼”之别——以汉代文书资料为中心》,载张中秋编:《理性与智慧:中国法律传统再探讨——中国法律史学会 2007 年学术研讨会文集》,中国政法大学出版社 2008 年版,第 69 页。

很明显,以“敢言之”起始与收尾的文书,是新郪县案件审结之后的上奏文书。“谒请”是指新郪县请求其上级淮阳郡将案件向廷尉(乃至皇帝)呈报,“谒报”指新郪县请求上级给予批复。因而宫宅洁认为,承担本案审判的是县。[①] 并且新郪县给出了自己的判决意见。

这不由使人疑惑,为何本案嫌疑人身份为大庶长,属高爵,案件本该由郡级机关进行审理判决,在此却是由新郪县进行审理并给出判决意见的?又为何前述案件存在地域回避,在本案中又出现了新郪县审理新郪县令所涉案件的情况?

对于第一个疑问,即为何案件由新郪县审理并给出判决意见,各家观点不一。彭浩认为,“新郪县奉命重审了此案,将案情和判决呈报给淮阳郡,因此案涉及新郪信等四人被处弃市,还当另呈报给廷尉”。[②] 即新郪县对本案进行审理和给出判决意见,是受到了淮阳郡的指派。郭洪伯则认为,本案除嫌疑人身份特殊以外,还是死罪案件。信等四人被论以死刑,正符合《二年律令·兴律》条的规定。张家山汉简《二年律令》简 396－397 载:

> 县道官所治死罪及过失、戏而杀人,狱已具,勿庸论,上狱属所二千石官。二千石官令毋害都吏复案,问(闻)二千石官,二千石官丞谨录,当论,乃告县道官以从事。彻侯邑上在所郡守。[③]

新郪县在做出判决意见之后,向淮阳郡守府“上谒”,正是律文中的“狱已具,勿庸论,上狱属所二千石官”。新郪县请求的“报”则是

① [日]宫宅洁:《秦汉时期的审判制度——张家山汉简〈奏谳书〉所见》,徐世虹译,载杨一凡、[日]寺田浩明主编:《日本学者中国法制史论著选·先秦秦汉卷》,中华书局 2016 年版,第 271 页。

② 彭浩:《谈〈奏谳书〉中的西汉案例》,载《文物》1993 年第 8 期。

③ 彭浩、陈伟、[日]工藤元男主编:《二年律令与奏谳书——张家山汉简二四七号汉墓出土法律文献释读》,上海古籍出版社 2007 年版,第 242 页。

郡守府进行司法复核之后给出的批示，即“当论，乃告县道官以从事”。得到核准后，县道才能正式宣判执行（“论”）。如此看来，本案在审判程序上优先适用死罪案件的程序，新郪县对案件进行审理后，需要将案件呈报淮阳郡复核，方能进入正式的判决执行。[①]

那么，本案究竟是淮阳郡指派新郪县审理，案件本该由淮阳郡管辖；还是由新郪县进行审理，做出判决意见后交由淮阳郡复核？

要解决这一问题，必须注意到简文中所出现的“复（覆）”一词。七月甲辰，淮阳守偃提起劾时，要求“疑有奸詐（诈），其谦（廉）求捕其贼，复（覆）其奸詐（诈）及智（知）纵不捕贼者，必尽得，以法论。”其后内容当是由新郪县进行的，“复（覆）之：武出时，与髳长苍☐”。

“复（覆）”在秦汉诉讼制度中，特指“上级机关主理或由上级机关指定某机构（或使者）主理的诉讼审判，主理的程序包括立案、侦查、审判、复核、监督等各个环节”。特别需要注意的是，“复（覆）”可指案件一审，如《奏谳书》案例十八载“南郡卒史盖庐、挚、朔，叚（假）卒史瞗复攸庳等狱簿”，记载秦时惯例“苍梧县反者，御史恒令南郡复”，即“苍梧郡所属县发生谋反案，苍梧郡无权一审，御史通常指定旁近郡的南郡进行审理”，在此情况下，南郡虽与苍梧郡同级，但由于其对于案件审理是受到御史指定的，故也称作“复（覆）”。[②]

可以发现，在《奏谳书》案例十八中，御史令南郡对苍梧郡的谋反案及相关案件进行审理判决，南郡代御史行事，因而可以在对案件进行调查审理之后，做出自己的判决意见上报。对照本案，淮阳郡守偃要求“复（覆）其奸詐（诈）及智（知）纵不捕贼者”，而负责“复（覆）”的是新郪县的新县令甲、丞乙、狱史丙，说明正是淮阳郡指派了新郪

① 郭洪伯：《“郡守为廷”——秦汉时期的司法体系》，第八届北京大学史学论坛论文。

② 杨振红、王安宇：《秦汉诉讼制度中的“覆”及相关问题》，载《史学月刊》2017 年第 12 期。

县的新县令对本案进行调查审判,新郪县代淮阳郡行事,这才能够解释为何新郪县审理本县之案能够使用"复(覆)"这一"上级对下级"的文书用语。

进一步分析,既然淮阳郡已经指定了新郪县来审判该案,故新郪县可以在调查审理之后,做出自己的判决意见上报。换言之,新郪县能够做出判决意见,其权力来源是淮阳郡的指派,而不是本身对案件就有审判权,因此本案并不适用死罪案件的审判流程。同时,在本案文书末尾,尚有"谒请,谒报",也能够说明本案的审判流程与死罪案件的审判流程不同。死罪案件由县道所属二千石官就可以决定案件能否进入执行,特殊身份者案件的审判流程,才有将案件上报给廷尉乃至皇帝的环节。本案新郪县请求淮阳郡将案件呈报给淮阳郡的上级,亦证明本案的审判流程与死罪案件有所不同。

对于第二个疑问,为何本案出现了地域回避之例外,张建国指出,新郪县县令信在受到审查后,新郪县换了新县令,由这位新县令根据淮阳守所劾负责此案的复审。[①] 虽然并未说明新郪县为何会上任新县令,但可以想见,很可能正是因为新郪信牵涉进贼杀人的案件中,因而需要将其停职。新县令的上任,也就是意味着在人员上回避。

还要注意的是,县令的任免由哪一级决定。《汉书·百官公卿表》载:"县令、长,皆秦官,掌治其县。万户以上,秩千石至六百石。减万户为长,秩五百石至三百石。"[②]廖伯源指出,汉初凡秩二百石以上官吏,皆为朝廷任命之官员。[③] 故县令、长应当均属朝廷任免,本案

① 张建国:《汉简〈奏谳书〉和秦汉刑事诉讼程序初探》,载《中外法学》1997 年第 2 期。

② (汉)班固撰:《汉书》,(唐)颜师古注,中华书局 1962 年版,第 742 页。

③ 廖伯源:《汉初县吏之秩阶及其任命——张家山汉简研究之一》,载《社会科学战线》2003 年第 3 期。

对于新郪县令的任免,需由朝廷决定,可见此案审理进行人员回避的复杂性不在地域回避之下。

故案例十六的审判程序为:淮阳郡守偃提出劾,指派新郪县新上任的县令甲等调查审理本案,并由新郪县给出判决意见。新郪县将案件判决意见呈报其上级淮阳郡,并请求淮阳郡将案件呈报中央,请求上级给予回复。

综上所述,对于特殊身份者的审判程序,已有大致结论:通常情况下,特殊身份者案件的管辖权在郡,郡可以自行审理判决,也可指派县道审理。判决需要呈报廷尉乃至皇帝,待上级批复后方能生效执行。郡无论是指派县道,还是指派人员进行审理,始终留意对特殊身份者的"回避"。

三、余论:特殊身份者审判程序的运作机制

讨论至此尚未结束。对于特殊身份者案件是否能够上报皇帝,在岳麓书院藏秦简中出现了新的讨论资料。前引《岳麓书院藏秦简(伍)》简 053 –055 载:

> ·定阴忠言,律曰:"显大夫有辠当废以上勿擅断,必请之。"。今南郡司马庆故为冤句令,詐(诈)课,当废官,令以故秩为新地吏四岁而勿废,请论庆。制书曰:"诸当废而为新地吏勿废者,即非废。已后此等勿言。 ·廿六[1]

简文中记载着极为关键的信息,即"律曰:'显大夫有辠当废以上勿擅断,必请之。'"这是秦律对特殊身份者审判程序的直接规定。律文大意是,显大夫犯罪可能被判处废以上刑罚的,不要擅自判决执行,必须将案件呈报上级。在此条律文中,启动"请"这一程序,需要

① 陈松长主编:《岳麓书院藏秦简(伍)》,上海辞书出版社 2017 年版,第 56 页。

同时满足“显大夫”和“有辠当废以上”两个要件,“显大夫”为犯罪者的身份要件,“有辠当废以上”为犯罪者可能受到刑罚的刑等要件,二者缺一不可。

对于案件需要呈报的两要件机制,邬勖在本条材料出现之前已经提出这一观点。他认为张家山汉简《奏谳书》的案例十四、十五、十六之所以是“闻”“请”性质的案件,是因为“嫌疑人都有五大夫以上的‘高爵’”,“且都被判了耐以上的罪”。[①] 可谓洞见。那么将案件呈报的机制分为两要件,在实际运作过程中会有怎样的效果?

(一)确定身份在先,论罪在后

案件根据“发现地原则”,多数情况下都由县道进行受理。对于嫌疑人为特殊身份者的案件,县道在审理之初便能够发现嫌疑人身份的特殊性,不需要对其进行论罪,即须将案件呈报于郡。这一运作原理,使这类案件遵从的是特殊身份者审判流程,而不是死罪案件的审判流程。因为辨别一个案件是否为死罪案件,县道必然需要将案件基本事实调查清楚,适用法律明确,方能够确定;而辨别一个案件是否为特殊身份者案件,县道只需要进行初步的身份调查即可。在实际司法运作中,确定一个案件为特殊身份者案件,是先于确定其为死罪案件的。

在此制度运行模式下,就可以保证凡是特殊身份者的案件,都由郡及其以上层级掌握管辖权。在此基础上,郡需要保证在案件调查、审理、判决过程中都实现对特殊身份者的“回避”,尽可能降低地方对司法进行干预的可能性。

---

① 参见邬勖:《〈奏谳书〉篇题再议——以文书类型和案件性质的考察为视角》,载简帛网,http://www.bsm.org.cn/show_article.php?id=1962,首发于2013年12月10日。

(二)保证皇帝对特殊身份者重大犯罪的控制

经过郡自身或郡指定县道对案件审理判决之后,在确定作为特殊身份者的嫌疑人应当被论处何罪时,案件的上报流程出现分流。根据“显大夫有辠当废以上勿擅断,必请之”这一秦律规定,若特殊身份者所犯之罪量刑在“废”及以上的,则审理机关需要请求其上级将文书呈报给皇帝以“闻”“请”。可以说,皇帝对于“显大夫有辠当废以上”这类重大犯罪案件,拥有最终决定权。

将特殊身份者犯罪案件的管辖权约束在郡及郡以上层级,固然能够降低来自地方的司法干预,但从另一面看,这一运作机制实际上实现了上级机关对该类案件的控制。其中的特权色彩较后世而言,是微乎其微的。

五一广场简《延平元年守史勤言调署伍长人名数书》复原

——兼论东汉临湘的伍长与地方司法

马　力*

一、册书复原

《长沙五一广场东汉简牍(叁)》收录有十余枚木简,原属于一件名籍文书,依据它们的形制和内容可以复原成册。在展开论证以前,先将复原后的简册释文移录如下:

〼小伍长袁林、小伍长张伯生,

(1031/2010CWJ1③:264－185)

〼小伍长陈嵩、小伍长邓丰、□〼

(1032/2010CWJ1③:264－186)

小伍长区仲元、小伍长张平、小伍长封仲弘,〼

(1033/2010CWJ1③:264－187)

(缺简)

*　马力,清华大学出土文献研究与保护中心博士后。

【·右御门亭部大、小伍长凡】□□人。

(1027/2010CWJ1③:264－181)

小伍长区赍、小伍长石和、都伍长李熊,

(1023/2010CWJ1③:264－177)

·右庾亭部大、小伍长凡三人。

(1025/2010CWJ1③:264－179)

小伍长陈幼生、小伍长张良……

(1026/2010CWJ1③:264－180)

小伍长应孟厚、小伍长许山、小伍长张幼文,

(1191＋1028/2010CWJ1③:264－182)

〼都伍长邓山、小伍长高孟成,

(1029/2010CWJ1③:264－183)

〼小伍长朱□

(1030/2010CWJ1③:264－184)

·右逢门亭部大、小伍长凡十一人。

(1024/2010CWJ1③:264－178)

延平元年正月己卯朔廿四日壬寅,守史勤叩头死罪敢言之。前受遣调署伍长,辄与御门、庾门、逢门亭长充德等并力循行。案文书,史黄条前皆署,以书言,辄复

(1022 正面/2010CWJ1③:264－176A)

守史周勤名印。□□正月□日,邮人以来。史□白开

(1022 背面/2010CWJ1③:264－176B)

覆核其未偏者,复集调□□右别入□[①]如牒。尽力敕录,悉令任梼楬,有增减,咸复言。勤奉使留迟,惶恐叩头,死罪死罪,

① 整理者释为“记(?)”,疑此是一无法释读的疑难字,详下。

敢言之。

(1021 正面/2010CWJ1③:264 – 175)[①]

守史勤言调署

伍长人名数书　正月廿五日发

(1042/2010CWJ1③:264 – 196)[②]

上列 14 枚简除了 1021 简、1022 简和 1042 简是木质外,其他均属于竹简。通过出土编号可知,这批简出土于 J1 号井窖第 3 层的 264 部分,除了与 1028 简缀合的 1191 简以及 1042 简的出土位置相对较远外,其他 12 枚简基本叠压在一处,这种现象缘于简册废弃时仍保留有编绳,因而所属木简在编绳腐朽后散落不远。据此,研究者能够在形制、内容等因素的共同作用下,基于出土位置得出其原先存在的编联关系。

这 14 枚简无论从形制还是内容都可以从整体上分成两部分。就形制而言,1021 简、1022 简和 1042 三简形制属于木质,两行,长 23.1 厘米,宽 3.2 ~ 3.3 厘米;[③]1021 简与 1022 简的正文中分别预留了上、下两道编绳位置并留有明显的编联痕迹。除以上 3 枚简外,其他 11 枚简都是单行窄简,其中名籍性质的 1023 简长 22.9 厘米,宽 1.2 厘米,而 1191 简长 15.7 厘米,宽 1.3 厘米,1028 简长 7.8 厘米,宽 1.3 厘米,两者缀合部分岔口重合对接,整简长度在 23 厘米左右。

---

① 上列 14 枚简的图版和释文,参见长沙市文物考古研究所等编:《长沙五一广场东汉简牍(叁)》,中西书局 2019 年版,第 111 ~ 114 页。为了行文方便,本文将整理报告及册数简写为"《五一(×)》"的形式,× 代表册数。另外,除征引的简文标注出土编号外,本文在正文和注文仅使用整理编号指称相关简牍。

② 长沙市文物考古研究所等编:《长沙五一广场东汉简牍(叁)》,中西书局 2019 年版,第 115 页。

③ 参见整理报告提供的《简牍编号及尺寸对照表》,载长沙市文物考古研究所等编:《长沙五一广场东汉简牍(叁)》,中西书局 2019 年版,附录二,第 211 ~ 225 页,下同。

另外,属于统计性质的1024简、1025简长22.8~23.0厘米,宽1.1~1.0厘米。可见,单行竹简和木简两行的长度基本一致,前者各枚简的宽度或有十分微小的差值,仍可视为同一尺寸。

1023简和1191+1028简代表的完整名籍简分成上、中、下3栏书写,两道编绳分别从中栏与上、下两栏的空白处经过。另外,名籍简和统计简重复出现的"伍长"两字,笔迹和墨色都基本一致(见附表1),说明这些竹简是同一书手所抄,而1021简、1022简和1042简含有2种笔迹,第1种见于1021简、1022简以及1042简的上半段,第2种见于1042简的下半段,这一现象既和册书的编制顺序有关,又受到文书收发过程的影响。

就内容而言,单行简的内容属于名籍,两行简的内容属于文书,内容的关联性也证明它们曾是一件册书的组成部分。首先,名籍部分的1024简、1025简和1027简属于名籍统计简,是所部名籍的最后一简。根据比较完整的前两简,3枚简的行文格式可以概括成"·右×亭部大小伍长凡×人"。1024简和1025简分别是逢门亭部和庾亭部的统计数据。对照文书部分的1022简可知,承担调署任务的是御门、庾门和逢门亭长,3名亭长分别与3件名籍的归属相对应,据此,残损的1027简可以补充为"【·右御门亭部大小伍长凡】□□人。"另外,1025简的庾亭部与庾门亭长不甚一致,疑庾门亭是庾亭部下辖之亭,并且可能是亭部治所驻地,①所以本亭部调署伍长的工作归庾门亭长执行。总之,3枚统计简应按照1027-1025-1024简的次序排列,3枚简起首的"右"表明每个亭部的伍长名籍简分别编联于这些统计简的右侧,由此形成的3件名籍也按照"御门亭部-庾

① 需要说明的是,已发表的五一广场简中庾门亭长仅此一见,更常见的是庾亭长,见于《五一(壹)》331简,《五一(贰)》494、692简,《五一(叁)》907简、996+1286简,《五一(肆)》1421简,其任职地即庾亭。

亭部－逢门亭部”的顺序衔接成册书。

由于1027简的调署人数残损不明,故而对排序靠前的御门亭部的名籍复原先搁置不论,转而分析内容完整的庾亭部和逢门亭部统计简。1025简说明庾亭部调署伍长的人数是3人,按照伍长名籍一枚单行简写3人计算,该简右侧应编联1枚名籍简。不过,由于这部分简是同一书手一次写成的抄件,难以通过笔迹区分不同亭部名籍简的归属,故而本文总体上按照出土编号接近原则进行复原,据此,将出土位置最近的1023简作为庾亭部的名籍,系于1025简右侧。

1024简显示逢门亭部的调署人数是11人。按照这一线索,右侧编联的名籍简应有4枚,其中1枚只写有2人。1030简恰好符合后一项条件,这枚简的上段残损,残长18.2厘米,缺失部分大约在4～5厘米左右,简面仅保留有“小伍长朱□”的名籍,其下的空白处不见有书写痕迹。由此可知,1030简一共包含2人的名籍信息,其中1人因竹简上段残损未能保存下来,所以,这枚简是逢门亭部4枚名籍简的最后1简,其左侧紧接1024简。剩下3枚名籍简每枚都写有3人的名籍,这里将出土位置较近的1026简和1029简依次系于1030简之右。这当中1026简和1191＋1028简基本完整,前者第3栏因字迹模糊而无法释读,1029简上段残损,现存的残简书有两名伍长的姓名,可见原简的伍长名籍也是写满3栏。

除此之外的名籍简归属于御门亭部的统计简,包括1031简、1032简和1033简。1031简上段残损,长度大约占整简的1/3,现存有两名伍长姓名;1032简的简头和下段占整简约1/3的部分缺失,保留有两名伍长的姓名以及第3名伍长名籍的第1字(无法释读);1033简的简尾残损一小段,留有3名伍长的姓名。从残损部位和书写位置判断,这3枚名籍简原本都各写有3名伍长的姓名,据此计算,御门亭调署的伍长人数不少于9人。需要说明的是,由于1027

简残损严重，有关御门亭部调署伍长的具体人数目前不得而知，因而相关名籍简可能并不限于这 3 简。同时，《五一（叁）》在 1033 简的名籍简后，还收录有 1034 简、1035 简和 1036 简等残损严重、简文无法释读的单行竹简，不排除这些简也是性质相同并且与御门亭部有关联的伍长名籍简，因此，本文在复原御门亭部的名籍时，在 1033 简和 1027 简之间做了缺简的标注。

其次，1022 简和 1021 简可以前后衔接成一件上行文书，功能在于将名籍册书上报到临湘县廷。这两简言及的守史勤、勤是同一人，也是这件文书的责任人。根据文书的记载，守史勤在接到临湘县的委派后，立即与御门亭长、庾门亭长和逢门亭长 3 人一起展开调署伍长的工作。关于循行，《汉书·文帝纪》载："二千石遣都吏循行，不称者督之。"师古曰："循行有不如诏意者，二千石察视责罚之。"[①]《汉书·哀帝纪》："已遣光禄大夫循行举籍，赐死者棺钱，人三千。"师古曰："举其名籍也。"[②]可见，循行有巡察的含义，表明相关文书的编制、执行和监督还伴随现场貌阅的过程。[③]

在调署伍长的过程中，守史勤重新查阅了临湘县廷之史黄条呈报的相关公文。"史黄条前皆署，以书言"说明此前县史黄条已经编列好调任伍长的名籍，并撰成公文呈报县廷，守史勤据之核查遗漏名单。"复覆核其未偏者"，关于覆，《汉书·江都易王刘非传》载："汉廷使者即复来覆我，我决不独死。"师古曰："覆，治也。"[④]《读书杂

① （汉）班固撰：《汉书》卷四《文帝纪》，中华书局 1962 年版，第 113 页。

② （汉）班固撰：《汉书》卷一一《哀帝纪》，中华书局 1962 年版，第 337～338 页。

③ 臧知非认为西汉初年县乡核查户口的"八月算人"是一种貌阅百姓并编制户籍文书的行政活动。参见臧知非：《"算赋"生成与汉代徭役货币化》，载《历史研究》2017 年第 4 期，第 27～42 页。东汉临湘调署伍长的文书明确区分所署伍长的大、小，说明被征调者是否成年是县廷关注的一项要素，据此，调署伍长的活动恐不仅停留在相关文书的审核方面，应当也包含现场貌阅确认候选者年龄的过程。

④ （汉）班固撰：《汉书》卷五三《景十三王传》，中华书局 1962 年版，第 2416 页。

志·景十三王传》王念孙案:"训'覆'为'治',于古无据。《尔雅·释诂下》:'覆、察,审也。'郑注《考工记·弓人》云:'覆,尤察也。'言使者复来审问我,则我必叛也。"①"覆核"就是审核的意思。关于偏,《墨子·经说下》载:"伛宇不可偏举。"孙诒让间诂:"偏、遍并声同字通。"②未偏者即未遍者,指黄条书署所未及者。

根据审核获得的结果,勤再次编列调署伍长名单。"复集调□□右别入记(?)如牒",关于集,《读书杂志·荀子·礼论》王念孙案载:"'集''杂'古字通。《月令》:'四方来集',《吕氏春秋·仲秋纪》'集'作'杂'。《论衡·别通》:'集糅非一',即'杂糅'。"③右,指简册的右边。记,指整理者标记问号表示存疑。从图版看(参见表1),所谓的"记"仅存的右半部分残损较为严重,与《五一(壹)》381简和382简中"记"的字形出入较大,因而是"记"的可能性不大,应暂做缺字处理,具体释读有待考证。如牒,如牒书,具体指前述的伍长名籍文书。这一句简文证明3个亭部的调署伍长名籍简册编联在"守史勤"所撰文书的右侧。也就是说,调署伍长名籍位于"守史勤"文书之前。

表1　"记"的字形

381简正面	382简	1021简
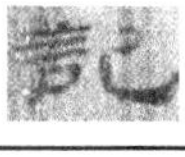	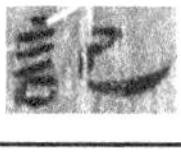	

① (清)王念孙撰:《读书杂志》,上海古籍出版社2015年版,第793页。
② (清)孙诒让撰:《墨子间诂》卷一〇《经说下》,中华书局2001年版,第384页。
③ (清)王念孙撰:《读书杂志》,上海古籍出版社2015年版,第1842页。

表 2 “守史勤”的字形

竹简序号	“守”的字形	“史”的字形	“勤”的字形
1022 简正面		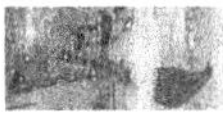	
1021 简背面		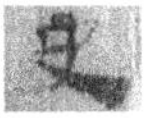	
1042 简		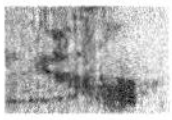	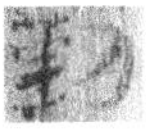

最后,1042 简是整件册书的标题简。这枚简的“守史勤”又见于 1021 简、1022 简背面,其中 1022 简属于文书正文,同简背面记录了文书用印、收件时间和启封者等信息。按照文书撰制和收发顺序,标题简成文于文书正文后,而文书用印、收件时间和启封者等信息由收件方负责记录。然而,通过 3 枚简“守史勤”笔迹的对比,可以发现它们只有墨迹、字形大小和笔画粗细的差异,这些区别可能是因为不同抄写时间和抄写工具的影响(参见表 2)。总体上看,三者文字构型、运笔方式的差异并不非常显著,很难认定是不同书手的笔迹。对此,另一个线索是 1021 简背面有关启封者的书写格式。这类信息的固定格式是“史　白开”,一般写在文书首简背面,“史”和“白开”之间预留启封者署名的位置,但是已有事例的署名处皆留白不书。[1] 更为

---

① 例如:

永初二年七月乙丑朔廿日辛卯,北部贼捕掾向、游徼汎叩头死罪,敢言之。廷下诏书曰:告隶校尉、部刺史,甲戌诏书罪非殊死,且勿案验,立秋如故。

[《五一(壹)》128 正面/2010CWJ1①:115A]

背面:

北部贼捕掾烝向名印。七月　日,邮人以来。史　白开

[《五一(壹)》128 背面/2010CWJ1①:115B]

这枚简反面的启封记录,“史”后预留了书署位置,供启封的文书吏签名。相关图版和释文参见长沙市文物考古研究所等编:《长沙五一广场东汉简牍(壹)》,中西书局 2018 年版,第 121 页。

重要的是,1021 简背面“史白开”3 字连续书写,甚至都没有预留签署位置,据此,很难认为这是撰录收文信息的启封者所书,所以,1021 简背面的内容更可能是发件方提前写好的。[①] 另外,1042 简的笔迹也与 1022 简相同,上半段的标题是发件方所撰,下半段左下方的“正月廿五日发”书迹相对潦草并且字体较大,是启封者所写的启封日期,标题是对简册内容的归纳总结,功能上与名籍统计简有些类似,故而这里将其作为最后 1 简置于简册的末尾。[②] 根据 1042 简所见的文书自名信息,本文将整件册书命名为《延平元年守史勤言调署伍长人名数书》。

二、大伍长、小伍长和都伍长

册书的名籍统计简出现了“大、小伍长”的称呼。伍长本是军职,春秋战国以来诸侯国陆续将百姓组织在什伍制之下,军队的伍长一职也随之被引入基层社会。文献表明至晚在春秋时期的齐国已经实施什伍制,设伍长进行管理。《管子·立政》载:“十家为什,五家为伍,什伍皆有长焉。”[③]《度地》载:“君令五官之吏,与三老里有司伍

---

① 值得注意的是,五一广场简的这类记录,送达日期和启封者署名处皆留白不书。文书的用印信息、送达日期和启封者原本由收件方记录,但在把这类固定格式内容写下的同时,却不填写送达日期和启封者人名,从收件方的角度似难以理解,因此,可能的情况是这些内容都是发件方提前写好供收件方填写,对此,1021 简的笔迹与正文一致就做了很好的说明,而收件方自有一套启封的惯例,就是在内容提要简下方以草书记录启封日期。这种现象或表明当时既有的文书启封制度已在临湘县流为具文。对此,唐俊峰也持相似的意见,参见唐俊峰:《东汉早中期临湘县的行政决策过程——以五一广场东汉简牍为中心》,载黎明钊等编:《东汉的法律、行政与社会:长沙五一广场东汉简牍探索》,三联书店(香港)有限公司 2019 年版,第 131 ~ 188 页。

② 也有研究将内容提要简作为簿籍文书册的第 1 简,参见李均明、刘军:《简牍文书学》,广西教育出版社 1999 年版,第 297 ~ 301 页。

③ 黎翔凤撰:《管子校注》卷一《立政》,中华书局 2004 年版,第 65 页。

长，行里顺之……故吏者，所以教顺也，三老里有司伍长者，所以为率也。"[①]有研究指出，齐国对闾里百姓实行的什伍制与军队的什伍制相对应，是以"兵法部勒人民"，根源在于面对诸侯国竞争日渐激烈，战争规模日益扩大的政治现实，包括齐国在内的各国有着扩大兵员、充实军队的需求。[②] 就行政层面而言，《管子》将伍长和吏对举，说明伍长本身没有吏的身份，但负有辅助官吏循行乡里、教化百姓的表率责任，它与三老、里有司是齐吏与百姓之间的纽带。到了战国时代，秦国的商鞅变法"令民为什伍"，[③]此制随着秦朝统一成为天下之制，并被两汉所继承。

名籍统计简的"大""小"说明调署伍长者包含成年与未成年人。汉代以15岁作为成年标准，15～56岁的百姓被称为"大"，15岁以下的未成年人被称为"小"，未成年人又可按照能否服役再分成"未使"(1～7岁)和"使"(7～14岁)两类，[④]所以，名籍统计简所见的大伍长由成年男子担任，小伍长则由可使的未成年男子担任，两者承担的职责也不尽相同，对此容后再做分析。

---

① 黎翔凤撰：《管子校注》卷一八《度地》，中华书局2004年版，第1064页。

② 参见杜正胜：《编户齐民：传统政治社会结构之形成》，台北：联经出版事业有限公司2014年版，第49～96页。又，杜正胜在此书中认为春秋齐国的闾里什伍制施行并不全面，以五家作为基本单位的制度仅限于"国野"之"国"的范畴，并且《管子·小匡》有关参国伍鄙之制的记载显示齐国的军政和民政管理有别，《管子·小匡》所载"五家为轨，故五人为伍，轨长率之"是关于征兵制度的记载，与行政治民的什伍制并非一事。

③ 参见(汉)司马迁撰：《史记》卷六八《商鞅列传》，中华书局1959年版，第2230页。

④ 有关汉代成年和承担赋役的年龄标准，参见[日]加藤繁：《关于算赋的小研究》，载[日]加藤繁：《中国经济史考证》(上)，吴杰译，中华书局2012年版，第127～142页；徐世虹：《汉律中有关行为能力及责任年龄用语考述》，载卜宪群、杨振红主编：《简帛研究(二〇〇四)》，广西师范大学出版社2006年版，第210～223页；杨振红：《从出土"算"、"事"简看两汉三国吴时期的赋役结构——"算赋"非单一税目辨》，载《中华文史论丛》2011年第1期；张荣强：《"小""大"之间——战国至西晋课役身分的演进》，载《历史研究》2017年第2期；臧知非：《"算赋"生成与汉代徭役货币化》，载《历史研究》2017年第4期。

名籍简对小伍长做了专门标示,如"小伍长袁林""小伍长张良""小伍长张幼文"等,剩余的"都伍长李熊"和"都伍长邓山"应即统计简所说的大伍长。都,指都亭。汉代的都亭泛指都城、郡县治所和大小城邑的门亭、街亭和旗亭。[①] 东汉临湘的御门亭、庾门亭和逢门亭以"×门亭"命名,应就是本县县城的门亭,其中长沙中部督邮书掾曾暂驻于御门亭,[②]而逢门亭又写作"蓬门亭"[《五一(肆)》1393 简]。此外,临湘还有东门亭、南门亭部和三门亭,[③]前两处应分别是县城东城门和南城门的门亭,南门亭部应是以南门亭得名,后一处应坐落于三门亭部:

> 姓名如牒。普,都乡三门亭部;董、旦,桑乡广亭部。董与父老、母何、同产兄辅、弟农俱居。旦,父母皆前物故,往不处年,嫁为良妻,与良父平、母真俱居,□□庐舍
>
> [《五一(壹)》339/2010CWJ1③:172][④]

---

① 参见张玉莲:《汉代都亭考》,载《中华文化研究》2007 年第 3 期。

② 例如:

> ☑长沙太守中部督邮书掾陈苗印。
>
> ☑永初二年四月卅日乙丑起御门亭。
>
> [《五一(壹)》124 正面/2010CWJ1①:111A]

这枚简是函封的一部分。通过书于其上的发件信息可知,长沙太守中部督邮书掾陈苗发出的文书以御门亭为起点,则中部督邮曾在此暂驻办公。相关图版和释文参见长沙市文物考古研究所等编:《长沙五一广场东汉简牍(壹)》,中西书局 2018 年版,第 120 页。

③ "东门亭"又见于《五一(壹)》116 简,"南门亭部"见于《五一(贰)》471 简,"三门亭"见于《五一(肆)》1420 简。图版和释文参见长沙市文物考古研究所等编:《长沙五一广场东汉简牍(壹)》,中西书局 2018 年版,第 118 页;长沙市文物考古研究所等编:《长沙五一广场东汉简牍(贰)》,中西书局 2018 年版,第 105 页;长沙市文物考古研究所等编:《长沙五一广场东汉简牍(肆)》,中西书局 2019 年版,第 113 页。

④ 长沙市文物考古研究所等编:《长沙五一广场东汉简牍(壹)》,中西书局 2018 年版,第 165 页。

339简是雷旦诉张董受钱行赇案调查文书的一简，[①]根据该简可知当事人之一掾董普居于都乡三门亭部，据此，三门亭位于县治所在的都乡。然而，目前还不能确定“三门”是临湘县城某一城门之名，还是对本县三座城门的泛称，抑或是指城内其他建筑之门。无论如何，三门亭也是一处门亭。总之，名籍简的李熊、邓山被称作都伍长，与2人居于都亭（门亭）辖境并被门亭长征调有关，而小伍长前不冠以“都”或意味着这类标示仅限于相关区域的成年伍长。与此相关的是，临湘县的官文书对大伍长一般省略“大”而径称为伍长：

死罪。今错等书言：考问知状伍长谢纯□☑

［《五一（叁）》915/2010CWJ1③：264－69］[②]

上举915简是官文书的一部分，被考问调查的知情者伍长谢纯就是大伍长，但该文书并不称其为大伍长。文书的“伍长”之称还见于83简、298＋299简、376简、471简和1422简，而“都伍长”暂时仅见于本册书，“都伍长”一词的使用是否仅限于征调名籍一类的簿籍，还有待于进一步的验证。

这里还有必要说明的是，《延平元年守史勤言调署伍长人名数书》以未成年小伍长居多是特定条件下的产物，不能视为临湘县的普遍情况。如前所述，守史勤等吏是在县史黄条的基础上进行补录，大部分符合条件的成年男子已被黄条署任为伍长，所以留待补征的候选者以可使的未成年人为主。就现有材料而言，临湘的大、小伍长在服役过程中频繁参与本地的司法活动，下面将对这一问题展开讨论。

---

① 相关文书的复原，参见周海锋：《〈长沙五一广场东汉简牍〉文书复原举隅（一）》，载简帛网，http://www.bsm.org.cn/show_article.php?id=3280，首发于2018年12月26日。

② 长沙市文物考古研究所等编：《长沙五一广场东汉简牍（叁）》，中西书局2019年版，第92页。

三、临湘的伍长与地方司法

根据已经公布的简牍材料,大、小伍长对临湘本地司法活动的参与,可以归纳为看守系囚、往来走使和监视嫌疑三方面。

第一,看守系囚。关于伍长看守系囚的事例,先列举以下一简:

县五百里,故不欲送冉狱,还系亭积三日。其廿七日,园留翕,出沙等九人亭中,令伍长樊仲、陈明等守视。园悉遣妻子空亭去,因与赦、调,调一弃当步。园、柱道乘都师区坚小槅船一樓

[《五一(壹)》83/2010CWJ1①:86][1]

根据83简的记载,伍长樊仲、陈明是受园之命看守系囚。这枚简的"县五百里,故不欲送冉狱"说明被系者是冉所犯案件的涉案人,被系原因在于押送目的地(可能是临湘本县)距离500里,路途过于遥远,所以押送者将他们"还系亭积三日"。再者,"园留翕,出沙等九人亭中"是说园决定留下翕,并把沙等9人从亭中转移到别处,可知翕、沙等人都属于系囚。"令伍长樊仲、陈明等守视"说明被转移的系囚由伍长樊仲、陈明看守。从简文来看,园应是负责押送的临湘吏,带领系囚返回亭关押表明其职务可能是亭长,两名伍长应是专门在亭中服役,因而要接受园的指示。

☑田松(?)、陵亭长酺集与伍长黄苌、男子番宛、李爰爰书:死罪大男黄板本有固病苦,两胫肿,脓血出腹、久八所,寒中下利□☑度,即日加困物故,他如爰书。

---

① 长沙市文物考古研究所等编:《长沙五一广场东汉简牍(壹)》,中西书局2018年版,第110页。

[《五一(壹)》376/2010CWJ1③:198－16][1]

376简也包含有伍长看守系囚的信息。这枚简的田松可能是人名,名列于陵亭长醽之前表明其身份也是吏。[2] 两人与伍长黄苌和男子番宛、李爰以爰书形式证明死罪囚死于疾病,死者黄板是等待行刑的死罪囚。[3] 参照前揭83简,黄板可能在等待期间被系于亭或在亭中(可能是陵亭)服劳役,而伍长黄苌正是亭中的看守者,并目击了罪囚死亡的过程。

第二,往来走使。有关伍长负责走使的事例,见于《五一(壹)》380简:

> 绨,縻亭部,以佃作为事。良往不处年中,娉取绨为妻。今年九月不处日,良以吏次署杅亭长,将绨之亭。武为小伍长,俗往来亭助走使。十一月廿日,良入丘发蒭给亭

[《五一(壹)》380/2010CWJ1③:199－3][4]

380简也是雷旦诉张董受钱行赇案调查文书的一简。[5] 根据这枚简的记载,雷良署任杅亭长后,小伍长武"俗往来亭助走使"。关于

---

① 长沙市文物考古研究所等编:《长沙五一广场东汉简牍(壹)》,中西书局2018年版,第175页。

② 《五一(壹)》156简的"君教"木牍记有"租乡陵亭长王岑、蔡英",可知陵亭位于本县租乡。图版和释文参见长沙市文物考古研究所等编:《长沙五一广场东汉简牍(壹)》,中西书局2018年版,第128页。

③ 薛梦潇指出,东汉明帝统治时期,十至十二月可以执行死刑,至汉章帝时,死刑的执行期被限制在孟冬十月。另外,针对谋反、谋大逆、不道、坐臧、背敌懦弱、直谏等罪行,可四时行刑。参见薛梦潇:《东汉的行刑时间——以〈月令〉的司法实践为中心》,载武汉大学中国三至九世纪研究所编:《魏晋南北朝隋唐史资料》(第28辑),上海古籍出版社2012年版,第1~24页。

④ 长沙市文物考古研究所等编:《长沙五一广场东汉简牍(壹)》,中西书局2018年版,第176页。

⑤ 参见周海锋:《〈长沙五一广场东汉简牍〉文书复原举隅(一)》,载简帛网,http://www.bsm.org.cn/show_article.php? id=3280,首发于2018年12月26日。

俗,《淮南子·氾论》载"循俗未足多也",高诱注:"俗,常也。"[①]这一简文表明武在杆亭服役,经常协助亭长承担往来走使一类的杂役,其中应不乏为了司法活动而走使跑腿的任务。另外,走使是一种负担和难度相对低的役事,可能专门由小伍长承担。

第三,监视嫌疑。伍长也能够承担暗中监视嫌疑人的任务,如:

> 乏竟不得。时堂为伍长,受诡阴微起居乏、各等。到五月十四日,堂于半山中格杀乏。明十五日,畼以状言县。其月十八日,男子杨居、烝嵩、黄俳等持鸡
>
> [《五一(肆)》1422/2010CWJ1③:265-168][②]

1422简记载的监视者是伍长堂,被监视的嫌疑人是乏、各等人。关于诡,《说文·言部》载:"诡,责也。"[③]《后汉书·孟尝传》载:"诡人采求。"李贤注:"诡,责也。"[④]受诡,即受责之义。关于阴微,《易·姤卦·初六》载"有攸往,见凶,羸豕孚蹢躅",程颐传:"蹢躅,跳踯也。阴微而在下,可谓羸矣"。[⑤] 微本来就有隐匿、隐行的含义,[⑥]依照"阴微而在下"又可把阴微引申为暗中、暗地。关于起居,《汉书·赵广汉传》载"(赵)广汉尽知其计议主名起居",师古曰:"起居谓居

① 刘文典撰:《淮南鸿烈集解》卷一三,冯逸、乔华点校,中华书局1989年版,第427页。

② 长沙市文物考古研究所等编:《长沙五一广场东汉简牍(肆)》,中西书局2019年版,第114页。

③ (汉)许慎:《说文解字》卷三上,中华书局1963年版,第57页上栏。

④ (南朝宋)范晔撰:《后汉书》卷七六《循吏列传》,(唐)李贤等注,中华书局1965年版,第2473页。

⑤ (宋)程颐撰:《周易程氏传》卷三,王孝鱼点校,中华书局2011年版,第252页。

⑥ 《左传·哀公十六年》载:"其徒微之。"杜预注:"微,匿也。"《说文·彳部》:"微,隐行也。"参见《重刊宋本十三经注疏》(第6册《春秋左传正义》),(晋)杜预注、(唐)孔颖达疏、(清)阮元校,艺文印书馆(台北)2001年版,第1043页;(汉)许慎:《说文解字》卷二下,中华书局1963年版,第43页上栏。

止之处，及欲发起之状。”[①]据此，“受诡阴微起居乏、各等”是说伍长堂接受上级的指令，暗中监视乏、各等人以确定他们的居住地。可见，监视嫌疑人是为了后续的逮捕活动做准备。

此外，五一广场简还有“逐事伍长”之称，相关释文如下：

☐□旬，韦蓌二两。纯、郡等将兵廿余人掩覆主家，主妻念怀☐□、隋佁纯等调逐事伍长。纯著黄绶，称故尉，捶毂诡课男女

[《五一(贰)》409/2010CWJ1③:201-18][②]

罪，辄考问宠、汉，知状宠同产兄凤、逐事伍长马抚，辞皆曰：县民。宠与父武、母臧及凤、汉妻姬等俱居，各有庐舍监亭部。宠，堤下；汉、抚，松田丘，相比近，皆各以田作为事。今年四

[《五一(叁)》880/2010CWJ1③:264-34][③]

上列409简和880简前后都有缺简，并且409简内容残损不完整，所记逐事伍长在司法活动中扮演的角色和承担的职责也不明确。就文字训诂而言，逐有追逐、逐捕的意思，《说文·辵部》载：“逐，追也。”[④]事，《吕氏春秋·高义》载：“追而不及，岂必服罪哉？子复事矣”，高诱注：“事，职事。”[⑤]若从字面解释，逐事可能表示这些伍长有着专门追捕罪犯的职事。当然，这只是一种非常初步的推测，还有待

① (汉)班固撰：《汉书》卷七六《赵尹韩张两王传》，(唐)颜师古注，中华书局1962年版，第3199~3200页。

② 长沙市文物考古研究所等编：《长沙五一广场东汉简牍(肆)》，中西书局2019年版，第87页。

③ 长沙市文物考古研究所等编：《长沙五一广场东汉简牍(叁)》，中西书局2019年版，第85页。

④ (汉)许慎：《说文解字》卷二下，中华书局1963年版，第41页下栏。

⑤ 许维遹撰：《吕氏春秋集释》卷一九《离俗览》，梁运华整理，中华书局2009年版，第517页。

于更多材料证明。

除上述几种情况外,伍长还会作为当事人或证人参与诉讼活动,并接受本县执法吏的审问,前所举伍长谢纯和逐事伍长马抚即是显例。另外,还有如下两简:

> ☐实。迁、宝、鲔叩头,死罪死罪。谨案文书,辄复推辟所部,考问伍长☐□重等,辞皆曰:皆不识知傅。所部广大,人民商贾
>
> [《五一(壹)》298+299/2010CWJ1③:136-1+136-2][①]
>
> 持鸡一只,直八十,之演私舍。时演不在,幼与姜相见,幼佁谓姜曰:"我伍长杜幼,属持此鸡望督,督令我持来。"姜即受。其日暮,演还归,姜以幼持鸡状报语演,演墨无言。幼以作尹为事,到六
>
> [《五一(贰)》471/2010CWJ1③:224][②]

这两简的伍长都因牵涉案件而遭到临湘县的调查,298+299简的伍长更是在执法吏的直接考问下做出供述。另外,471简的"督"在东汉一般指武吏,《后汉书·郭躬列传》载"校尉一统为督",李贤注:"督谓大将。"[③]雷旦诉张董案的调查文书,少仲夏防就称亭长雷良为雷督,[④]案,《汉旧仪》载:"尉、游徼、亭长习设备五兵。五兵:弓

---

① 长沙市文物考古研究所等编:《长沙五一广场东汉简牍(壹)》,中西书局2018年版,第153页。

② 长沙市文物考古研究所等编:《长沙五一广场东汉简牍(壹)》,中西书局2018年版,第105页。

③ (南朝宋)范晔撰:《后汉书》卷四六《郭陈列传》,(唐)李贤等注,中华书局1965年版,第1543~1544页。

④ 《五一(贰)》489简载:"良少仲,仲名防,防到狱门外呼董曰:'为我报雷督,我欲去。'"图版和释文参见长沙市文物考古研究所等编:《长沙五一广场东汉简牍(贰)》,中西书局2018年版,第110页。

弩,戟,盾,刀剑,甲铠。”[①]则“督”不单指大将,而是尉、游徼、亭长等武吏的通称,所以亭长雷良也可被称为雷督,据此,471 简的督应是伍长杜幼对所属亭长演的尊称。这里要补充的是,“佁”说明杜幼自称伍长属于欺骗之辞,[②]他本人很可能不是伍长,但通过“我伍长杜幼持鸡望督”蒙骗了姜,间接证实当时基层的亭长和伍长除了上、下级的行政关系外,还会形成比较紧密的私人往来关系。

四、余论

日本学者池田雄一认为汉代的伍长应是郡县地方长官出于施政需要而做出的临时设置,所依据的主要是《汉书·黄霸传》:

> (黄霸)然后为条教,置父老师帅伍长,班行之于民间,劝以为善防奸之意,及务耕桑,节用殖财,种树畜养,去食谷马。[③]

《汉书·韩延寿传》:

> (韩延寿)又置正、五长,相率以孝弟,不得舍奸人。闾里仟佰有非常,吏辄闻之,奸人莫敢入界。[④]

此前,颍川太守赵广汉为了驾驭下辖官吏、打击地方豪强,鼓励

---

① (汉)应劭:《汉官仪》,载(清)孙星衍等辑:《汉官六种》,周天游点校,中华书局 1990 年版,第 153 页。

② 关于佁,《说文·颐部》朱骏声通训定声:“佁,假借为绐。”关于绐,《后汉书·朱晖传》载“即往绐之曰”,李贤注:“绐,欺也。”参见(清)朱骏声:《说文通训定声》卷五《颐部》,武汉市古籍书店 1983 年影印本,第 173 页上栏;(南朝宋)范晔撰、(唐)李贤等注:《后汉书》卷四三《朱乐何列传》,中华书局 1965 年版,第 1458 页。

③ (汉)班固撰:《汉书》卷七六《赵尹韩张两王传》,(唐)颜师古注,中华书局 1962 年版,第 3211 页。

④ (汉)班固撰:《汉书》卷八九《循吏传》,(唐)颜师古注,中华书局 1962 年版,第 3629 页。

百姓相互检举揭发。[①] 先后继任的黄霸和韩延寿为了扭转这一风气,在基层设置父老、里正、伍长负责察奸和教化百姓。池田氏认为两条史料所见的伍长是黄、韩二人为了移风易俗而采用的临时之计,它的设置仅存续于两人任职期间。[②] 然而,史籍有关典章制度的记载表明伍长的设置应属于国家定制,《续汉书·舆服志》载:

> 璅弩车前伍伯,公八人,中二千石、二千石、六百石皆四人,自四百石以下至二百石皆二人。黄绶,武官伍伯,文官辟车。铃下、侍阁、门兰、部署、街里走卒,皆有程品,多少随所典领。[③]

关于伍伯的含义,《续汉书·百官志》载:"执金吾一人……丞一人,比千石。缇骑二百人。本注曰:无秩,比吏食奉。"李贤注:"《汉官》曰:执金吾缇骑二百人,持戟五百二十人。"[④]校勘记:"五百即伍伯……《集解》引李祖楙说,谓《古今注》云五百,一伍之伯也。五人曰伍,五长曰伯。一曰户伯。"[⑤]若以上解释成立,则伍伯就是伍长。案上引《舆服志》,黄绶指五百石至比二百石的长吏,[⑥]这一秩级区间的武官配备伍长随行,文官则换成名为辟车的随从,同时,跟随中二千石到二百石官吏出行的铃下、侍阁等扈从的安排"皆有程品",伍长的设置当也不例外。由于所规范的对象是包括中央官吏在内的各级官吏,因而这里的程、品是由朝廷制定的法律规范,因此,黄绶武官以

---

① 有关赵广汉在颍川郡的施政,参见(汉)班固撰:《汉书》卷七六《赵尹韩张两王传》,(唐)颜师古注,中华书局1962年版,第3200~3201页。

② 参见[日]池田雄一:《汉代的里与自然村》,载[日]池田雄一:《中国古代的聚落与地方行政》,郑威译,复旦大学出版社2017年版,第117~140页。

③ (南朝宋)范晔:《后汉书》,(唐)李贤等注,中华书局1965年版,第3651页。

④ (南朝宋)范晔:《后汉书》,(唐)李贤等注,中华书局1965年版,第3605~3606页。

⑤ (南朝宋)范晔:《后汉书》,(唐)李贤等注,中华书局1965年版,第3615页。

⑥ 《汉书·百官公卿表》:"秩比六百石以上,皆铜印黑绶……比二百石以上,皆铜印黄绶。"(汉)班固撰:《汉书》卷一九《百官公卿表上》,(唐)颜师古注,中华书局1962年版,第743页。

伍长随行非出自长官个人意志，而是依据国家既有制度执行。这也就意味着至少在东汉一朝，设置伍长并不是地方性的临时措施。

实际上，伍长也屡见于秦和西汉的出土律令。关于秦代的伍长，见于睡虎地出土秦律。《秦律十八种・金布律》载：

贾市居死(列)者及官府之吏，毋敢择行钱、布；择行钱、布者，列伍长弗告，吏循之不谨，皆有罪。　　金布(68)[①]

这条《金布律》的列伍长指商贾伍人之长，负有监督法定合格钱货在市场顺利流通的责任。[②] 又《秦律杂抄》：

匿敖童，及占瘩不审，典、老赎耐。・百姓不当老，至老时不用请，敢为诈伪者，赀(32)二甲；典、老弗告，赀各一甲；伍人，户一盾，皆迁之。・傅律。(33)[③]

秦《傅律》规定对百姓免老过程所发生的犯罪行为，若伍人不揭发报告，所属人户要承担赀一盾的刑罚。其中的"伍人"是与"四邻"相互关联的法律术语，《法律答问》载："可(何)谓'四邻'？'四邻'即伍人谓也。"[④]据此可知，五人为伍，四邻处于同伍范围内，伍长同时也具有伍人的身份。在同伍之人犯罪时，伍长也存在被连坐的可能性。

张家山汉简《二年律令》也有关于伍人的法律规范。《钱律》载：

---

① 陈伟主编：《秦简牍合集(壹)：释文注释修订本》，武汉大学出版社2016年版，第85页。

② 关于"列伍长"和"择行钱、布"的解释，参见陈伟主编：《秦简牍合集(壹)：释文注释修订本》，武汉大学出版社2016年版，第85~86页注[2]和注[3]。

③ 陈伟主编：《秦简牍合集(壹)：释文注释修订本》，武汉大学出版社2016年版，第171页。

④ 陈伟主编：《秦简牍合集(壹)：释文注释修订本》，武汉大学出版社2016年版，第219页。

“盗铸钱及佐者,弃市。同居不告,赎耐。正典、田典、伍人不告,罚金四两。”①伍人不检举盗铸钱的罪行,要被罚金四两。《户律》载:

> 自五大夫以下,比地为伍,以辨□为信,居处相察,出入相司。有为盗贼及亡者,辄谒吏、典。田典更挟里门钥,以时开;(305)伏闭门,止行及作田者;其献酒及乘置乘传,以节使,救水火,追盗贼,皆得行。不从律,罚金二两。(306)②

西汉初年,五大夫爵以下的百姓要依汉律规定“比地为伍”,按照地缘关系被编制进什伍组织,伍人之间互相监司纠举。伍人要主动向官吏、里典报告同伍百姓的犯罪行为,并且要承担上贡、出使、救灾、追捕罪犯等劳役,违者要被罚金四两。这套制度直接沿袭自秦律,“比地为伍”的伍人也包括伍长在内。睡虎地秦简的秦律和《二年律令》分别是秦和西汉初通行于全国郡县的法律,表明当时什伍制在全国范围内得到了贯彻,地方郡县普遍设置了伍长。

总而言之,秦汉基层的伍长并非一时一地的临时设置,而是地方县道依据朝廷律令所设,属于古代国家常制的范畴。《汉书》有关黄霸、韩延寿“置伍长”的记载,可以从二人执行朝廷制度的角度获得解释。这一制度从秦和西汉初年一直延续到了东汉,本文所论的《延平元年守史勤言调署伍长人名数书》显示,负责调署伍长的县史和亭长会编制专门的名书文数并交付县廷审核,进而达到应署皆署的目的,这一行政活动也是基于东汉国家的典章制度而展开的。(见表3)

---

① 彭浩、陈伟、[日]工藤元男主编:《二年律令与奏谳书——张家山二四七号汉墓出土法律文献释读》,上海古籍出版社2007年版,第170页。

② 彭浩、陈伟、[日]工藤元男主编:《二年律令与奏谳书——张家山二四七号汉墓出土法律文献释读》,上海古籍出版社2007年版,第215页。

表 3 名籍部分的"伍长"字形

竹简编号	"伍"的字形	"长"的字形
1023 简	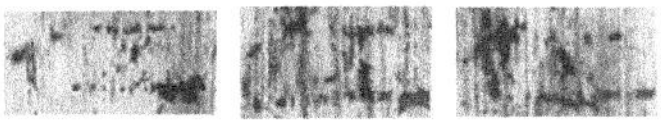	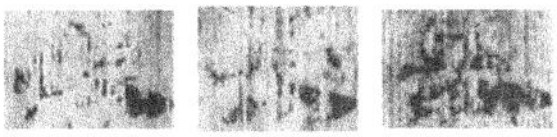
1024 简	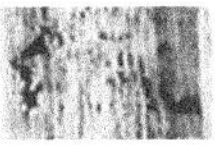	
1025 简		
1026 简	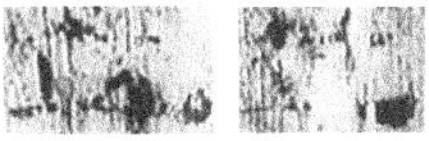	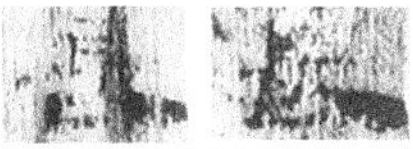
1028 简	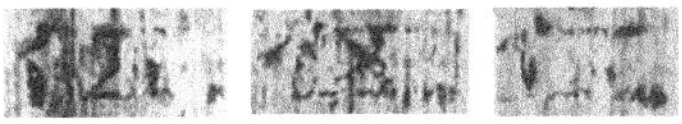	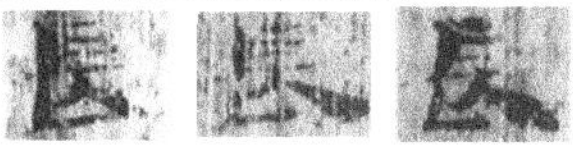
1029 简		
1030 简		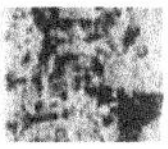
1031 简		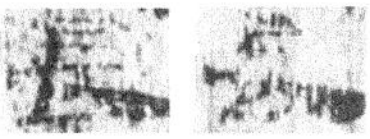
1032 简	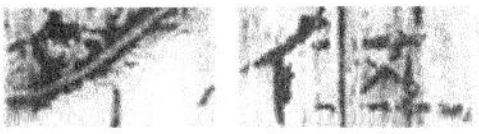	
1033 简		

魏晋南北朝的不敬罪

[日]水间大辅*

序　言

笔者在本文之前对汉律令的“大不敬”和“不敬”进行过探讨，得到以下诸点结论（本文以下将讨论大不敬的拙稿称为《大不敬》①，讨论不敬的拙稿称为《不敬》②）：

（1）哪种行为属于大不敬或者不敬，有些定义为律令条文所规定，但有些定义的具体内容和有些定义本身都依据于“礼”。

（2）尽管本来是属大不敬的行为，但损害或者恶性甚大的，有时还以“不道”论罪。

（3）与唐律不同，汉律令的大不敬非“罪目”而是“罪名”，汉律令对大不敬本身设定“弃市”（斩首）的法定刑。

（4）不敬也非罪目而是罪名，法定刑有可能按照罪行的轻重分为几个层次。

---

*　水间大辅，日本中央学院大学法学部教授。本文受日本学术振兴会科学研究费（基础研究C）扶助项目“对中国汉魏晋南北朝时期刑罚法规中不道、不敬和不孝等罪目的研究”（18K01223）资助。

①　水間大輔「漢律令「大不敬」考」、『中央学院大学法学論叢』33（2）、2020年。

②　水間大輔「漢律令「不敬」考」、『中央学院大学法学論叢』34（1）、2020年。

(5) 大不敬和不敬按照行为的种类和法益侵害的程度有所区别。

(3)和(4)中的"罪目"一词需要说明。众所周知,后世的唐律设"十恶"。在十恶中,"谋反"、"谋大逆"和"谋叛"本身都是罪名,在各条文分别规定为处罚对象,如《唐律疏议·贼盗律》云:

诸谋反及大逆者,皆斩。

相对于此,在十恶中,除了谋反、谋大逆和谋叛以外,都不是罪名,而是数种犯罪的总称。例如,对于"大不敬",《唐律疏议》注云:

谓盗大祀神御之物、乘舆服御物,盗及伪造御宝,合和御药,误不如本方及封题误,若造御膳,误犯食禁,御幸舟船,误不牢固,指斥乘舆情理切害,及对捍制使,而无人臣之礼。

即列出属大不敬的行为。唐律对这些行为分别设定条文作为处罚对象,如《唐律疏议·贼盗律》云:

诸盗大祀神御之物者,流二千五百里。

《诈伪律》又云:

诸伪造皇帝八宝者,斩。太皇太后、皇太后、皇后、皇太子宝者,绞。皇太子妃宝,流三千里。

这两条律文分别规定对"大不敬"中的"盗大祀神御之物"和"伪造御宝"的处罚。可见同是属大不敬的行为,法定刑却因行为不同而有所不同。与"谋反"等行为不同,唐律不设处罚大不敬本身的规定,如:"诸大不敬者,斩。"总而言之,在十恶中,谋反、谋大逆和谋叛以外都非罪名,而是某种犯罪的总称。本文将其称为"罪目"。

那么,继汉代之后的时代,即魏晋南北朝的法律中,大不敬和不敬是否有(1)至(5)的要素?另外,是否有(1)至(5)以外的要素?本文将对魏晋南北朝的大不敬和不敬进行探讨。

一、三国时期的大不敬、不敬

尽管大不敬、不敬的事例可见于东汉末期曹操掌握朝廷实权时，但在三国时期则不见于魏国，仅见于吴国：

〔1〕芍陂之役（241 年）后，吴朝张休和顾承都因战功得到杂号将军的称号。不过，全琮父子好几次上言，认为典军陈恂幕后与张休、顾承勾结，夸大申报张休、顾承的战功。大帝孙权问顾承之兄顾谭，顾谭回答："陛下，谗言将增多吧！"顾谭因"诬罔"皇帝被以大不敬问罪。其罪本来应当处死刑，但孙权考虑其父顾雍的功绩，未直接适用法律，而对其处以徙迁刑。（《三国志・卷五二・吴书・顾雍传》、同传裴松之注引晋张勃《吴录》、同传裴松之注引西晋虞溥《江表传》）

若江贤三先生对汉代大不敬的事例进行分析，作出结论，即属大不敬的行为可以分类为以下［Ⅰ］至［Ⅴ］：①

［Ⅰ］在宫廷等处的非礼；

［Ⅱ］关于宗庙等处的罪；

［Ⅲ］对宗室和近臣的非礼；

［Ⅳ］臣下的怠慢或者不严肃；

［Ⅴ］诬罔天子的言动。

笔者基于若江先生的研究成果，在《大不敬》指出，除了以上［Ⅰ］至［Ⅴ］以外，属大不敬的行为还有以下两种：

［Ⅵ］对皇帝御物的非礼；

① 若江賢三「漢代の不敬罪」、若江賢三『秦漢律と文帝の刑法改革の研究』、汲古書院 2015 年（初刊 1986 年）。

[Ⅶ]惊动鬼神。

因为大不敬与不敬在情况分类上多有重合，故而本文在讨论大不敬与不敬时将统一使用以上七种分类序号，以便于行文。

在〔1〕中，顾谭因"诬罔"皇帝被以大不敬问罪。顾谭的行为正属于[Ⅴ]，可知诬罔在吴朝也属于大不敬。诬罔谓欺骗、说谎。

〔1〕亦记载于《江表传》等文献，《江表传》云：

> 有司奏谭诬罔，大不敬，罪应大辟。

这条记载可以有两种解释。一种解释是"有关官吏上奏顾谭（的行为）属诬罔（之罪），诬罔（之罪）属大不敬，（诬罔之）罪应处'大辟'（死刑）"。据此解释，此处所说的大不敬属于罪目。另一种解释是"有关官吏上奏顾谭（的行为）属诬罔，（诬罔这一行为）属大不敬（之罪），（大不敬之）罪应处大辟"。据此解释，大不敬属于罪名。

那么，哪种解释正确？仅看上文，哪种解释都似乎成立。不过，笔者据以下两个理由认为后者的解释是正确的：

其一，在三国时期前后的时代，大不敬都作为罪名出现。对于汉代，已经在《大不敬》讨论。对于西晋以后，有后文所述，至少在西晋、东晋、南朝梁、北魏、东魏和北齐有大不敬作为罪名使用的例子。因此可以认为，夹在汉代和晋代中间的吴朝也有这种情况。

其二，三国魏在明帝时期以汉律令为基础编纂《新律》十八篇，而吴朝在史料上不见这种法典编纂的活动，可以认为几乎直接继承汉律令。

据上所述，笔者认为吴朝的大不敬也是罪名。据此解释，吴朝大不敬的法定刑也是死刑，与《大不敬》的结论(3)一致。因此，吴朝的大不敬似乎基本上与汉律令无异。

另外，2011年至2012年在湖南省长沙市尚德街出土的木牍212

两面列出律令条文,背面第一栏载:[①]

> 对悍使者,无人臣礼,大不敬。
>
> 惊动鬼神,大不敬。
>
> 上书绝匿其名,大不敬。
>
> 漏泄省中语,大不敬。

正面第二栏又载:

> 上书言变事不如式,为不敬。
>
> 天下有服禁,不得屠沽。吏犯,不敬☐

这些条文都规定哪种行为属于大不敬、不敬。长沙市文物考古研究所认为,该木牍的内容是东汉灵帝时期的成文法。[②] 不过,笔者此前指出,该木牍的书写年代属于三国吴的可能性也是存在的。[③] 假定后者正确,则该木牍也证实吴律令中的大不敬和不敬都是罪名。除了上引条文以外,212 中还列出刑罚法规,这些条文一般明确表示各种犯罪的法定刑,如"斗刃伤人,完城旦""同产相奸,弃市"。对于属大不敬和不敬的行为,212 仅载"大不敬"或者"不敬",而不载法定刑。理由可以认为是其他条文有对大不敬和不敬的统一性处罚规定。那么说来,212 所见的大不敬和不敬都是罪名。

相对于此,即使 212 所载条文都是东汉末期的,从吴朝几乎直接继承汉律令来看,吴朝继承的大不敬、不敬也很可能是罪名。无论 212 是东汉末期的,还是吴代的,在了解汉律令大不敬、不敬的方面

---

① 参见长沙市文物考古研究所编:《长沙尚德街东汉简牍》,岳麓书社 2016 年版。

② 参见长沙市文物考古研究所编:《长沙尚德街东汉简牍》,岳麓书社 2016 年版,第 79 ~ 80 页。

③ 参见[日]水间大辅:《长沙尚德街出土法律木牍杂考》,载陈伟主编:《简帛》(第 18 辑),上海古籍出版社 2019 年版,第 217 ~ 235、273 页。

都是重要史料，故《大不敬》和《不敬》中以212为汉律令大不敬、不敬的根据之一。

二、西晋、东晋的大不敬、不敬

首先，以下列出西晋、东晋大不敬的事例及其要旨：

〔2〕西晋武帝时期，有关官吏上奏，王浚在上书时，不列前后所受七个诏书的月日，并且赦免后违背诏书不受王浑指示，应当大不敬。武帝下诏说，必须服从王浑指示的诏书未到王浚，如果将其与故意不接受诏书说成有同等罪责，不能说是合乎情理；王浚不当即上表报告被王浑宣诏，这是可以责罚的；不过，王浚有征伐吴国的功劳，不足以被一点过失取消其功劳。武帝不追究王浚的罪责。（《晋书》卷四二《王浚列传》）

〔3〕武帝太康三年（282年），齐王司马攸将到齐国去，武帝命令礼官议论赐给齐王的物品。博士庾旉、太叔广、刘暾、缪蔚、郭颐、秦秀和傅珍等人进谏，不应将齐王从朝廷赶到外地。武帝认为他们不回答所问的问题，回答的却是没有问的问题，大怒，命令有关官吏议论这件事。尚书朱整、褚䂮等人上奏，庾旉等人侵犯官吏的职务，离开部门的职责，迷罔朝廷，应该将他们八人交付廷尉，审理其罪。廷尉刘颂上奏，庾旉等人犯大不敬，应处弃市。尚书也听从廷尉的判断，请求执行刑罚。不过，尚书夏侯骏主张不应诛杀谏臣，左仆射魏舒和右仆射王晃等人也都赞同。武帝将秦秀、傅珍和庾旉等人“除名”（剥夺官僚身份，降级为民）。[1]（《晋书》卷五〇《庾纯列传》）

〔4〕西晋怀帝时期，裴猷娶怀帝的姊妹荥阳长公主，但裴猷不愿，

---

① 关于晋南朝的除名，请参见中村圭爾「晉南朝における除名について」、中村圭爾『六朝貴族制研究』、風間書房1987年（初刊1974年）；中村圭爾『六朝政治社会史研究』、汲古書院2013年（初刊1986年）、頁302－310。

听到诏书还在中书中，立刻娶温峤之妹。中丞傅宣上奏裴猷犯大不敬。（《太平御览》卷一五二《皇亲部·公主上》引南朝齐臧荣绪《晋书》）

〔5〕东晋元帝时期，周嵩任新安郡太守。他临赴任前，与散骑郎张嶷在侍中戴邈处闲坐，对朝士毁誉褒贬，并诋毁戴邈。戴邈听到，上奏元帝。元帝招来周嵩，责难他。周嵩谢罪，又说：连尧、舜时，朝廷尚有四凶；即使是陛下圣明之世，怎么能没有平凡的臣下呢？元帝发怒，抓住周嵩交付廷尉。廷尉华恒判断，周嵩犯大不敬，应处弃市。不过，周嵩之兄顗当时为朝廷所重视，故元帝不论罪。（《晋书》卷六一《周浚列传》）

〔6〕东晋简文帝时期，大司马桓温在中堂屯聚，吹响警角。御史中丞司马恬以大不敬之罪劾奏桓温。（事见《北堂书钞》卷六二《设官部·御史中丞》、《初学记》卷一二《职官部下·御史中丞》、《太平御览》卷二二六《职官部·御史中丞下》、《太平御览》卷三三八《兵部·角》引南朝宋何法盛《晋中兴书》、《晋书》卷三七《宗室列传》）

在以上五件中，问以大不敬的行为也都能够分类为［Ⅰ］至［Ⅶ］。〔6〕属于［Ⅰ］“在宫廷等处的非礼”，〔4〕属于［Ⅲ］“对宗室和近臣的非礼”，〔2〕属于［Ⅳ］“臣下的怠慢或者不严肃”。对于〔3〕，武帝最终下诏说：

> 旉等备为儒官，不念奉宪制，不指答所问，敢肆其诬罔之言，以干乱视听。

即博士庾旉等人不回答咨问，并进谏不应将齐王赶出朝廷，都被视为“诬罔之言”，故〔3〕可以分类为［Ⅴ］“诬罔天子的言动”。〔5〕是难以判断的，但〔1〕将进谏皇帝视为诬罔，故〔5〕也似乎可以分类为［Ⅴ］。

另外,在〔3〕和〔5〕中,犯罪嫌疑人的行为都被判断为是属于大不敬,应处弃市。弃市在这些事例中也作为大不敬的法定刑出现,而似乎并不是对属于大不敬的某种行为的法定刑。

西晋武帝泰始四年(268年),以汉律令为基础编纂《泰始律》,但至少仅对大不敬而言,似乎未实施根本性变革。

其次,以下列出西晋不敬的事例及其要旨:(另外,据笔者管见所及,文献上不见东晋不敬的事例。)

〔7〕武帝选取良家女子,有藏匿的以不敬论罪。(《宋书》卷三三《五行志四》、《晋书》卷二七《五行志上》)

〔8〕武帝咸宁四年(278年),弘训太后(司马师的继室)死去,葬礼举行于弘训宫。谒者排列司隶校尉傅玄的座次在卿下。傅玄发怒,斥责谒者。谒者胡说按照尚书的安排排列席次,傅玄向百官骂尚书以下的官吏。御史中丞庾纯上奏傅玄犯不敬,傅玄又上书庾纯上奏的内容非事实,但傅玄被免官。(《晋书》卷四七《傅玄列传》)

〔9〕武帝时期,皇太子入朝时,他的鼓吹将入东掖门。司隶校尉刘毅以其为不敬,将他们挡在门外,劾奏皇太子的保傅以下的人。武帝下诏赦免他们,然后他们得以进入。(《北堂书钞》卷一三〇《仪饰部上·鼓吹》引东晋干宝《晋纪》、《晋书》卷四五《刘毅列传》)

〔7〕可以认为是武帝所下的诏。在大不敬的诸种情形中,若江先生以为以下情形在汉代同样见于不敬:

[Ⅰ]在宫廷等处的非礼;

[Ⅱ]关于宗庙等处的罪;

[Ⅲ]对宗室和近臣的非礼;

[Ⅳ]臣下的怠慢或者不严肃。

他又认为,可以分类为[Ⅴ]"诬罔天子的言动"的事例仅见于大不敬,不见于不敬。

不过,藏匿女子不符合[Ⅰ]至[Ⅳ],却似乎可以说是属于诬罔皇帝的行为。并非不能以其认为大不敬和不敬的标准在汉律令和《泰始律》之间有异。当然,也有可能有关汉代的文献不过是偶然不见可以分类为[Ⅴ]的行为而已。如后所述,北魏时也有可以分类为[Ⅴ]的行为被视为不敬的事例(见后文〔20〕)。并且,如本文所阐明,至少到南北朝后期之前的大不敬和不敬基本上与汉律令相同。因此可以认为后一种解释是正确的。

〔8〕应属于[Ⅰ]"在宫廷等处的非礼"和[Ⅲ]"对宗室和近臣的非礼",〔9〕属于[Ⅰ]。尤其关于〔9〕,汉代也有与此相似的事例。即西汉文帝时,皇太子与其弟梁王同乘一辆车入朝,在司马门不下车;公车令张释之追上去制止车不得进入殿门,又劾奏他们在公门不下车为不敬;薄太后派使者下诏赦免皇太子和梁王,他们才得以入朝。(《史记》卷一〇二《张释之列传》)。虽然〔9〕不是下车的问题,但入宫门时的行为被以不敬问罪,两者在这一点上是相同的。[①]

〔7〕至〔9〕都以不敬问罪,罪名是不敬,而并不是属不敬的某种行为。因此可以认为,与汉律令相同,至少在西晋时期,不敬也非罪目,而是罪名。

最后,查不敬的法定刑,〔7〕没有记载具体处何种刑罚。〔8〕的傅玄因不敬被免官,但似乎不受免官以外的制裁,大概因高官的特权等原因而被免除刑罚。〔9〕的嫌疑人都因武帝诏被赦免。因此,据以上事例不可知不敬罪的法定刑。

值得关注的是,《晋书》卷三〇《刑法志》引西晋张斐《律表》云:

> 法律中诸不敬,违仪失式,及犯罪为公为私,赃入身不入身,

---

① 但如《不敬》所述,可以推测如皇太子和梁王那样的行为在东汉末期或者三国魏时不属于不敬,而是规定为独立的犯罪。

皆随事轻重取法，以例求其名也。

据此，不敬等行为按照罪行的轻重适用法律。如“序言”(4)所述，笔者在《不敬》指出一个可能性，即汉律令中不敬的法定刑按照罪行的轻重分为几个层次，可知至少在《泰始律》设有这种形式的法定刑。从《泰始律》以汉律令为基础编纂来看，这反而证实汉律令不敬的法定刑也与《泰始律》一样。

三、南朝的大不敬、不敬

南朝大不敬的事例在史料上仅有两件梁代的：

〔10〕梁武帝时期，元旦在朝廷会见万国宾客时，王亮称病不上殿，设筵别省，谈笑自如。数日后，武帝向公卿询问当日王亮的样子，他们回答王亮面无病色。御史中丞乐蔼上奏王亮犯大不敬，应处弃市，但武帝将王亮的爵位降级为庶人。(《梁书》卷一六《王亮列传》)

〔11〕梁武帝时期，国子博士伏暅兼任长水校尉，对何远好几次受到提拔不满，常常称病在家，并且请假到东阳接其妹的灵柩，留在会稽建造住宅，自己上奏请求免职。武帝任伏暅为豫章内史，伏暅接受命令。治书侍御史虞皭上奏说：伏暅之家三代人被提拔到重要职位，但伏暅既不感激朝廷，又不仰报皇恩，却做这种欺诈的行为，故当大不敬，应处弃市。不过，武帝未将伏暅问罪。(《梁书》卷五三《良吏列传》)

〔10〕中王亮的行为可以分类为[Ⅴ]“诬罔天子的言动”。尤其因装病被视为大不敬的事例也见于汉代。东汉桓帝延熹年间(158～167年)，朝廷下诏派遣公车招聘杨秉和处士韦着，但他们都称病不接受，因此被劾以大不敬(《后汉书》卷五四《杨震列传》)。〔11〕中的伏暅也称病在家，并除此以外还做如欺骗皇帝那样的行为，故可以分类为[Ⅴ]。

〔11〕的判决意见都说因大不敬应处弃市,可知大不敬在梁朝也是罪名,法定刑是弃市。

此外,不敬仅见南朝齐的一个事例:

〔12〕南朝齐武帝时期,吕文显曾经在殿旁高声咳嗽,故武帝让茹法亮训责他,认为他不敬。(《南齐书》卷五六《幸臣列传》)

吕文显的行为可以分类为[Ⅰ]"在宫廷等处的非礼"。但是,吕文显仅受到警告,其实并不被处罚,不可知南朝齐不敬的法定刑。

如上所述,关于南朝大不敬、不敬的史料少,但大不敬在东晋及梁武帝时期作为罪名使用,故可以认为两代之间的宋、齐也与此一样。宋朝不实施法典编纂,齐朝虽实施法典编纂而不施行,[①]直接继承《泰始律》,故关于大不敬、不敬的法规也应该没有变化。相对于此,梁武帝命令编纂律,于天监二年(503年)公布。[②]〔10〕、〔11〕分别在武帝时期的何时发生是难以判断的,但天监二年是武帝即位一年后,故可以认为此案发生时已经制定《梁律》。大不敬大概在《梁律》中也作为罪名继续存在。既然大不敬是罪名,可以推测不敬也是罪名。下一代的陈朝也编纂法典,[③]但对于《陈律》的不敬罪根本没有史料,无法确知。

---

① 《隋书》卷二五《刑法志》载:"〔梁武帝〕时欲议定律令,得齐时旧郎济阳蔡法度,家传律学,云齐武时,删定郎王植之集注张、杜旧律,合为一书,凡一千五百三十条,事未施行,其文殆灭。"

② 《梁书》卷二《武帝本纪中》天监元年条载:"〔八月〕丁未,诏中书监王莹等八人参定律令。"天监二年条载:"夏四月癸卯,尚书删定郎蔡法度上梁律二十卷、令三十卷、科四十卷。"《隋书·刑法志》也载有详细经过。

③ 《隋书·刑法志》载:"于是稍求得梁时明法吏,令与尚书删定郎范泉,参定律令。又勑尚书仆射沈钦、吏部尚书徐陵、兼尚书左丞宗元饶、兼尚书左丞贺朗参知其事,制律三十卷,令律四十卷。"

四、五胡十六国的大不敬、不敬

以下列出五胡十六国大不敬的事例：

〔13〕前凉福禄县令氾祎性格刚直，不事奉酒泉太守马汉。马汉派遣督邮张休祖劾氾祎。氾祎被捆上后，拿出县令之印，向从事告说，张休祖擅自捆上未解印的县令长，应以大不敬论罪。（《太平御览》卷四二八《人事部・正直下》引北魏崔鸿《十六国春秋・前凉录》）

〔14〕前赵刘曜时期，终南山崩，自其中发现有文字的白玉。群臣将其认为祥瑞，但只有中书监刘均却向刘曜说是凶事。御史说，刘均的意见狂言胡说，诬罔瑞祥，故请求按大不敬之罪论处。不过，刘曜不问罪。（《晋书》卷一〇三《刘曜载记》）

〔15〕后赵石虎欲征召杨轲，但杨轲称病辞退。石虎强迫征召杨轲，杨轲才去石虎处，会见石虎，但不向石虎礼拜，并且石虎搭话，杨轲也不说话。官吏认为杨轲倨傲，请求以大不敬论罪，但石虎不听从。（《太平御览》卷五〇三《逸民部・逸民三》引东晋王隐《晋书》卷九四《隐逸列传》）

在〔13〕中，氾祎以大不敬告张休祖的行为，理由大概如下：张休祖未没收氾祎的福禄县令之印，而且氾祎也不主动自解开并奉还县令之印，故被捆上时的氾祎仍有县令的地位。县令是皇帝亲自任命的，故即使劾其罪时，捆上其身也当大不敬。按若江先生的分类，可以分类为［Ⅲ］“对宗室和近臣的非礼”。

〔14〕中的刘均的言动，至少据御史所言，可以分类为［Ⅴ］“诬罔天子的言动”。〔15〕中杨轲的行为大致分成两种：一种是称病辞退皇帝的聘请，另一种是在宫廷对皇帝采取非礼的态度。如上所述，前者在汉代也有相似的事例，可以分类为［Ⅴ］“诬罔天子的言动”。后

者可以分类为[Ⅰ]"在宫廷等处的非礼"。

〔13〕载"以大不敬论",〔14〕载"请依大不敬论",〔15〕载"请从大不敬论",分别请求将嫌疑人以大不敬论处。因此可以认为,这些大不敬也都与西晋及其以前一样是罪名

〔13〕至〔15〕都没有记载法定刑。并且,〔13〕没有记载是否实际论罪,〔14〕和〔15〕都不论罪。不过,如上所述,这些事例分别可以分类为[Ⅰ]至[Ⅶ],而且大不敬作为罪名使用,从此来看,可以推测法定刑也是弃市或者某种死刑。尤其〔13〕是前凉发生的案件,前凉由汉人建国。〔13〕没有记载是何时发生的案件,而且马汉和张休祖都不见于其他文献。氾祎在《晋书》卷八六《张轨列传》中仅见三例,其活动记于建兴十年(322年)、张骏时期(建兴十二年以前)和建兴十二年(324年)。前凉始于西晋惠帝永康二年(301年)散骑常侍、征西军司张轨由朝廷任为护羌校尉、凉州刺史。以后张轨的子孙世世代代世袭凉州刺史的官位,前凉事实上处在独立状态,有时形式上臣属前赵和前秦,但基本上臣属西晋和东晋,西晋灭亡后继续使用西晋最后的年号"建兴",即到建兴四十九年(361年)为止。因此可以认为,前凉基本上继续直接使用《泰始律》,其关于大不敬的规定也几乎相同。

其次,查五胡十六国不敬的事例,仅有:

〔16〕北魏(统一华北以前)道武帝时期,左将军李栗性格怠慢,仗恃宠信,没有礼节,在道武帝面前放纵倨傲,不恭敬严肃,随意咳嗽,道武帝也一直觉得不快。天兴三年(400年),李栗终于因不敬之罪被处死。(《魏书》卷二三《莫含列传》、《魏书》卷二八《李栗列传》)

李栗的行为可以分类为[Ⅰ]"在宫廷等处的非礼"、[Ⅳ]"臣下的怠慢或者不严肃"。不过,对于李栗的刑死,《魏书》卷二八《李栗

列传》载：

于是威严始厉，制勒群下尽卑谦之礼，自栗始也。

即本案件以后，北魏皇帝的威严提高，皇帝命令群臣尽卑谦之礼源自本案件。在汉人王朝或者汉化的非汉人王朝，臣下在皇帝面前采取卑谦之礼属于当然之事，但当时北魏大概未有关于不敬和大不敬的规定。此处所说的不敬可以认为不过是指后世所说的不敬之罪而已。北魏于太武帝神䴥四年（431 年）正式编纂律令。如后所述，北魏有罪名的大不敬和不敬，大概于此时规定。

五、北朝的大不敬、不敬

《唐律疏议·名例律》云：

十恶：一曰谋反，二曰谋大逆，三曰谋叛，四曰恶逆，五曰不道，六曰大不敬，七曰不孝，八曰不睦，九曰不义，十曰内乱。

即列出属于十恶的罪名及罪目。《隋书》卷二五《刑法志》又云：

又置十恶之条，多采后齐之制，而颇有损益。一曰谋反，二曰谋大逆，三曰谋叛，四曰恶逆，五曰不道，六曰大不敬，七曰不孝，八曰不睦，九曰不义，十曰内乱。

众所周知，隋朝开皇元年（581 年）制定的律设十恶，其罪名、罪目的名称也完全与唐律相同。也就是说，唐律的十恶继承自隋律。

进而，如上引记载所见，隋律的十恶是继承“后齐”即北齐制度的。《隋书·刑法志》又云：

又列重罪十条：一曰反逆，二曰大逆，三曰叛，四曰降，五曰恶逆，六曰不道，七曰不敬，八曰不孝，九曰不义，十曰内乱。

北齐于河清三年（564 年）公布新律，其中列出十个罪名、罪目。

自"一"至"四"是指"反逆""降"等具体行为,故应不是罪目而是罪名。相对于此,"五"以后几乎与隋、唐律十恶的罪目名称一致,故可以认为是罪目。限罪目而言,与隋、唐律的差异仅是"大不敬"为"不敬",以及没有"不睦"。

虽然隋朝为北周权臣杨坚所建国,但至少限十恶而言,却继承自北齐律。然而另一方面,北周律也设有与十恶相似的制度。《隋书·刑法志》云:

不立十恶之目,而重恶逆、不道、大不敬、不孝、不义、内乱之罪。

即在保定三年(563 年)公布的北周律,尽管没有十恶的概念,但恶逆、不道、大不敬、不孝、不义、内乱之罪都处以重刑。进而,如内田吟风先生所指出,《唐律疏议·名例律》"十恶"条疏云:

周齐虽具十条之名,而无十恶之目。

据此,不仅是北齐,而且北周也有十条特别重罪。对于北周律,《隋书·刑法志》还载:

盗贼及谋反、大逆、降、叛、恶逆罪当流者,皆甄一房配为杂户。

可知与北齐律一样,北周律也将谋反、大逆、降、叛、恶逆、不道、大不敬、不孝、不义、内乱十条规定为特别重罪。①

从以上所述来看,北朝至晚到 564 年之前设有罪目。在此基础上,首先将对北朝大不敬的事例进行探讨:

〔17〕北魏孝明帝时期,御史中尉、东平王元匡想抬着棺材去朝

① 内田吟風『北アジア史研究　鮮卑柔然突厥篇』、同朋舎 1975 年(初刊 1949 年)。

廷,进谏皇帝。尚书令、任城王元澄劾元匡大不敬,但孝明帝下诏将元匡免于死刑,降级为民。(《魏书》卷七七《辛雄列传》)

〔18〕北魏出帝(孝武帝)时期,侍中、仪同开府斛斯椿的舍人元士弼上奏高欢受敕大不敬。(《北齐书》卷一《神武帝纪上》)

〔19〕北齐武成帝时期,北营刺史李愔献《感思赋》,其中说文宣帝天保年间(550~559年)遭到谗言。中书侍郎刘逖摘录其文句,上奏说:"诽谤先帝,当大不敬。"武成帝发怒,命鞭打李愔。(《北史》卷四二《刘芳列传》、《太平御览》卷五九六《文部·哀辞》引唐丘悦《三国典略》)[①]

〔17〕的元匡在〔17〕之前另有一案:即制造棺材,放置在厅事中,想要抬着棺材前往朝廷,论说尚书令高肇的罪恶,以自杀进谏皇帝。后来,因与太常刘芳及高肇论争度量衡而被问罪,在廷尉受审讯。廷尉上奏元匡诬告高肇,应处死刑,但宣武帝赦其罪,降级为光禄大夫。[②]

〔17〕有"元匡复欲舆棺谏诤"的记载,即元匡"又"想要抬着棺材进谏皇帝。元匡先所问的是诬告罪,但这次问以大不敬的行为似乎是想要抬着棺材而堵死进谏皇帝的行为本身。据"欲舆棺谏诤"的记载,元匡似乎未实施。据若江先生的分类,如果实施,则属于[Ⅰ]"在宫廷等处的非礼",但大不敬的成否可能与是否实施没有关系。皇帝下诏赦免死刑降级为民,可见大不敬的法定刑还是死刑。

〔18〕的高欢被问以大不敬之罪,但仅有"受敕大不敬"的记载。接受皇帝命令时可能是有非礼,还是不听从皇帝命令,或是有其他某种行为。但是,高欢似乎未因本事被论处刑罚

---

① 但是,《三国典略》没有记载刘逖将李愔的行为上奏为大不敬。

② 《魏书》卷一九上《景穆十二王列传》。

〔19〕的李愔因诽谤先帝被问以大不敬,但似乎仅被鞭打。在汉代,诽谤有时问以不道,又有时问以大不敬(请参见《大不敬》)。就这一点而言,其与汉代是一致的。在本次事件中,李愔被鞭打,但这大概不是正式的刑罚,而是武成帝在发怒时下达的命令。

武成帝于大宁元年(561 年)即位为皇帝,河清四年(565 年)将帝位让给长子高纬,武成帝正在帝位的河清三年(564 年)制定律。不明确〔19〕是何时发生的案件。《北齐书》卷七《武成帝纪》河清三年条云:

> 冬十一月甲午,迥等围洛阳。戊戌,诏兼散骑常侍刘逖使于陈。

即刘逖作为使者赴南朝陈,《北史》卷四二《刘芳列传》在〔19〕后载:

> 寻兼散骑常侍,聘陈使主。

可见〔19〕发生于河清三年十一月以前。《北齐书·武成帝纪》河清三年条云:

> 三月辛酉,以律令班下,大赦。

即北齐律公布于河清三年三月,但不明确〔19〕发生于其前后何时。〔19〕所说的大不敬不能判断是罪目还是罪名。

此外,举出北朝不敬的事例:

〔20〕北魏文成帝时期,增设内外侯官,侦察诸曹和外部州镇,探求官吏之罪。被追究罪责的人受到苛刻的讯问,其多人诬告他人,因此被劾以不敬。(《魏书》卷一一一《刑罚志》)

在〔20〕,诬告劾以不敬。诬告至晚在战国秦以后是与不敬无关

的一种独立犯罪。例如，张家山汉简《二年律令·告律》云：[①]

诬告人以死罪，黥为城旦舂；它各反其罪。（第126号简）

诬告劾以不敬或者大不敬的事例不见于〔20〕以前的史料。并且，至少在〔17〕的大不敬是罪名，故难以想象其之前文成帝时期的不敬是罪目。诬告总归是向国家告诉非事实的欺骗，故可以分类为［Ⅴ］“诬罔天子的言动”。对于诬告之中恶性甚大的，可能是将其处理为不敬。另外，在〔20〕中，不明确因不敬被论处何种刑罚。

以上就是北朝大不敬和不敬的事例，除此之外，文献中还见一些关于大不敬、不敬的法规：

〔21〕秋七月辛亥，诏诸有诈取爵位，罪特原之，削其爵职。其有祖、父假爵号货赇以正名者，不听继袭。诸非劳进超迁者，亦各还初。不以实闻者，以大不敬论。（《魏书》卷六《显祖纪》天安元年条）

〔22〕庚寅，诏天下有德孝仁贤忠义志信者，可以礼召赴阙，不应召者以不敬论。（《魏书》卷一一《废出三帝纪》建义元年条）

〔23〕案律，对捍诏使，无人臣之礼，大不敬者，死。（《北齐书》卷四七《酷吏列传》）

〔21〕是北魏献文帝天安元年（466年）发出的诏，即不按照事实申报自己爵位的，以大不敬论罪。此处所问之罪的行为可以分类为［Ⅴ］“诬罔天子的言动”。如果此处所说的大不敬是罪目，则不明确该罪到底处以何种刑罚，故仍可以认为是罪名。

〔22〕是北魏前废帝（节闵帝）普泰元年（531年）发出的诏，即天下有德孝仁贤忠义志信的人，可以礼仪征召奔赴朝廷，不应征召的以不敬论处。如上所述，汉代也有这种事例，即虽然为朝廷所征召，却

① 张家山汉简的简号、释文源自彭浩、［日］工藤元男等编：《二年律令与奏谳书》，上海古籍出版社2007年版。

称病不应征召,被以为大不敬。〔22〕仅载以不敬论罪,理由应是在其他条文中有规定不敬的法定刑,这条中无须逐一表示。

〔23〕是东魏孝静帝时期,高隆之在与左仆射、襄城王元旭、尚书郑述祖等人共同将尚书左丞宋游道之罪上言皇帝时引用的律文。该条规定,对抗下诏派遣的使者,没有人臣之礼的,当大不敬,应处死刑。如第一部分所引,尚德街简牍212也有几乎相同的条文:"对悍使者,无人臣礼,大不敬。"①此处所说的大不敬也是罪名,不能认为是罪目。

从对以上事例和法规的分析来看,可知至少在东魏孝静帝时期之前,大不敬属于罪名。大不敬和不敬在北魏也作为罪名出现,故东魏应是继承自北魏的。而且,在制定北周律和北齐律以前,没有大不敬和不敬作为罪目使用的用例。由此可见,在北魏分裂为东西以后,至晚在编纂北齐律和北周律之前,大不敬和不敬改为罪目。

东魏孝静帝兴和三年(541年)公布《麟趾格》,②北齐文宣帝天保元年(550年)改定,③河清三年(564年)公布北齐律。在西魏,文帝大统元年(535年)施行《二十四条新制》,④七年(541年)施行《十二条新制》,⑤十年(544年)以两者为基础编纂并公布《中兴永式》

---

① 参见长沙市文物考古研究所编:《长沙尚德街东汉简牍》,岳麓书社2016年版。

② 《魏书》卷一二《孝静帝纪》兴和三年条载:"先是,诏文襄王与群臣于麟趾阁议定新制。甲寅,班于天下。"

③ 《北齐书》卷四《文宣帝纪》天保元年条载:"甲午,诏曰:'魏世议定麟趾格,遂为通制,官司施用,犹未尽善。可令群官更加论究。适治之方,先尽要切,引纲理目,必使无遗。'"《隋书·刑法志》载:"及文宣天保元年,始命群官刊定魏朝麟趾格。"

④ 《周书》卷二《文帝纪下》大统元年条载:"三月,太祖以戎役屡兴,民吏劳弊,乃命所司斟酌今古,参考变通,可以益国利民便时适治者,为二十四条新制,奏魏帝行之。"《隋书·刑法志》载:"大统元年,命有司斟酌今古通变,可以益时者,为二十四条之制,奏之。"

⑤ 《周书·文帝纪下》大统七年条载:"冬十一月,太祖奏行十二条制,恐百官不勉于职事,又下令申明之。"《隋书·刑法志》载:"〔大统〕七年,又下十二条制。"

(大统式),[①]北周保定三年(563 年)公布北周律。这样,东魏、西魏、北齐、北周都多次编纂法典,可能是在其中某个时期,大不敬或者不敬被改为罪目。当然也不能否定这种可能性,即其与法典编纂无关,而是根据皇帝特别所下的命令,作为单行法规制定。

另外,北齐律以“不敬”为重罪十条之一,而北周律与隋唐律一样为“大不敬”。因为关于北齐律和北周律的史料很少,所以此差异的原因只能进行推测。北朝大不敬、不敬的罪目化可以认为是经过制定北齐律和北周律或者其以前的法典编纂、皇帝诏而实现的。其时,可能是对属大不敬或者不敬的行为进行了重新定义,仅将较重的犯罪包含其中,北齐律为不敬,北周律为大不敬。罪目化以后的大不敬或者不敬所含行为内容未必与罪目化以前相同。实际上,在唐律属大不敬的行为中,只有“对捍制使,而无人臣之礼”在罪目化以前也以大不敬论处。

结 语

据以上探讨,在三国吴、西晋、东晋、南朝梁、五胡十六国、北魏和东魏,大不敬、不敬都作为罪名出现。在南朝宋、齐也可以认为是一样的。大不敬、不敬改为罪目的时间是北齐河清三年(564 年)、北周保定三年(563 年)或其以前。因此,至少在北朝,大不敬、不敬的罪目化发生于北朝分裂为东西的时期。

在分裂时期的北朝,为何双方都将大不敬或者不敬改为罪目?东魏、北齐和西魏、北周偶然设定互相一样的制度,这种情况是难以想象的,故而这种情况很可能是双方互相模仿法律的结果,但到底是

---

① 《周书·文帝纪下》大统十年条载:“秋七月,魏帝以太祖前后所上二十四条及十二条新制,方为中兴永式,乃命尚书苏绰更损益之,总为五卷,班于天下。”《隋书·刑法志》载:“〔大统〕十年,魏帝命尚书苏绰,总三十六条,更损益为五卷,班于天下。”

否如此呢？另外，在南朝，可知大不敬到梁朝之前确实是罪名，但关于陈朝则没有史料。如以前所提出的那样，陈朝也明确存在罪目。[①] 故而可以认为东魏、北齐和西魏、北周之间可能有互相模仿法律，但也可能是北朝两国模仿南朝制度。关于这些问题，还需对其他罪目进行探讨之后，才能得出结论。

① 水間大輔「魏晋南朝の不孝罪」、『中央学院大学法学論叢』34(2)、2021年。

从桂林石刻"元祐党籍"碑看宋代党争案件处罚方式

黄山杉*

一、桂林石刻"元祐党籍"碑的由来

广西省桂林市龙隐岩石刻《元祐党籍》,高 170 厘米宽 187 厘米,正文行楷,现有拓本存于北京大学图书馆。碑刻所书前半部分内容与《通鉴长编纪事本末》所载的六月壬戌蔡京奏疏内容相同:"恭惟皇帝嗣位之五年,旌别淑慝,明信赏罚,黜元祐害政之臣,靡有佚罚,乃命有司夷考罪状,第其首恶与其附丽者以闻。得三百九人。皇帝书而刊之石,置于文德殿之东壁,永为万世臣子之戒。又诏臣京书之,将以颁之天下。臣窃惟陛下仁圣英武,遵制定功,彰善瘅恶,以昭先烈。臣敢不对扬休命,仰承陛下孝悌继述之志!谨书元祐奸党姓名,仍连元书本进呈。"接下为"司空尚书左仆射兼门下侍郎臣蔡京谨书。"另行:"元祐奸党",接下列举文臣曾任宰臣执政官司马光、文彦博等二十七人姓名,曾任待制以上官苏轼、刘安世等四十九人姓名;

---

* 黄山杉,清华大学法学院博士后。本文受国家社科基金重点项目"清朝经营西北边疆成败得失研究"(项目批准号为 20AFX006)资助。

余官秦观、黄庭坚等一百七十七人姓名;武臣张庚、李备等二十五人姓名;内臣梁惟简、陈衍等二十九人姓名;"为臣不忠,曾任宰臣章惇(惇字缺末笔)",全数三百零八人。与传世文献对此的记载相比,缺少了"王珪"的名字,后人朱彝尊所撰写《桂林府石刻〈元祐党籍〉跋》记载是因为暴雨毁坏了碑刻。

碑刻后半部分为时任桂林通判饶祖尧所撰写的跋,书明了碑刻于庆元四年。其时已至南宋,距离所刻的元祐党争事件已经过去这么久为何还要刻碑?饶祖尧解释:"元祐党议,徽宗固随感悟,高宗亦继昭雪。观国史,谓实录,及诸公家传等书,大抵有考。庆元戊午,备末掾桂林,始获识左丞梁公之曾孙府钤辖律。爱其有前辈风度,相与光昵;暇日从容及籍中名氏,因谓欲刻诸石,使垂传。"文中所言左丞梁公即是曾任尚书左丞,元祐党争中被视为司马光一党的梁焘,《宋史·梁焘传》载:"绍圣元年知郸州。朋党论起。以司马光党,黜知鄂州。三年,再贬少府监,分司南京。明年,三贬雷州别驾,化州安置。三年卒,年六十四。徙其子于昭州。徽宗立。始得归。"[①]根据跋文所述,作为梁焘曾孙的梁律为纪念先祖昭雪而刻碑,这与历史上其余元祐党人碑的刻立原因完全不同。发生于北宋的两次立元祐党籍碑均是为了昭彰恶行,第一次刻立元祐党籍碑发生于崇宁元年九月己亥,宋徽宗下诏:"籍元祐及元符末宰相文彦博等、侍从苏轼等、余官秦观等、内臣张士良等、武臣王献可等,凡百有二十人,御书端礼门。"[②]则第一座元祐党籍碑立于端礼门。至崇宁二年九月,又有"臣僚上言:近出府界,陈州人士有以端礼门石刻元祐奸党姓名问臣者。其姓名朝廷虽尝行下,至于御笔刻石,则未尽知也。欲乞特降睿旨,

① (元)脱脱:《宋史》,中华书局1977年版,第10890页。

② (清)黄以周辑注:《续资治通鉴长编拾补》卷二十二,"崇宁二年八月丁未"条,中华书局2004年版,第763页。

具列奸党，以御书刻石端礼门姓名，下外路州军，于监司长吏厅，立石刊记，以示万世”。[①] 则是陈州人士因不知道元祐之人的全部姓名，乞求在地方也立元祐党籍碑。于是第二年六月，宋徽宗又将元祐、元符党人及上书邪等合为一籍，共三百零九人，亲自书写刻石于文德殿门东壁，又令蔡京书写，颁示州县，令皆刻石。至此，京城有了端礼门和文德殿两处元祐党籍碑，而各州县遵旨刻石，党籍名单流传于全国各地。现存桂林石刻“元祐党籍”所依据的就是崇宁三年宋徽宗亲拟，蔡京书写的元祐党籍名单。

随着蔡京获罪，徽宗也于崇宁五年下诏令尽毁元祐党籍碑，但在南宋时期还是有一些元祐党人之后为家族荣光自立党籍碑，如光宗绍熙年间的扬州元祐党籍碑，以及淳安县、广西融水县等地所立碑，但皆毁失于战乱，唯广西融水县之碑还可见拓本。

二、元祐党争案件始末

宋哲宗即位后，太皇太后垂帘听政，采纳司马光提出的“以母改子”的建议，实行元祐更化，全盘否定前朝新法。旧党又开百年先河，将熙丰党人流放岭南，打击变法派。党争发展的结果是进一步激化了新旧党派矛盾，双方由政见的争论走向不问是非的全面报复。主政的一派将排击政敌作为执政的首要任务，以致国策反复。元祐元年司马光死后，旧党内部矛盾加剧，并以籍贯分裂成以河北人刘挚为首的朔党、以四川人苏轼为首的蜀党、以洛阳人程颐为首的洛党，三党互相攻击、倾轧。

宣仁太后去世后，宋哲宗亲政，改元绍圣，绍述熙宁、元丰新法，哲宗严厉打击元祐大臣，起用章惇为相，“章惇、蔡卞用事，既再追贬

① （清）毕沅：《续资治通鉴》卷八十八，上海古籍出版社1987年版，第7页。

吕公著、司马光,及谪吕大防等岭外,意犹未快,仍用黄履疏高士京状追贬王珪,皆诬以'图危上躬',其言浸及宣仁,上颇惑之。最后,起同文馆狱,将悉诛元祐旧臣”。[①] 绍圣元年追夺司马光、吕公著赠谥号,贬吕大防、刘挚、苏辙、梁焘等官,安置范祖禹、赵彦若、黄庭坚于永、丰、黔三州,实时所定元祐党籍“止七十三人”。章惇又命人编类元祐臣僚章疏,存放三省和枢密院,以示天下后世 。

元符三年徽宗继位,由于章惇曾竭力反对立赵佶为帝,故而很快遭贬。韩忠彦和曾布为宰相,范纯仁、苏轼被召还朝,文彦博、吕公著、吕大防、刘挚等三十余人恢复了名誉。但向太后死后,徽宗改年号崇宁,意崇熙宁之法,再次起用蔡京等人,于是崇宁元年九月下诏开具元符臣僚章疏姓名,又下御批给中书省:“应系元祐责籍并元符末叙复过当之人,各具元籍定姓名人数进入,仍常切契勘,不得与在京差遣”。

至此,从宋哲宗亲政后的绍圣年间一直到蔡京擅政确定元祐党籍,一共处罚了包括宰相在内的三百多位官员,并将党人分七等:正上、正中、正下、邪上尤甚、邪上、邪中、邪下。辨别邪正的标准是熙丰新法,拥护新法的为正人,反对新法的为奸邪。邪上尤甚有三十九人、邪上有四十一人、邪中有一百五十人、邪下有三百一十二人。

三、元祐党人所受处罚

元祐党籍碑所刻为党人的姓名,名列于世对于诸人是一种耻辱,但事实上元祐诸人受到的惩罚远远不止于此。伴随党籍碑的刻立,诸人还受到了行政处分和刑事处罚,身心俱受摧残,甚至颠沛流离至死,如黄庭坚被除名勒停后,死于所编管的岭南。宋代的传世文献中

① (元)脱脱:《宋史》,中华书局1977年版,第2743页。

记载了元祐诸人前后受到的处罚,《通鉴长编纪事本末》中《禁元祐党人下》所列元祐党人涉及十七种处罚方式,适用的刑事处罚措施有:安置、编管、居住;适用的行政处分则包括:落职知州、降差遣;更多的是行政处分并加刑事处罚:除名勒停编管;除名勒停羁管;除名编管;勒停编管;勒停居住;除名勒停居住;除名勒停;勒停安置;除名勒停编管真决人;除名勒停配本州牢城;除名勒停永不收叙人;落职宫观居住。具体处罚如下:

“元符三年诏:责授武安军节度副使、永州安置范纯仁为左中散大夫、光禄卿、分司南京、邓州居住,责授信州团练副使、道州安置吕希纯为朝奉郎、少府少监、分司南京、唐州居住,责授鼎州团练副使、潭州安置王觌为朝奉郎、光禄少卿、分司南京、和州居住,责授岷州团练副使、道州安置韩川为承议郎、少府少监、分司南京、随州居住,责授隰州团练副使、郴州安置刘奉世为左朝议大夫少府少监、分司南京、光州居住,责授舒州团练副使唐义问为奉议郎、尚书屯田员外郎、分司南京、安州居住。降授朝奉郎、尚书屯田员外郎、分司南京、和州居住吕希哲为朝奉郎、管勾亳州明道宫,降授朝散郎、少府少监、分司南京、随州居住吕希绩为朝请郎、管勾西京嵩山崇福宫,朝散大夫、尚书户部员外郎、分司南京、衡山居住吕陶为朝散大夫、提举成都府玉局观,鼎州团练副使、筠州安置郑佑为朝议大夫、提举江宁府崇禧观,并任便居住。责授琼州别驾、循州安置苏辙移永州,责授新州别驾、梅州安置刘安世移衡州,追官勒停人、雷州编管秦观移英州,放归田里人、涪州编管程颐移峡州朝散郎、管勾江州太平观、均州居住。范纯仁为朝请郎、知信州,承议郎、添差监复州在城盐酒税张耒通判黄州。除名勒停人邹浩为宣德郎、添监袁州酒税,责授平江军司马、南安军安置黄隐为奉议郎、添监江州酒税,涪州别驾、戎州安置黄庭坚为宣义郎、添差鄂州在城盐税,保静军司马、邵州安置贾易承议郎、监信州茶盐酒，勒停人王回为奉议郎、监泉州税。"[①]

"流吕大防、刘挚、苏辙、梁焘、范纯仁于岭南，贬韩维等三十人官"，意即将吕大防、苏轼、刘挚等处以流刑，是元祐党人中处罚最重的刑罚。在宋代，职官被处以流刑的执行通常是依据折杖法折为脊杖，就地服役，不再流徙远地。[②] 但在当时众人并没有按照折杖不远流的原则来执行，党争案件的特殊目的是让朋党之人能够离开朝廷，远离政治中心。还有一个原因应是与熙宁间提出的"自是命官无杖黥之法"规定有关，于是众人被执行了迁于外地的限制自由刑。

朋党案件的处罚变化较大，少见一次定谳，在文献中可见多道诏旨多次处罚，或者变更处罚措施等情况。据《宋史纪事本末》记载："大防之徙安州也，其兄大忠自泾原入朝，帝访大防安否，且曰：'执政欲迁诸岭南，朕独令处安陆。为朕寄声问之。大防朴直，为人所卖，二三年可复见也。'大忠泄其语于章惇，惇绳之益力。会侍御史来之邵言：'司马光畔道逆理，典刑未正，鬼得而诛。独刘挚尚存，实天以遗陛下。'于是三省言：'吕大防等为臣不忠，罪与司马光等不异。顷朝廷虽尝惩责，而罚不称愆，生死异罪，无以垂示万世。'遂贬大防舒州，挚鼎州团练副使，辙化州，焘雷州别驾，纯仁武安军节度副使，安置于循、新、雷、化、永五州；刘奉世光禄少卿，郴州居住，寻安置柳州；韩维落职致仕，再谪均州安置。"[③]原本吕大防只徙安州，但御史台向皇帝进言后，三省认为处罚过轻，应该起到警示后人的作用，所以将众人改为安置，"甲辰，苏轼谪授州别驾，移昌化军安置，范祖禹移宾州安置，刘安世移高州安置"[④]

---

① 参见《宋会要辑稿》，刘琳等校点，上海古籍出版社 2014 年版，第 5133 页。

② 参见戴建国：《宋代刑法史研究》，上海人民出版社 2008 年版，第 217 页。

③ （明）陈邦瞻：《宋史纪事本末》，中华书局 2018 年版，第 450 页。

④ （明）陈邦瞻：《宋史纪事本末》，中华书局 2018 年版，第 450 页。

(一)限制自由

1. 安置和居住刑

安置刑相当于流放,官员在安置地需要接受当地官府的监视,行动受到控制。上述职官中处罚最重的是韩维,其被处以安置的同时还并用了落职的处罚。《朝野类要》称,“居住,被责者凡云‘送某州居住’,则轻于安置也”“安置之责,若又重则羁管、编管”。[①] 郭东旭先生《宋代刑法研究》在总结前人的基础上,认为安置刑的等级有三种:削官爵而安置、追官勒停安置、贬谪官秩而安。[②] 此外,宋代的安置方式还有分司安置、叙复安置及夺官安置。

安置被认为主要用于处罚宰辅、侍从等高级官员,居住用于处罚一般官员。实际上被处以安置的官员并非都是宰执、侍从,居住和安置只是在执行的待遇上有细微的差别,比如居住相对于安置不需要被监视而且俸给相对更高。安置的适用通常是和行政处分并用,比如职官责授后安置。对职官处以安置除了到地方为官自然还有不同程度的降职,比如停止职务后安置,“伯瑜坐追四官勒停,唐州安置”[③]意即被追了四官后勒停安置,是安置处罚中较重的。也有追官但是不停职的安置,“辛酉,知福州、工部郎中陈绛夺两官,责授昭州团练副使;福建路提点刑狱劝农使、侍御史王耿追一官,并广南安置。降知兴化军、职方员外郎陈覃监昭州税。寻又责绛为藤州司马,覃追一官,监柳州税。太常博士、同判信州鞠咏同判邵州”。[④] 安置最重

① (宋)赵升:《朝野类要》卷五,《居住》《安置》,中华书局2007年版,第133页。

② 郭东旭:《宋代法制研究》,河北大学出版社1997年版,第221页。

③ (宋)李焘:《续资治通鉴长编》,中华书局2004年版,第6930页。

④ (宋)李焘:《续资治通鉴长编》,中华书局2004年版,第2781页。

的处罚就是除名安置,“皇城使、开州团练使沈惟恭除名,琼州安置”[①]也就是说不再为官,但可以享受相应待遇而安置于该地。

除了被安置到各州任职外,官员还被处以居住刑:王觌、韩川、孙升、吕陶、范纯礼、赵君锡、马默、顾临、范纯粹、孔武仲、王钦臣、吕希哲、吕希纯、吕希绩、吴安诗、秦观等人,迁至通、随、峡、衡、蔡、亳、单、绕、均、池、信、和、金光、衢、连、横等诸州居住。居住和安置相似,均是将职官迁移至指定地方的刑罚,两种刑罚都是限制职官自由的处罚方式,只是处罚程度的轻重不同,安置重于居住。被处以安置的职官活动受官府监视,而居住的官员相对自由一些。《朝野类要》称:“居住,被责者凡云‘送某州居住’,则轻于安置也。”[②]根据罪情轻重有地里远近之分,在与行政处分结合之后,也有除名勒停居住、追官勒停居住、责授散官居住、落职领宫观居住、分司居住等。

2. 编管、羁管

同案的其他官员还被处以了编管、羁管等限制自由的刑罚,“初,蔡京帅蜀,张庭坚在其幕府,及入相,欲引以自助,庭坚不从,京恨之。至是,亦编管于象州”[③]“冬十月,羁管陈瓘于台州”[④],相较于安置、居住,编管和羁管的处罚更重一些。蔡京对于张庭坚不服从自己的安排甚为不满,于是对其处以了较重的处罚。这也是党争案件可操控性的体现,由于并没有成文法规定行政处分适用的罪名,所以在幅度上可以自由裁量。在宋代,编管实际上按地理位置可以分为邻州、五百里、一千里、二千里等。针对职官处罚的编管通常直接指定于某州编管。编管在执行时须押送到州县并编录名籍,接受当地官府监督

① (宋)李焘:《续资治通鉴长编》,中华书局 2004 年版,第 5889 页。
② (宋)赵升:《朝野类要》卷五,《居住》《安置》,中华书局 2007 年版,第 100 页。
③ (明)陈邦瞻:《宋史纪事本末》,中华书局 2018 年版,第 491 页。
④ (明)陈邦瞻:《宋史纪事本末》,中华书局 2018 年版,第 491 页。

管制，定期向官府“呈身”。编管和羁管在执行时的管理措施是一样的，“编管、羁管人，在法止许月赴长吏厅呈验”[①]州县官还须尚书省汇报编管职官的情况。

（二）黜降措施

宋代官制中，“官以寓禄秩、叙位著，职以待文学之选，而别为差遣以治内外之事”。[②] 针对这种设置，官员违法犯罪后的行政处分措施也分为三类：除授法、黜降法、罚金法。除授法，即是免除职官的职或官、停止差遣等，包括除名、勒停、冲替、差替、放罢；黜降法，是指降低官、职的处罚方式，主要包括追官、落职；罚金是对职官采取罚铜、罚俸的措施。

1. 落职处分

落职即是解除其代表荣誉的职名，实为很重的处罚，职名不但关乎秩禄的荣誉，而且还关系官声、荫补等。除了韩维，同时被处以落职的还有“王攽落职致仕；孔平仲落职知衡州”。[③] 孔平仲落职后还可以知衡州，王攽落职则只能致仕，被要求致仕就意味着不得再从事任何政事活动，除非皇帝另有旨意起复，否则不再为官。还有张商英因与蔡京不合也被处以落职后知州，“八月戊申，张商英罢。商英在绍圣时，巧媚取容，共倡绍述，至是，与蔡京议论不合。执法石豫、御史朱绂、余深奉京风旨，将劾奏之而无以为说，乃取商英在元祐中尝著嘉禾颂，拟司马光于周公，且爵祭光文有褒颂功德语，因请正其

---

① （宋）李心传：《建炎以来系年要录》，卷一百六十四，“绍兴二十三年四月辛巳”条，中华书局 2013 年版，第 2684 页。

② （宋）马端临：《文献通考》，《职官考一・官制总序》，中华书局 2011 年版，第 1362 页。

③ （明）陈邦瞻：《宋史纪事本末》，中华书局 2018 年版，第 451 页。

罚”。[①] 诏以“商英论议反覆,贪冒希求,元祐之初,诋营先烈,台宪交章,岂容在列。落职知亳州,名入元祐党籍”。[②] 据《宋史·刑法志》所记“职以待文学之选”,苗书梅先生将之述为“是文武高级官员的荣誉称号。官员带职与不带职,在陈乞荫补子孙、举辟官员、借差官兵递马车船等方面的待遇是有差别的”。[③] 落职即是解除带有荣誉性质的职名,龚延明先生将落职定义为“罢去职名,非罢去职事官”,[④]肖建新先生称“所谓落职之职,一即指馆职和帖职”。[⑤] 从实际情况来看,被处以落职的官员仍然是保留官阶和差遣的,如“知澶州、翰林侍读学士、兼龙图阁直学士、礼部侍郎王拱辰落职,依旧知澶州”,[⑥]也有很多是改任地方职务的,如“翰林侍讲学士、给事中、牧使柳植落职,知蔡州;知益州、枢密直学士、刑部郎中程戡落职,知凤翔府”。落职在《宋刑统》《庆元条法事类》《吏部条法》中都未见规定具体适用,但是在实践中适用的案例非常多,在《宋会要辑稿》和《续资治通鉴长编》中有大量适用落职的处罚。

2. 追官处分

“朱光庭、孙觉、赵高、李之纯、杜纯、李周并追夺官秩”,[⑦]追官也称为免官、夺官,即追夺官资的处罚,指追降官员任意阶数的寄禄官或阶官。追官处罚的实施是降低官资,也包括减少俸禄等,因此相较于免除实职和差遣的处罚程度较轻。《宋刑统》详定官参详条规定:“其犯免官者,请依旧取见任及前任,计两任告身以为免官定例,其余

---

① (明)陈邦瞻:《宋史纪事本末》,中华书局2018年版,第481页。

② (明)陈邦瞻:《宋史纪事本末》,中华书局2018年版,第481页。

③ 苗书梅:《宋代官员选任和管理制度》,河南大学出版社1996年版,第480页。

④ 龚延明:《宋代官制辞典》,中华书局1997年版,第654页。

⑤ 肖建新:《宋代行政责任追究制度研究的基本问题》,河北大学2007年博士学位论文。

⑥ 《宋会要辑稿》,刘琳等校点,上海古籍出版社2014年版,第8567页。

⑦ 《宋会要辑稿》,刘琳等校点,上海古籍出版社2014年版,第8567页。

并从律敕。"[①]也规定:"职事、散官、卫官计阶等者,既相因而得,故同为一官。其勋官,从勋加授,故别为一官,是为二官。"[②]所以很多学者认为免官是二官皆免,即职事官、散官、卫官和勋官都被免除。[③] 实践中随着宋代的职、官、差逐渐演变而不同于唐制,后不追散官。在建隆四年,诏令品官犯罪,"当夺官者,其阶、勋如故"。"阶"指的即是散官阶,则追官要保留其散官阶和勋官。"被黜降的散官如文学参军等违法的话,还是要追夺其散官阶的",[④]即是"应见任文学参军、上佐等官有犯合追官,并追历任中高官,如历任官卑,及无正官,即追见任责降官。如合安置,即奏取进止。先是有文学参军、上佐犯罪追夺者,止追见任官,历任虽有高官,不复追取。法寺以为未允,故条约之"。[⑤] 则追官的实施是不追夺散官的。

《庆元条法事类·当赎门》中记载:"免官者,免见任并历任内一高官;免所居官者,止免见任。其带职者,以所带职别为一官。谓任见学士,待制,修撰,直阁,带御器械,閤门舍人,宣赞舍人,閤门祗侯,入内内侍两省都知、副都知、押班。或以官,或以职,奏裁。"[⑥]

实际上免官的处理措施为三种:一是免现任和历任内一高官,先免职事官,职事官免完再免散官;二是免所居官者,仅免现任官,将官员所带职如学士、待制以及内侍官等别为一官处理;三是撤销学士职

---

① (宋)窦仪:《宋刑统校正》,北京大学出版社 2015 年版,第 39 页。

② (宋)窦仪:《宋刑统校正》,北京大学出版社 2015 年版,第 41 页。

③ 苗书梅、钱大群持此种看法,参见苗书梅:《宋代官员选任和管理制度》,河南大学出版社 1996 年版,第 80 页。钱大群:《唐宋除、免、当官员告身之处置》,载《江苏社会科学》2017 年第 3 期。

④ 戴建国:《宋代官员告身的收缴——从武义徐谓礼文书谈起》,载《浙江学刊》2016 年第 4 期。

⑤ (宋)李焘:《续资治通鉴长编》,中华书局 2004 年版,第 2104 页。

⑥ (宋)谢甫深编:《中国珍稀法律典籍续编:庆元条法事类》,黑龙江人民出版社 2002 年版,第 813 页。

名替代免官的处罚。

党争案件中不仅有常规的追官处罚，甚至还有追夺谥号，“秋七月丁巳，追夺司马光、吕公著等赠谥”，这种剥夺荣誉的处罚只见于党争案件的处罚中。还有其他一些更为极端的作法：“夏四月丁卯，诏毁司马光、吕公著、吕大防、范纯仁、刘挚、范百禄、梁焘、郑雍、赵瞻、王岩叟十人景灵宫绘像。乙亥，诏毁范祖禹唐鉴及三苏、黄庭坚、秦观文集。”[①]

（三）除授法

崇宁二年（1103年）正月，诏“邹浩除名勒停，昭州居住”，[②]“王觌除名勒停，临江军居住；责授道州别驾、台州安置丰稷除名勒停，建州居住；奉议郎、监中岳庙陈次升除名勒停，建昌军居住；降授承议郎、管勾玉隆观谢文瓘除名勒停，邵武军居住；责授楚州团练副使张舜民除名勒停，房州居住”。同年八月，诏“除名勒停人陈次升移送循州居住”。[③] 以上诸人被处以居住并加以除名勒停，相较于前述单处居住的处罚是相当严重的处罚方式，诸官员不但没有了相应的差遣职位，被限制自由而且除名以后就和普通平民一样不再具有官籍。

除名具体的做法是在吏部所载官籍中除去名字并夺去官职和爵位，并且为官以来的所有文书都需要削除，包括职官个人的功过奖惩和为官的履历。《宋刑统·名例律》规定：“诸除名者，官爵悉除，课役从本色。六载之后听叙，依出身法。若本犯不至免官而特除名者，

① （明）陈邦瞻：《宋史纪事本末》，中华书局2018年版，第480页。

② （清）黄以周辑注：《续资治通鉴长编拾补：卷二十一：崇宁二年正月乙酉条》，中华书局2004年版，第730页。

③ （清）黄以周辑注：《续资治通鉴长编拾补：卷二十二：崇宁二年八月丁未条》，中华书局2004年版，第763页。

叙法同免官例。"[①]《朝野类要》中亦载,宋代凡"编管以上,则必除名勒停,谓无官也,故曰追毁出身以来文字"。除名甚至还可以作为刑事处罚的替代刑,即"诸除名者比徒三年"[②],除名的处罚可以代替三年的徒刑。除籍为民,实际上对职官的惩罚程度很重,被除名后所面临的损失都是不可挽回的。意味着之后失去秩禄,不得担任官职,也不可能再继续享有由此带来的利益以及荣誉,甚至是一种耻辱。在传统社会中,除名的惩处力度可谓巨大。除名不仅是一种处罚,也是一种资格的丧失以及荣誉的剥夺。例如,作为重要打击对象的程颐就被处以了除名,"除故直秘阁程颐名。言者希蔡京意,论颐'学术颇僻,素行谲怪,专以诡异聋瞽愚俗。近以入山著书,妄及朝政'"。[③]以程颐妄议朝政除籍为民,相当于结束了程颐的仕途,能够削弱其学说在朋党中的影响力。此外还下诏:"毁颐出身以来文字,其所著书,令监司严加觉察。"也即将程颐的告身销毁,其作官以来的履历、荣誉皆失去,实为对官员最重的处罚。其后范致虚又言:"颐以邪说诐行惑乱众听,而尹焞、张绎为之羽翼。乞下河南,尽逐学徒。"[④]还对程颐的追随者进行了驱逐,禁止其学说的传播。

四、元祐党人的起复

(一)叙复

宋徽宗即位后于对元祐党人进行叙复,由较重的处罚改为较轻的处罚,散官安置改为分司居住,"武安军节度副使、永州安置范纯仁

① (宋)窦仪:《宋刑统校正》,北京大学出版社2015年版,第32页。
② (宋)窦仪:《宋刑统校正》,北京大学出版社2015年版,第32页。
③ (明)陈邦瞻:《宋史纪事本末》,中华书局2018年版,第480页。
④ (明)陈邦瞻:《宋史纪事本末》,中华书局2018年版,第481页。

叙复左中散大夫、光禄卿,分司南京,邓州居住”。[1] 由安置叙复分司居住的还有吕希纯、王觌、韩川、刘奉世、唐义问等人。

也有由分司居住改为提举宫观,由提举宫观叙复差遣。“朝奉郎、尚书屯田员外郎分司南京、和州居住;吕希哲叙复朝奉郎、管勾亳州明道宫,鼎州团练副使、筠州安置郑佑则由安置直接叙复朝议大夫、提举江宁府崇禧观;朝散郎、管勾江州太平观、均州居住范纯粹叙复朝请郎、知信州。”[2]

低级官员则是可以由散官安置或除名勒停叙复监当:除名勒停人邹浩叙复宣德郎、添监袁州酒税;平江军司马、南安军安置黄隐叙复奉议郎、添监江州酒税。[3]

职官赦宥免除处罚以后,经过叙复可以重新获得职位。省称为“叙”“复”,被罪责免官年限已满、已久,遇恩赦、依格法叙复旧官。[4]叙复除了在《宋刑统》《庆元条法事类》中有条文规定,在《宋会要辑稿》中还有专门的“收叙放逐官”部分,其所记很多赦书详细记述了职官处罚之后如何实施。陈振孙《直斋书录解题》中也有《元丰刑部叙法通用》一卷,足见在宋代,叙复已经成为一项正式的法律制度。叙复的适用不受处罚方式的限制,“应官员除名、追官、停任、停职未经叙用,并不因赃罪已经叙用及降官资未复旧,并贬谪已量移者,并与叙用,已叙用者更与叙用”。[5] 叙复的适用还不受职官所犯罪名的限制,即使是多项赦宥均不原免的赃罪也可以叙复,“命官使臣犯赃,诸司职掌人吏因罪停职,累经赦宥,不该叙理,情轻者许于刑部及所

① 《宋会要辑稿》,刘琳等校点,上海古籍出版社 2014 年版,第 5107 页。
② 《宋会要辑稿》,刘琳等校点,上海古籍出版社 2014 年版,第 5108 页。
③ 《宋会要辑稿》,刘琳等校点,上海古籍出版社 2014 年版,第 5108 页。
④ 龚延明:《宋代官制辞典》,中华书局 1997 年版,第 654 页。
⑤ 《宋会要辑稿》,刘琳等校点,上海古籍出版社 2014 年版,第 3506 页。

在投状,当议收叙"。[1] 元丰改官制后,刑部分设左右厅,左厅掌详复、右厅掌叙雪。元丰改官制前,吏部南曹负责幕职州县官的叙用,三班院负责三班使臣的叙用。文臣京朝官叙复之法由中书负责制定。

(二)量移

崇宁三年(1104 年)十一月,南郊礼毕大赦天下,"应系贬谪官员除元祐奸党籍所别有指挥不许移放之人外,未量移者与量移"[2]至此元祐党人皆脱出了党籍,均进行了叙复。诏令下达之后有 58 名被编管、安置、居住的官员量移。

量移是通过以恩赦罪,由所贬远地,量过犯轻重移向内地近里州军安置。[3] 量移,就是叙复后针对限制自由刑的一种恢复措施,被处以编管、羁管、安置、居住处罚的官员,遇赦宥可量移近地。具体的实施方法,中书省、尚书省都作了规定:

> 勘会命官犯罪编配、遇赦应量移者,自来止是刑部以地、赦数量移近乡州军,即未有立定纽计地里远近、随赦数量移条,至有远近轻重不伦之弊。除见行条法自合遵依外,今拟修下条:诸命官犯罪编配、遇赦应量移者,以编配地里随所犯情理轻重,依移放格赦数纽计为分,元编配地里外剩数不计。每赦量移一分。谓如合二赦放,元系三千里,以一千五百里为一分;合三赦放,以千里为一分之类。若所移地里内无州者,移以次近乡州徙之。元犯编配邻州或量移已至邻州,若遇赦未该放逐便,合量移者,即移近乡州。如不愿移者听,仍理为赦数。以上奏抄内拟定合

---

① 《宋会要辑稿》,刘琳等校点,上海古籍出版社 2014 年版,第 5098 页。

② 《宋大诏令集》,司羲祖整理,中华书局 1962 年版,第 853 页。

③ 龚延明:《宋代官制辞典》,中华书局 1997 年版,第 654 页。

移地里州军,并取到刑部状,称所修条下别无未尽未便。从之。[1]

元祐诸人中"责授琼州别驾、循州安置苏辙移永州;责授新州别驾、梅州安置刘安世移衡州;追官勒停仍雷州编管秦观移英州;放归田里人涪州编管程颐移峡州",部分官员量移到了离京师更近的地方。

除了减轻和免除处罚外,还对部分官员恢复了荣誉,但一直到靖康元年,钦宗才追封范仲淹、司马光、张商英等人官职,除元祐党籍学术之禁、除元符上书邪等之禁。高宗为团结御金,于建炎三年四月下诏:"元祐石刻党人官职、恩数追复未尽者,令其家自陈,许中外直言。"建炎七月又"申命元祐党人子孙于州郡自陈,尽还当得恩数"。绍兴元年四月追复蔡确为右正议大夫,随后赠太师谥号,司马光追赠太子少保,文彦博、王珪、吕大防、韩维都追复了官职。

五、结语

党争案件所采用的处罚方式相较于普通职官犯罪的处罚畸重,并不是单纯的法律适用过程。行政处分的具体适用方式欠缺条文规定,适用弹性幅度较大,故而行政处分措施在党争案件中适用甚广。案件中刑事处罚措施迁徙刑和限制自由刑的实施,目的通常是使受罚职官远离朝堂这个政治中心,无法为宦从政,所产生的效果是对于官员的一种权利抑制。这种处罚看似轻于肉刑所罚,其后果和影响却大于肉刑,实为重惩。职官在远离自己的同僚之后,会丧失一定的资格,被限制自由也可避免其联络朋党。相较于法定五刑,限制自由刑和迁徙刑的实施对于职官处罚更具有专属性,也被最常使用于党争案件。削弱官员的职权,控制其人身自由,能在职官所犯罪名不确

---

[1] 《宋会要辑稿》,刘琳等校点,上海古籍出版社2014年版,第8466页。

定或罪刑不严重时限制其权利。

然而法律终究不过只是治具,宋代发生如此大规模党争案件,较为深层次的原因在于君臣权力的博弈。“宋代同时是皇权全面衰微、走向象征化的开端。在宋代士大夫眼里,国家利益,社稷安危,天下兴亡,高于君主。这种认识本身就已经淡化了皇权观念。因此,宋代士大夫对于皇权问题上的是非观也改变了,不再以愚忠、‘妄随主意’为美德,而是以为了国家利益‘左右天子’为大忠。宋代士大夫对于君臣关系也有了新的认识:‘至于君,虽得以令臣,而不可违于理而妄作,臣虽所以共君,而不可贰于道而曲从。’是非标准不是君主之是非,而是以‘道’为封建统治的根本利益。”①元祐党争事件的起因也许正是士大夫为坚守自己的道统,以天下兴亡为己任而兴起变法,并在阶层中结朋助势逐渐形成利益集团。他们权力极盛,危及皇权,统治者必然要打击压制这一群体,故而兴起党狱。元祐党人案件的处理方式,可以看作皇帝利用士大夫之间的矛盾弹压重臣权官。而在司法过程中皇帝会亲自指派官员去根勘,涉事官员被囚于诏狱,最终的裁决也是由皇帝御笔断罪。《宋史·刑法志》中记载了皇帝借由元祐党争案件,将御笔断罪的效力推向了至高地位。②

---

① 王瑞来:《论宋代皇权》,载《历史研究》1989年第1期。

② “绍圣以来,连起党狱,忠良屏斥,国以空虚。徽宗嗣位,外事耳目之玩,内穷声色之欲,征发亡度,号令靡常。于是蔡京、王黼之属,得以诬上行私,变乱法制。崇宁五年,诏曰:‘出令制法,重轻予夺在上。比降特旨处分,而三省引用敕令,以为妨碍,沮抑不行,是以有司之常守,格人主之威福。夫擅杀生之谓王,能利害之谓王,何格令之有?臣强之渐,不可不戒,自今应有特旨处分,间有利害,明具论奏,虚心以听。如或以常法沮格不行,以大不恭论。’明年,诏:‘凡御笔断罪,不许诣尚书省陈诉。如违,并以违御笔论。’又定令:‘凡应承受御笔官府,稽滞一时杖一百,一日徒二年,二日加一等,罪止流三千里,三日以大不恭论。’由是吏因缘为奸,用法巧文浸深,无复祖宗忠厚之志。穷极奢侈,以竭民力,自速祸机。靖康虽知悔悟,稍诛奸恶,而谋国匪人,终亦未如之何矣。”参见高潮、马建石主编:《中国历代刑法志注译》,吉林人民出版社1994年版,第441页。

甲、金、简牍法制史料汇纂通考专题

殷墟甲骨文法制史料辑证(一)

周　博*

凡　例

一、甲骨文资料先按不同肉刑分类,再依字体别其类组,每一类组中又按辞例的完整程度与内容关联度依次编排。需要疏证的地方,皆加有按语。文末有附录,包括引书简称与资料著录表。

二、甲骨释文中"□"表示缺一字,"▨"表示残缺字数不详;凡残缺但能补定的文字,在补定的文字外加"[ ]";凡异体字、通假字等随文在注明字处加"( )"。释文一律用宽式标点,句末标句号。一版多条卜辞,编号排序。

三、卜辞的分类与断代主要参考了黄天树先生所著《殷墟王卜辞的分类与断代》(科学出版社 2007 年版)、杨郁彦先生所著《甲骨文合集分组分类总表》(台北:艺文印书馆股份有限公司 2005 年版)。

四、本文在引用甲骨文缀合成果时,用" + "表示实缀,用" - "表

* 周博,华东政法大学法律古籍整理研究所博士后,南昌大学国学研究院讲师。本文受国家社科基金重大项目"甲、金、简牍法制史料汇纂通考及数据库建设"(项目批准号为 20&ZD180)、江西省社会科学基金项目"新干大洋洲青铜器的整理与研究"(项目批准号为 20LS03)、中国博士后科学基金项目"殷墟甲骨文法制史料辑证"(项目批准号为 2020M681247)资助。

示遥缀,用“=”表示重见。

殷墟甲骨文中的法制资料是研究商代法制的基本史料。目前这方面的整理以杨升南先生所著《甲骨文法律文献译注》[①]最为全面系统,成绩最大。然而其书问世已逾二十余年,随着甲骨文新材料的刊布,文字考释及缀合成果的不断涌现,该书亟待修订与增补。今笔者不揣谫陋,拟在既有研究成果的基础上,对殷墟甲骨文中的法制资料尽可能地进行全面辑录,并予以疏证。

商代法制包罗较广,刑罚是其重要内容。商代的刑罚,学界一般认为主要是“五刑”,包括了墨刑、劓刑、刖刑、宫刑、大辟。其中前四种刑罚属于肉刑,大辟即死刑。有鉴于死刑资料较多,可另文探讨,这里仅对殷墟甲骨文中的肉刑资料进行分类整理与疏证。限于本人学识,文中不当之处在所难免,还望各方家指正。

一、墨刑

墨刑属于较轻的肉刑,学界一般认为其在殷墟甲骨文中是存在的,但是诸家在隶释、字形分析等方面分歧较大,迄今尚无定论。

(一)释义

墨刑一称黥刑,《说文》载:“黥,墨刑在面也。”[②]《周礼·秋官·司刑》郑玄注:“墨,黥也,先刻其面,以墨窒之。”[③]施刑部位除了面部外,还有额颡。孙诒让《周礼正义》云:“墨刑在面,谓之黥,字又作

① 杨升南:《甲骨文法律文献译注》,载刘海年、杨一凡总主编:《中国珍稀法律典籍集成》(甲编第1册),科学出版社1994年版,第120页;王宇信、徐义华:《商代国家与社会》,中国社会科学出版社2011年版,第586~587页。

② (汉)许慎:《说文解字》卷十上,中华书局1963年版,第211页。正文简称《说文》。

③ (清)阮元校刻:《十三经注疏·卷三十六·周礼注疏》,中华书局1980年版,第880页。

剠。在额谓之涿鹿,亦作头鹿。以其布墨为刑,通谓之墨。”[①]

以往学界多从郭沫若先生之说,将甲骨文中的“辛”解作施墨刑的工具,其说基于辛、䇂为一字,但目前看来并非同字。唐兰先生提出“黑”字本象受墨刑之人,与墨刑相关,但是缺乏辞例的佐证。目前,从辞例、字形等方面解释墨刑较好的主要有宋镇豪、周忠兵先生的观点。宋先生结合辞例认为,“甲骨文字,可释为墨字,乃古人所谓‘羁黥人面’之表意,即刺刻面部而涅窒土墨的构形,用为墨刑的专字。”[②]而周忠兵先生则提出,甲骨文中表墨刑的本字应作“”,“象用带齿的工具在人的额头击刺”,可释作“笮”[③]。虽然二位先生观点迥异,亦存在一些问题,但有颇多可取之处,有力地推动了甲骨文墨刑的研究。[④]

(二)辑录

关于甲骨文中的墨刑之字,目前尚未达成共识,似仍需进一步的研究。这里暂取宋镇豪、周忠兵先生之说,辑录相关资料如下:

1. (1)⍁亦[雨]。
(2)⍁亦雨。
(3)丙子,㱿[贞]:御妇媟[于]庚,𣪘[宰]。

---

① (清)孙诒让:《周礼正义》,中华书局1987年版,第2836页。

② 宋镇豪:《甲骨文中所见商代的墨刑及有关方面的考察》,载中国文物研究所编:《出土文献研究》(第5辑),科学出版社1999年版,第52~58页;宋镇豪:《甲骨文中所见商代的墨刑》,载刘庆柱主编:《考古学集刊》(第15集),文物出版社2004年版,第189~198页。

③ 周忠兵:《从甲骨金文材料看商周时的墨刑》,载复旦大学出土文献与古文字研究中心编:《出土文献与古文字研究》(第4辑),上海古籍出版社2011年版,第25~26页。

④ 参见周博:《商代法制史研究综述》,载王捷主编:《出土文献与法律史研究》(第9辑),法律出版社2020年版,第22~44页。

(4)丙子卜,殻贞:弓(勿)御妇嫀于庚,[宰]。

(5)曹庚□宰。一 二 二告 三

(6)☐五☐。一 二 三

(7)曹母庚三宰。一 二 二告

(8)弓(勿)曹三宰。一 二

(9)贞:王其㞢(有)埶,[生]。一

(10)不其生。一

(11)☐。

(12)不其生。二告

(13)贞:择。一 二 三

(14)贞:弓(勿)择。一 二 三

(15)兄丁害王。二告

(16)兄丁弗害王。二告

(17)兄丁☐。一

(18)兄丁弗害王。一

(19)戍。四

(《契合》217 正 =《合集》2891 +《合集》5908 +《乙补》1839 +《乙补》1841 +《乙补》1843 +《乙补》2953 +《乙补》5883,典宾)

按:本版为 YH127 坑龟腹甲残片之缀合,收入林宏明先生的《契合集》。该版正面、反面皆有文字,反面文字残泐过甚,故仅录正面文字。本版所载事项不少,有:(1)(2)辞残,可能是贞卜是否下雨;(3)~(8)辞贞卜为妇嫀而御祭于母庚,需要砍杀三宰还是五宰;(9)~(12)系两组正反对贞的卜辞,贞卜种植的东西是否能生长出来;(13)(14)是一组正反对贞的卜辞,贞卜是否要选取某种人(做某事);(15)~(18)辞贞卜死去的兄丁是否会作祟伤害于时王,为此商

王常常会举行禳灾之御祭。其中“”“”为一字,周忠兵先生释作“筐”,认为这里“可能也是指某种人或某类人,有可能即指被施以墨刑的刑徒”。[①] 若联系同版御祭卜辞,不排除这里的“筐”可能与祭祀有关,或用为人牲。卜辞中不乏择取某物献祭的记载,如《合集》32057(历二):“甲辰贞:择以鬯用于父丁,卯牛。”贞卜选取香酒祭祀父丁之事。

2. (1)癸亥贞:翌☐。

(2)不受禾。三

(3)辛未贞:其多。一

(4)其刖多。一

(5)甲☐其☐寢。

(《屯南》857,历二)

按:(3)(4)辞中的“”、“”,当是“”(《合集》580)之简体写法,本系同一字。[②] 学界以往对之讨论较多,有释作“寇”“宰”“仆”“隶”“叟”等不同意见。[③] 近年,林沄先生重申释寇之说,指出其字形“象人持棍棒入室破坏”。[④] 黄天树先生承之,并言“西周金文增加偏旁‘元’作‘寇’,象寇贼持械入室袭击人”。[⑤] 今从林、黄二位先生之说。

① 周忠兵:《从甲骨金文材料看商周时的墨刑》,载复旦大学出土文献与古文字研究中心编:《出土文献与古文字研究》(第4辑),上海古籍出版社2011年版,第26~27页。

② 中国社会科学院考古研究所编:《小屯南地甲骨》(下册),中华书局1983年版,第902页;李宗焜编:《甲骨文字编》,中华书局2012年版,第766~768页。

③ 参见于省吾主编:《甲骨文字诂林》,中华书局1996年版,第2008~2011页;胡厚宣:《甲骨文所见殷代奴隶的反压迫斗争》,载《考古学报》1976年第1期。

④ 林沄:《商史三题》,台北:“中研院”历史语言研究所2018年版,第110页。

⑤ 黄天树:《甲骨文“寇”“农”二字补释》,载《出土文献》2020年第1期。

卜辞“多寇”用作名词,有时省称为“寇”。如《合集》540(典宾):“癸酉卜,㱿贞:呼多寇伐𢀛方,受㞢(有)[又](祐)。”《合集》538甲(典宾):“贞:弓(勿)呼寇伐𢀛。”这里“寇”应指行劫掠之寇贼。《尚书·舜典》:“蛮夷猾夏,寇贼奸宄。”伪孔传:“群行攻劫曰寇。”①《玉篇》:“寇,贼寇也。”②林沄先生已指出“古代用罪徒作战的例子并不少”,故商人用寇征战亦不足怪。③

(3)(4)是一对选贞卜辞,与“刖”相对的“”,《屯南》整理者业已指出“当是一种刑法”。④ 之后,宋镇豪先生亦分析道:“二辞对贞,与刖必为同类词,定是一个与刖刑意义相类的刑罚专字。”⑤其说可从。(3)(4)二辞贞卜对抓捕的寇贼应施以刑还是刖刑。这是关于商王对罪犯进行量刑的重要记载。事实上,对寇贼所施的刑罚以刖刑较多(见刖刑部分)。

“”,宋先生释作“墨”,认为是独体表意字,分析道:“字形上部示意某种尖利器在刺刻人首面颊或目缘额颡部位,下部从土,与刖刑属于同一类的刑罚名,正与古文献及地下出土文字材料所述墨刑相合。墨刑是用刀刺刻罪人面部,再以土墨涅窒创口即难褪色,成为永

① (清)阮元校刻:《十三经注疏》卷三,《尚书正义》,中华书局1980年版,第130页。

② (梁)顾野王:《宋本玉篇》卷十一,中国书店1983年版,第209页。

③ 林沄:《商史三题》,台北:“中研院”历史语言研究所2018年版,第110~111页。

④ 中国社会科学院考古研究所编:《小屯南地甲骨》(下册),中华书局1983年版,第902页。

⑤ 宋镇豪:《甲骨文中所见商代的墨刑及有关方面的考察》,载中国文物研究所编:《出土文献研究》(第5辑),科学出版社1999年版,第53页;宋镇豪:《甲骨文中所见商代的墨刑》,载刘庆柱主编:《考古学集刊》(第15集),文物出版社2004年版,第192页。

久的犯罪标志。”①

二、劓刑

劓刑、刵刑属于同一等级的刑罚,现今学者多将之归为一系。如宋镇豪先生就曾指出:“劓刑也是分出割鼻、割耳一系,又以割鼻为重。”②殷墟甲骨文中已有劓刑、刵刑的记载,学界并无异议。

(一)释义

“劓”,《说文》亦作“臬”,训为“刑鼻也”③。《周礼·秋官·司刑》郑玄注:“劓,截其鼻也。”④其甲骨初文作“刵”,字形如“”(《合集》6226)、“”(《合集》5994)、“”(《合集》8986 反)等。裘锡圭先生指出:“‘自’是鼻的象形字。刵字从刀从自,象征割鼻之意,就是‘劓’的初文。”⑤其说得到学界公认。“刵”,《说文》训作“断耳也”。⑥其甲骨字形作“”,从刀从耳,表示割耳之义,是会意字。

---

① 宋镇豪:《甲骨文中所见商代的墨刑及有关方面的考察》,载中国文物研究所编:《出土文献研究》(第5辑),科学出版社1999年版,第53~56页;宋镇豪:《甲骨文中所见商代的墨刑》,载刘庆柱主编:《考古学集刊》(第15集),文物出版社2004年版,第191~193页。

② 宋镇豪:《甲骨文中所见商代的墨刑及有关方面的考察》,载中国文物研究所编:《出土文献研究》(第5辑),科学出版社1999年版,第57页;宋镇豪:《甲骨文中所见商代的墨刑》,载刘庆柱主编:《考古学集刊》(第15集),文物出版社2004年版,第196页。

③ (汉)许慎:《说文解字》卷四下,中华书局1963年版,第92页。

④ (清)阮元校刻:《十三经注疏》卷三十六《周礼注疏》,中华书局1980年版,第880页。

⑤ 裘锡圭:《甲骨文中所见的商代五刑——并释“刵”、“刖”二字》,载裘锡圭:《裘锡圭学术文集》(甲骨文卷),复旦大学出版社2012年版,第1页。

⑥ (汉)许慎:《说文解字》卷四下,第92页。

(二)辑录

目前所见,殷墟甲骨文中关于劓刑、刵刑的资料比较少,今将之全部辑录如下:

1.(1)贞☐。

(2)贞:在商𣏟。

(3)弜(勿)于敦。

(4)步伐𢀛方,[受][㞢](有)[又](祐)。[一月]。

(5)贞:弜(勿)命我使步。一

(6)丁巳卜,亘贞:劓牛爵。一

(7)庚申卜,争贞:呼伐𢀛方,受㞢(有)又(祐)。一月。一

(《缀集》169 =《合集》6226 +《合集》7815,宾一)

按:《合集》6226 重见于《合补》1800 + 5978,后者不如前者完整。本版经蔡哲茂先生缀合,辞例较完整。(3)(4)(5)(7)诸辞与征伐𢀛方有关。(6)辞的"劓牛爵",《甲骨文法律文献译注》解释为"施截鼻之刑于牛爵",并谓"牛爵""义不明"。[①] "牛爵"之义待考。

2.☐㞢劓☐。

(《合集》5994,宾一)

按:文辞甚残,无法详知。《译注》解释为:"……又[对某人]施

① 杨升南:《甲骨文法律文献译注》,载刘海年、杨一凡总主编:《中国珍稀法律典籍集成》(甲编第1册),科学出版社1994年版,第121~122页。以下正文引用该书时,简称《译注》。

以劓刑。"①

3.(1)贞:亡舌于,迺(乃)复徝。一 二 三 二告 四

(2)贞:亡舌告于妣庚,惠羊用。一 二 三 不𠂤鼄 四 五

(3)贞:呼劓,[若]。一 小告 二 三 四 五 不𠂤鼄 六

(4)不若。一 二告 二 三 四 五 六 不𠂤鼄　(正)

(1)辛巳卜,宾。

(2)雀入二百五十。　(反)

(《合集》5995,典宾)

按:《合集》拓片不如原拓《乙》3299、3300 清晰。据反面(1)辞判断,正面卜辞的贞人有可能为宾。反面(2)辞刻于甲桥部位,载雀入贡 250 只龟,属于记事刻辞,与卜辞无关。

正面(1)(2)辞的"舌"为祭名,②(3)(4)辞涉及刑罚,二者或有关联。(3)(4)辞分别刻在右、左甲桥部位,是一对正反对贞的卜辞,贞卜命施劓刑是否会顺利。

4.(1)小告 四 小告　(正)

(1)乙卯卜,宾贞曰:以乃邑☐。

(2)☐劓☐。　(反)

(《合集》8986,典宾)

按:此片重见于《北珍》,编号为 935 正反。正面"四"是兆序,"小告"是兆辞,卜辞刻于反面。反面(2)辞可能是贞卜施行劓刑之事。

---

① 杨升南:《甲骨文法律文献译注》,载刘海年、杨一凡总主编:《中国珍稀法律典籍集成》(甲编第 1 册),科学出版社 1994 年版,第 121 页。

② 参见陈斯鹏:《"舌"字古读考》,载陈斯鹏:《卓庐古文字学丛稿》,中西书局 2018 年版,第 11 ~ 12 页。

5. ▨劓刵刖。

(《德》S121,宾组)

按:此残辞刻于左尾甲下端,李学勤先生已指出应属武丁时期的宾组卜辞,[①]可从。《尚书·康诰》:"非汝封刑人杀人,无或刑人杀人;非汝封又曰劓刵人,无或劓刵人。"[②]旧说有认为这里的"刵"系"刖"之讹误字,李先生据此卜辞证实了文献记载不误,旧说并不可信。李先生提出:"刵和劓是同一等级的刑罚,因此周代的五刑便只提劓了。"[③]刵为割耳,劓为割鼻,二者施刑部位相近,均用刀,颇为相似,李先生之说可从。宋镇豪先生在此基础上,进一步指出三刑的排列"殆按先轻后重言之","自(劓)、刵一系似稍轻,刖刑在人足,又重之"[④]。

6. ▨劓刵▨。一(《旅博》502,宾组)

按:此为龟腹甲残片,与《德》S121 内容相近。劓、刵两种肉刑除见于《尚书·康诰》外,《吕刑》亦有载,是曰:"爰始淫为劓、刵、椓、黥。"[⑤]

【附录】

1. 丁[卯]▨劓(?)▨竝[告]▨。

(《合集》4389,宾三)

按:《合集》4389 并不清晰,查原拓来自《后》下 22.17。据原拓

① 李学勤:《海外访古续记》,载李学勤:《四海寻珍》,清华大学出版社 1998 年版,第 73~74 页。

② (清)阮元校刻:《十三经注疏》卷十四《尚书正义》,中华书局 1980 年版,第 204 页。

③ 李学勤:《海外访古续记》,载李学勤:《四海寻珍》,清华大学出版社 1998 年版,第 74 页。

④ 宋镇豪:《甲骨文中所见商代的墨刑》,载刘庆柱主编:《考古学集刊》(第 15 集),文物出版社 2004 年版,第 196 页。

⑤ (清)阮元校刻:《十三经注疏》卷十九《尚书正义》,中华书局 1980 年版,第 247 页。

知,释“劓”为误,此字原篆作“”,当从“自”从“丮”,“丮”下部略残。其完整字形,比如:“”(《合集》1958)、“”(《历藏》1067 = 《合集》18027),可相参照。

《合集》4389 作“”,“丮”旁较为模糊,故有学者误摹或误释为“刀”。如《摹释》摹作“”,释“刵”,即“劓”字。杨升南、徐义华先生从其说,认为此辞涉及劓刑,[1]实误。不过,也有学者释读正确的,比如《合释》《校释》二书均释作“䡅”。另外,近年《全编》摹作“”,较确。

三、刖刑

刖刑较墨刑、劓刑为重,属于同一等级的刑罚尚有膑(髕)刑。孙诒让《周礼正义》云:“盖髕、剕、刖,通言之皆为足刑,故古书咸不甚析别。”[2]现今学者一般将刖、膑二刑归为一系。不过,目前殷墟甲骨文中仅有关于刖刑的记载。

(一)释义

刖刑之“刖”,《说文》作“跀”“䟤”,训为“断足也”[3]。殷墟甲骨文中有刖刑专字,作“”(《合集》581)、“”(《合集》580 正)、“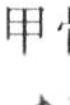”(《合集》6002 正)等形,表断足之义。裘锡圭先生将之释作“刖”,并

① 杨升南:《甲骨文法律文献译注》,载刘海年、杨一凡总主编:《中国珍稀法律典籍集成》(甲编第 1 册),科学出版社 1994 年版,第 120 页;王宇信、徐义华:《商代国家与社会》,中国社会科学出版社 2011 年版,第 586 ~ 587 页。

② 按:剕或作𨇨,与膑、刖易相混。可参见(清)孙诒让:《周礼正义》,中华书局 1987 年版,第 2838 页。

③ (汉)许慎:《说文解字》卷二下,中华书局 1963 年版,第 48 页。

指出“‘刖’是它的后起形声字,‘⿰𧾷兀’和‘跀’是更后出的或体”[①]。张政烺、[②]胡厚宣[③]先生虽然认同该字有断足之义,但是将之分别释为“俄”“⿺尢岂”。学界一般从裘先生之说,以释“刖”较为流行。

(二)辑录

相比其他肉刑,殷墟甲骨文中的刖刑记载比较多。除了刖刑与墨刑、劓(刵)刑并举的两版甲骨见于上文外(《屯南》857、《德》S121),今将其他关于刖刑的甲骨文资料汇集如下:

1. □□卜,□贞:其刖百人,昷(昏)。
(《合集》1043,宾一)

按:“昷”字原篆一般作“”,以往诸家多释为“死”,但是字形未安,况且甲骨文自有“死”字。张政烺先生释读为“昷”,裘锡圭先生指出较释“死”可信。[④] 陈剑先生进一步将之读作“昏”或“殙”,意为暴死,即“突然的、非正常的死亡”。[⑤] 陈说可从。

上述卜辞是贞卜对一百人施行刖刑,是否会发生突然的死亡。据此可知,当时受刖刑者的数量庞大,而且刖刑具有生命危险性。裘锡圭先生指出“古代常用刖足者守门”,若“幸而不死,无疑也会被使

---

① 裘锡圭:《甲骨文中所见的商代五刑——并释“⿰兀刂”、“剢”二字》,载裘锡圭:《裘锡圭学术文集》(甲骨文卷),复旦大学出版社 2012 年版,第 1 ~ 3 页。

② 张政烺:《释甲骨文“俄”、“隶”、“蕴”三字》,载《中国语文》1965 年第 4 期。

③ 胡厚宣:《殷代的刖刑》,载《考古》1973 年第 2 期。

④ 张政烺:《释甲骨文“俄”、“隶”、“蕴”三字》,载《中国语文》1965 年第 4 期;裘锡圭:《甲骨文中所见的商代五刑——并释“⿰兀刂”、“剢”二字》,载裘锡圭:《裘锡圭学术文集》(甲骨文卷),复旦大学出版社 2012 年版,第 5 页。

⑤ 陈剑:《甲骨金文考释论集》,线装书局 2007 年版,第 427 ~ 436 页。

用在守门一类的工作上”。[①] 其说诚然。

2. ☐其㞢(有)[刖]百人,[其]㞢(有)[㬎](昏)。

(《合集》1042,宾一)

按:“刖”字残,从《合释》《校释》及《全编》补。此辞内容近似于1辞。

3. 贞:刖百[人]☐。

(《合集》1044正,宾一)

按:《合释》、《校释》及《全编》均在“百”后补一“人”字,依1、2辞例来看,或可信从。

4. 贞:刖寇八十人,不㬎(昏)。(正)

妇它示六。(反)

(《合集》580,典宾)

按:反面是记事刻辞,与卜辞无关。正面卜辞的“寇”指寇贼,是贞卜对八十个寇贼施以刖刑,是否会使他们死亡。寇贼行劫掠之事,有赖于双足。刖刑则断其根本,可谓正当其罚。事实上,对寇贼施以刖刑较为多见。

5. 贞:刖寇,不㬎(昏)。

(《合集》581,典宾)

按:此辞与4正面卜辞内容相近,唯缺记寇贼数量。

6. (1) 贞:☐。二

(2) 贞:黄尹不求(咎)。一 二 二告

---

① 裘锡圭:《甲骨文中所见的商代五刑——并释“刵”、“刹”二字》,载裘锡圭:《裘锡圭学术文集》(甲骨文卷),复旦大学出版社2012年版,第3页。

(3)壬申卜，亘贞：求肩不于壴由八人、邦五人。一 二

（正）

(1)戊辰卜，吅。

(2)贞：𠕋牛五十。

(3)贞：其刖寇，昷(昏)。

(4)贞：黄尹求(咎)。

(5)己巳卜，亘。 （反）

（《缀集》26 =《合补》38 =《合集》595 +《合集》6000，典宾）

按：此版正、反面均刻卜辞。戊辰、己巳、壬申在干支表中分列第5、6、9位，时间前后相继，贞人有吅、亘二位。《全编》将反面(3)辞分解作两条：①贞：其刖。②▨寇昷。据4、5辞例，可知不确。(3)与4、5卜辞均是贞卜对寇贼施行刖刑是否会发生突然的死亡，不过占卜角度有正、反之别。

7. (1)贞▨▨▨。

(2)辛亥。

(3)▨刖▨寇。

（《合集》582，典宾）

按：(3)辞是关于对寇贼施行刖刑之事。“寇”字之前，杨升南、徐义华先生均补“十”字①，或为一说。

8. (1)□□卜，争[贞]：刖逸，不昷(昏)。四月。一

(2)□[未]卜，㱿[贞]：[王]往□束，若。四月。一 二

① 杨升南：《甲骨文法律文献译注》，载刘海年、杨一凡总主编：《中国珍稀法律典籍集成》(甲编第1册)，科学出版社1994年版，第126页；王宇信、徐义华：《商代国家与社会》，中国社会科学出版社2011年版，第589页。

(《合集》861 +《合集》17150,[1]典宾)

按:“逸”从赵平安、王子杨先生释,[2]这里用为名词,指逃逸者。(1)辞贞卜对逃逸者施行刖刑,是否会使他们死亡。殷墟甲骨文所载逃亡现象多见,胡厚宣、[3]裘锡圭、[4]王子杨[5]等先生均有深入的研究。这里我们仅对逃亡者的身份略作分析,以促进对刖刑对象的了解。与之相关的卜辞如下:

①甲午卜,争贞:逸刍凳得。 (《合集》130 正,典宾)

②贞:逸刍不其得。 (《合集》131,典宾)

③贞:逸羌得。

贞:逸羌不其得。 (《合集》505 正,典宾)

④[贞]:逸羌不其得。 (《合集》508,典宾)

⑤兆(逃)三羌,既获抑。

毋获抑。 (《合集》19755,𠂤小)

⑥ 贞:逸寇见(现)。 (《合集》568 正,典宾)

⑦ 乙酉卜,宾贞:州臣㞢(有)逸自寰得。

贞:州臣得。

贞:州臣得。

贞:州臣不[其]得。

---

① 张宇卫:《甲骨缀合第一百廿五则》,载先秦史研究室网,http://www.xianqin.org/blog/archives/4338.html,首发于 2014 年 9 月 15 日。

② 赵平安:《战国文字的“遊”与甲骨文“𦍌”为一字说》,载赵平安:《文字·文献·古史:赵平安自选集》,中西书局 2017 年版,第 11~14 页;王子杨:《甲骨文字形类组差异现象研究》,中西书局 2013 年版,第 241~253 页。

③ 胡厚宣:《甲骨文所见殷代奴隶的反压迫斗争》,载《考古学报》1976 年第 1 期。

④ 裘锡圭:《甲骨卜辞中关于俘虏和奴隶逃亡的史料》,载裘锡圭:《裘锡圭学术文集》(古代历史、思想、民俗卷),复旦大学出版社 2012 年版,第 3~14 页。

⑤ 王子杨:《甲骨文字形类组差异现象研究》,中西书局 2013 年版,第 248~250 页。

(《缀汇》548 =《合集》849 正 -《合集》850 +《上博》46464,典宾)

①②辞的“逸刍”指逃逸的刍人,二辞贞卜是否能将之抓获。“刍”,《说文》训作“刈艸也”,段注:“谓可飤牛马者。”[①]用作名词时,当指“打牧草的工作的人”。[②]《诗经·大雅·板》载:“先民有言,询于刍荛。”毛传载:“刍荛,薪采者。”[③]刍人的地位似较低贱。《孟子·梁惠王下》载:“文王之囿方七十里,刍荛者往焉,雉兔者往焉。”赵岐注:“刍荛者,取刍薪之贱人也。”[④]

③④辞的“逸羌”指逃逸的羌人,二辞贞卜是否能将之抓获。商王朝拥有的羌人大多是战争所得。作为战俘,羌人除了被大量用为祭牲外,更是被商王所役使。如卜辞有“羌刍”(《合集》94 正、《合集》22043、《英藏》756),指的就是从事打牧草工作的羌人。据此推知,羌人是刍人的重要来源,那么①②辞的“逸刍”不排除有羌人的可能性。⑤辞的“兆”从蒋玉斌先生释,读作“逃”,“逃三羌”即“逃亡的三个羌人”,[⑤]全辞贞卜是否已将之抓获。

⑥辞贞卜逃逸的寇贼是否会出现。罪犯的逃亡,传世文献亦有涉及。如《左传》昭公七年载:“及即位,为章华之宫,纳亡人以实之。无宇之阍入焉。无宇执之,有司弗与。”杜注:“有罪亡入章华宫。”[⑥]

---

① (汉)许慎撰,(清)段玉裁:《说文解字注》,上海古籍出版社 1988 年版,第 44 页。

② 裘锡圭:《说殷墟卜辞的“奠”——试论商人处置服属者的一种方法》,载裘锡圭:《裘锡圭学术文集》(古代历史、思想、民俗卷),复旦大学出版社 2012 年版,第 180 页。

③ (清)阮元校刻:《毛诗正义》卷十七之四,《十三经注疏》,中华书局 1980 年版,第 549 页。

④ (清)阮元校刻:《孟子注疏》卷二上,《十三经注疏》,中华书局 1980 年版,第 2674 页。

⑤ 蒋玉斌:《释殷墟自组卜辞中的“兆”字》,载中国古文字研究会、吉林大学古文字研究室编:《古文字研究》(第 27 辑),中华书局 2008 年版,第 104 ~ 110 页。

⑥ (清)阮元校刻:《十三经注疏》卷四十四,《春秋左传正义》,中华书局 1980 年版,第 2047 页。

⑦辞的“州臣有逸自寰”意即有从寰地逃逸的州臣。这里的“臣”一般解作奴隶,地位低下。《尚书·费誓》:“马牛其风,臣妾逋逃,勿敢越逐。”郑玄注:“臣妾,斯役之属也。”伪孔传:“役人贱者,男曰臣,女曰妾。”[1]州臣似即州地之臣。《合集》22044(午组)载:“庚戌卜,贞:多羌自州。”可见州地有羌人,则州臣的构成不排除有羌人的可能性。

据上分析,商代逃逸者有刍人、羌人、寇贼、臣等,其中刍人、臣的构成中可能有部分羌人。除寇贼外,其余皆当属商王朝役使人员,从事比较低贱的工作,可能因不胜剥削而被迫逃亡。商代逃亡事件频发,引起商王的高度重视,甚至将之视作灾咎。如《合集》137 正(典宾):

癸丑卜,争贞:旬亡忧。王占曰:㞢(有)求(咎)㞢(有)。

甲寅,允㞢(有)来艰。左告曰:㞢(有)逸刍自温十人㞢(有)二。

上述卜辞是癸丑日贞卜下一旬有无忧患,商王视兆判断将有灾咎发生。次日(甲寅)果然应验,出现了群体逃逸事件,即“有逸刍自温十人有二”,就是说从温地逃逸了十二个刍人。

为了政权的稳固,商王朝对于逃逸者的抓捕与打击颇为重视。被抓回的逃逸者可能要面临着严酷的刑罚,如被处以具有生命危险的刖刑。

9. (1)□(勿)㞢(侑)于多介父犬。

(2)戊寅卜,争贞:于羌甲〼。小告

(3)乙酉卜,[㱿]贞:刖[奠]〼。(正)

王占曰:[吉]。 (反)

---

① (清)阮元校刻:《十三经注疏》卷二十,《尚书正义》,中华书局 1980 年版,第 255 页;(汉)司马迁:《史记》卷三十三,中华书局 1982 年版,第 1525 页。

(《合集》6002,典宾)

按:“奠”字仅存上半部,从《合释》《校释》《全编》补。戊寅(15)、乙酉(22)相隔7日,时间有先后。(1)辞贞卜是否要用犬侑祭多介父。(2)辞贞卜祭祀羌甲之事。(3)辞的“奠”有可能指被奠置之人,裘锡圭先生对此有深入研究,指出:“商王往往将被商人战败的国族或其他臣服国族的一部或全部,奠置在他所控制的地区内。这种人便称为奠,奠置他们的地方也可以称为奠。……奠所受的剥削、压迫很沉重,所以他们有时起而反抗商王。除了上述这种奠的方式外,商王有时还将从事某种工作的人奠于某地。”[①]

据裘锡圭先生之说,(3)辞被施以刖刑的“奠”有可能就是不堪压迫的造反者。事实上,宾组、历组卜辞多见“奠刍”的记载,这与宾组卜辞所见的“逸刍”正好相对,反映出被奠置的刍人可能发生逃逸行为。对此,商王常常会贞卜是否能抓获他们。

10.(1)贞:今日雨。一 二 三 二告

(2)戊午卜,永贞:刖,不昷(昏)。一 二 三

(《考古》1973.2图1.7,典宾)

按:此版甲骨,《合集》未著录。(1)辞贞卜今日是否下雨,(2)辞贞卜施行刖刑是否会发生突然的死亡。

11.辛丑卜,亘贞:其虫(有)刖,其昷(昏)。

(《拼四》995=《合集》6005+《合集》14998,典宾)

按:《合集》二片由李延彦先生所缀合,[②]文辞始得完整。此辞贞

---

① 裘锡圭:《说殷墟卜辞的“奠”——试论商人处置服属者的一种方法》,载裘锡圭:《裘锡圭学术文集》(古代历史、思想、民俗卷),复旦大学出版社2012年版,第169~192页。

② 李延彦:《左背甲新缀三例》,载宋镇豪主编:《甲骨文与殷商史》(新4辑),上海古籍出版社2014年版,第248~250页。

卜施行刖刑是否会发生突然的死亡。

12. (1)贞:[弓](勿)☐𠂤方。

(2)丁巳卜,亘贞:刖,若。一 (正)

☐五。㱿。 (反)

(《合集》6001,典宾)

按:反面为记事刻辞,与卜辞无关。正面(1)辞的"𠂤方"系商王朝的敌对方国,[1]此辞可能是关于征伐之事。(2)辞与《合集》5995(典宾)"贞:呼劓,[若]"辞例相近,贞卜实施刖刑是否会顺利。

13. □寅卜,㱿贞:其㞢(有)刖□。

(《合集》6003,典宾)

按:此辞与11辞相近,可能也是贞卜施行刖刑是否会发生突然的死亡。

14. ☐其☐刖☐昷(昏)。

(《合集》6004,典宾)

15. (1)辛卯卜,㱿贞:刖☐。

(2)丁酉卜,㕣贞:害王。

(3)贞:不害。

(《合集》6007,典宾)

按:辛卯、丁酉在干支表中分列第28、34位,可见时间前后相接,中隔六日。(2)(3)是一对正反对贞的卜辞,可能是贞卜先公先王是否会作祟伤害于时王。(1)辞是贞卜施行刖刑之事。

① 参见孙亚冰、林欢:《商代地理与方国》,中国社会科学出版社2010年版,第438~441页。

16. □率□刖□。

(《合集》6008,典宾)

按:此片重见于《北珍》931。“率”字,《合释》《校释》均未释出,《摹释》误摹作“”①。《合集》39852“”,《摹释》释作“”,《合释》《校释》《全编》未释。事实上,“刖”字有作“”(《合集》6007)、“”(《合集》6008),“”的字形与之相近,均是对人的下肢施以刑罚,仅手持之物有异,笔者疑其锯齿有所简省或摹本失真所致。因此,“”当释作“刖”。

若上述推断无误,则《合集》39852 与本版同辞,作:“□率□刖□。”二版字体均为典宾类,字形相近、位置相同。结合《北珍》931 甲骨彩照,可知二版甲骨形态亦同。因此,《合集》39852 有可能与《合集》6008 是一非二。有鉴于前者仅有摹本,其字形与后者略异或因摹写不确所致。

17. □刖□。

(《合集》6006,典宾)

按:此残辞仅剩一“刖”字,而且字形下部略有残损。

18. □刖□。

(《合集》6009,宾三)

19. □刖□。

(《合集》6010,宾三)

按:18、19 均属残辞,可能是贞卜施行刖刑之事。

① 白于蓝先生已指出,参见白于蓝:《殷墟甲骨刻辞摹释总集校订》,福建人民出版社 2004 年版,第 66 页。

20.(1)贞:其不若在入(内)。二

(2)□刖□。

(《旅博》1322,宾出)

按:此为龟腹甲残片,重见于《合集》24408。后者拓片不佳,故《摹释》《合释》《校释》《全编》均未释出"刖"字。《旅博》公布了清晰彩照与拓片,"刖"字可以确释。"入"通"内","在内"辞例,比如《屯南》附12载:"辛酉卜:在入(内)戉又(有)忧。"[①]该版有可能是一对正反对贞的卜辞,贞卜在内施行刖刑是否会顺利。《合集》6001正载:"丁巳卜,亘贞:刖,若。"可相为证。

21.(1)壬子卜:其刖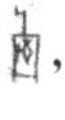,不㫚(昏)。

(2)丙辰贞:□。不用。

(3)丙辰贞:其祉。兹用。一 一

(4)贞:侯于□。

(《合集》33007+《合集》34442[②],历二)

按:未缀合之前,(1)辞"其"后一字,《合释》《校释》缺释,《摹释》释"大",而陈剑先生释作"刖"。[③] 缀合之后,该字形体略显完整,释"刖"当无疑问。壬子、丙辰在干支表中分列第49、53位,时间前后相继。(1)辞完整,而(2)~(4)辞有残,意不明。(1)辞贞卜对施行刖刑,是否会发生突然的死亡。"",诸家未释,此处解作受刑者,其身份似不明。

---

① "入"读"内",可参见裘锡圭:《关于殷墟卜辞的命辞是否问句的考察》,载裘锡圭:《裘锡圭学术文集》(甲骨文卷),复旦大学出版社2012年版,第327~328页。

② 周忠兵:《历组卜辞新缀》第21组,载先秦史研究室网,http://www.xianqin.org/blog/archives/547.html,首发于2007年3月26日。

③ 陈剑:《甲骨金文考释论集》,线装书局2007年版,第435页。

22.(1)兹用。

(2)□□贞:乙亥彡伐自上甲。兹用。

(3)伐其[illegible]丁。

(4)己亥贞:又[illegible]伐其[illegible]。三

(5)□巳卜:其刖四丰(封),舌卢□,惠邑子示。

(《屯南》2510,历二)

按:此版文字有些漫漶不清,参考《屯南》释文、《摹释》、《校释》等隶定。(2)~(4)辞是祭祀卜辞,其中"上甲"为受祭者,即商人先公上甲微;"彡"一般解作祭名。"又"表进献之义,"伐"则为用牲法。[①]

(5)辞的"丰"字,或有释读为"邦"。"四封",《屯南》释文解作"四封方之人"。[②] "四封"应为"四封方"之省。[③] 殷墟卜辞有"二封方""三封方""四封方"等,罗琨先生将之解释为对抗商王朝的一些方国联盟,[④]是说可从。如"四封方"就见于《合集》36528 反,其辞云:

乙丑王卜,贞:畣巫九备,余作尊,启告侯、田册叡方、羌方、羞方、辔方,余其比侯、田甾戋四封方。

上辞多缺刻横画。据引文知,"四封方"指的是叡方、羌方、羞方、辔方。[⑤] 不过,《合集》36528 反是黄类卜辞,年代要晚于本版卜

① 参见刘源:《商周祭祖礼研究》,商务印书馆 2004 年版,第 99~104 页。

② 中国社会科学院考古研究所:《小屯南地甲骨》(下册),中华书局 1983 年版,第 1021 页。

③ 李雪山先生亦认为这里的"四封"指四封方,参见李雪山:《商代分封制度研究》,中国社会科学出版社 2004 年版,第 98 页。

④ 参见罗琨:《商代战争与军制》,中国社会科学出版社 2010 年版,第 331~333 页。

⑤ 参见李学勤:《殷代地理简论》,载《李学勤早期文集》,河北教育出版社 2008 年版,第 253~254 页。

辞,所以,二者所言的"四封方"所包括的具体方国不见得一致。

本版"刖四封",《译注》认为"即'刖四封伯'",[①]严格来说,以解作"刖四封方伯"为宜,意即对四个方国的首领施行刖刑。与之辞例相近的有《合集》32287(历二):"甲申贞:其执三封伯于父丁。""三封伯"指"三封方伯",此辞贞卜是否将他们用于祭祀父丁。

(5)辞的"舌"通"磔",指割裂祭牲的肢体。[②] 一般将之归为用牲法,亦可视作死刑之一种。"卢□"是要被肢解的祭牲。"舌卢□"与"刖四封"并举,"卢□"的身份或与"四封方"相仿。事实上,卜辞所见商代有卢方,殷墟妇好墓曾出土一件卢方玉戈,铭文(《铭图》19761)作:"卢方□入戈五。"[③]《合集》259(宾三)载:"贞:弓(勿)用卢以羌。"贞卜是否要用卢方致送的羌人献祭。双方除了存在友好关系外,亦有交恶的时候。如《合集》27041(无名)载:"甲戌卜:翌日乙王其寻卢伯□,不雨。""寻"训作用,贞卜翌日乙亥商王用卢方伯献祭,是否会下雨。《合集》38763(黄类):"▨戋▨卢▨。"可能是关于征伐卢方之事,此为人头刻辞,有学者怀疑是卢方伯的人头。[④] 据此来看,本版被施磔刑用为祭祀人牲的"卢□"有可能指的就是卢方伯。

(5)辞"惠邑子示"中的"邑子",《译注》解释为"人名,商贵族",[⑤],似可从。如《合集》3280载:"贞:惠邑子呼飨酥。"贞卜呼命邑子飨酒之事。该版卜辞是宾组三类,与属于历二类的(5)辞年代相近,两版的"邑子"或为同一人。"示"作为动词,《译注》解释道:"在

① 杨升南:《甲骨文法律文献译注》,载刘海年、杨一凡总主编:《中国珍稀法律典籍集成》(甲编第1册),科学出版社1994年版,第130页。

② 于省吾:《甲骨文字释林》,商务印书馆2010年版,第167~172页。

③ 中国社会科学院考古研究所:《殷墟妇好墓》,文物出版社1980年版,第131、135~136页。

④ 孙亚冰、林欢:《商代地理与方国》,中国社会科学出版社2010年版,第444~446页。

⑤ 杨升南:《甲骨文法律文献译注》,载刘海年、杨一凡总主编:《中国珍稀法律典籍集成》(甲编第1册),科学出版社1994年版,第130页。

对人施用刑法时,言某示或是由此人执行刑罚或监理执行。”①不过,这里“示”的确切含义尚不明,存疑待考。

【附录】

1.☐自。三日丁卯[王狩]敝,允㞢(有)害。竦,马[立],亦付(仆)在车,㫚马[亦]㞢(有)[𫏋]。(典宾)

(《拼五》1016 =《拼集》307 +《合集》8250 正 +《合集》11447 +《京》2849)

按:《合集》8250 正又见于《合补》6475。“付”字,《合集》拓片作“”,《摹释》摹为“”,释作“刖”。《译注》从之,认为此字字形“无锯、刀形,但一足有‘止’一足无‘止’,是一足被斩去的受刖刑者,亦为刖字”。② 李宗焜《甲骨文字编》摹作“”,释为“刓”。③《全编》摹作“”,无释。诸家所摹略有不同,但左手均持物。

近年来,《合集》8250 原片收藏单位中国国家图书馆在其官网上公布了该版甲骨彩照,照片此字作“”。仔细观察知,拓本中左手所持物形当系裂缝,而“大”形头部多出一笔亦应为泐痕所致。黄天树先生据照片重新摹作“”,④颇为可信。陈剑先生将之释为“付”,读作“仆”或“踣”,⑤可从。据文意可知,此版卜辞与田猎相关,实与刑

① 杨升南:《甲骨文法律文献译注》,载刘海年、杨一凡总主编:《中国珍稀法律典籍集成》(甲编第1册),科学出版社1994年版,第130~131页。

② 杨升南:《甲骨文法律文献译注》,载刘海年、杨一凡总主编:《中国珍稀法律典籍集成》(甲编第1册),科学出版社1994年版,第129页。

③ 李宗焜:《甲骨文字编》,中华书局2012年版,第88页。

④ 黄天树:《卜辞“毕马亦有伤”补说》,载中国古文字研究会、吉林大学中国古文字研究中心编:《古文字研究》(第32辑),中华书局2018年版,第30~35页。

⑤ 陈剑:《释殷墟甲骨文的“付”字》,载中国古文字研究会等编:《古文字研究》(第31辑),中华书局2016年版,第35~41页。

罚无涉。

四、宫刑

宫刑一称椓刑,在殷墟甲骨文中已经出现,学者们对此并无异议。《尚书·吕刑》中五刑的轻重次序为:墨、劓、剕(刖)、宫、大辟,可见西周时人将宫刑视作仅次于死刑的最酷烈之肉刑,商人观念或与之相近。

(一)释义

《周礼·秋官·司刑》载:"宫罪五百。"郑玄注:"宫者,丈夫则割其势,女子闭于宫中,若今宦男女也。"[①]《尚书·吕刑》:"宫辟疑赦。"伪孔传:"宫,淫刑也。男子割势,妇人幽闭,次死之刑。"[②]

殷墟甲骨文中已出现宫刑专字,作""(《合集》525)、""(《合集》5997)等形,意为以刀去男子之势。裘锡圭先生释作"刹",与之音义相同的后起字则作"豛""椓""斀""斀"等。[③] 鉴于典籍多用"椓"字,笔者从而释之。

(二)辑录

目前所见,殷墟甲骨文中关于椓刑的资料比较少,而且多为残辞,今将之全部辑录如下:

1. (1)⧄皿⧄。

(2)□寅⧄贞⧄椓⧄。

---

① (清)阮元校刻:《十三经注疏》卷三十六《周礼注疏》,中华书局1980年版,第880页。

② (清)阮元校刻:《十三经注疏》卷十九《尚书正义》,中华书局1980年版第249页。

③ 裘锡圭:《甲骨文中所见的商代五刑——并释"刖"、"刹"二字》,载裘锡圭:《裘锡圭学术文集》(甲骨文卷),复旦大学出版社2012年版,第4页。

(3)☒犬☒。

(《合集》5996,典宾)

2. (1)☒王于椓☒。二

(2)☒少☒椓☒犬☒。一

(《合集》5997+《合补》1756[①],典宾)

3. (1)甲☒贞☒。

(2)☒椓☒。

(《合集》5999,典宾)

4. ☒椓☒。

(《合集》5998,典宾)

5. (1)庚辰卜,王:朕椓羌,不昷(昏)。

(2)昷(昏)。十二月。

(3)丁人。

(4)☒崙☒。

(《合集》525,宾三)

按:(1)辞的"朕"作为第一人称代词,相当于"我"。[②] (1)(2)是一对正反对贞的卜辞,贞卜对羌人施以椓刑,是否会发生突然的死亡。(4)辞的"崙",殷墟甲骨文中有用作地名、祭名等,[③]如《屯南》2422载:"其崙☒。○弜崙。"此处用法不明。

五、小结

商代的肉刑包括了墨(黥)、劓、刖、宫(椓)四种,均见于殷墟甲

① 李爱辉:《甲骨拼合第377—383则》第378则,载先秦史研究室网,http://www.xianqin.org/blog/archives/8750.html,首发于2017年7月29日。

② 张玉金:《甲骨文语法学》,学林出版社2001年版,第25页。

③ 参见中国社会科学院考古研究所编:《小屯南地甲骨》(下册),中华书局1983年版,第1014页;于省吾主编:《甲骨文字诂林》,中华书局1996年版,第2227页。

骨文。其中劓刑、刖刑又可视作刑系，分别包括了劓刑与刵刑，刖刑与膑刑。殷墟甲骨文中有刵刑资料，但似未发现膑刑资料。目前所见，以刖刑的资料最多，而墨刑最有争议，宫刑的资料则多系残辞。

关于墨刑，我们采纳宋镇豪、周忠兵先生之说，所辑录的资料仅有两版甲骨，内容分别涉及对多寇的量刑问题，祭祀选取刑徒之事。年代大致在武丁晚期至祖庚之世。

劓刑、刵刑的资料，目前仅见六版甲骨，其中四版仅涉及单一刑罚，两版是二、三种肉刑并举。受刑者的身份，限于文辞简略或残泐等，并不清楚。年代约在武丁时期。

刖刑的资料远超其他肉刑，目前搜集到二十四版甲骨，年代大致在武丁至祖庚时期。刖刑的对象有多寇、逸、奠、、四封方伯。其中多寇或称“寇”，乃是行劫掠之寇贼。“逸”指逃逸者，身份有刍人、羌人、寇贼、臣等，除寇贼外，其余皆属商王朝役使人员，从事比较低贱的工作，可能因不堪剥削而逃亡。“奠”有可能指被奠置之人，所受剥削也很沉重。“”的身份不明，“四封方伯”指的是与商王朝敌对的四个方国首领。大致而言，刖刑的对象身份有低有高。不过，相较而言，受刖刑者以多寇为常见，而且往往成批受刑，如“刖寇八十人”、“刖多寇”等。此外，关于刖刑的卜辞多见贞卜是否会致人突然的死亡，说明刖刑在当时被视作一种危险的可以致命的刑罚。

宫刑的资料，目前所见仅有五版甲骨，年代大约在武丁至祖庚时期。商代的宫刑对象有羌人，而且此刑亦与刖刑类似，具有生命危险性。

总而言之，通过殷墟甲骨文肉刑资料的梳理，我们得以具体地了解到商代肉刑的基本情况，而且对受刑者的身份有了一定的认识，这有助于推动商代法制史研究走向深入。不过，值得注意的是，殷墟甲骨文中的肉刑资料年代基本限于商代后期前段(武丁至祖庚),之后商王朝的肉刑制度有无变化,目前尚不清楚。

附录一:引书简称(以时间为序)

《后》 罗振玉:《殷虚书契后编》(影印本),1916年版。

《乙》 董作宾主编:《殷虚文字乙编》,台北:商务印书馆、“中研院”史语所1948年版、1949年版、1953年版。

《京》 胡厚宣:《战后京津新获甲骨集》,群联出版社1954年版。

《合集》 郭沫若主编:《甲骨文合集》,中华书局1978~1982年版。

《屯南》 中国社会科学院考古研究所编:《小屯南地甲骨》,中华书局1980年版、1983年版。

《英藏》 李学勤等编:《英国所藏甲骨集》,中华书局1985年版、1992年版。

《摹释》 姚孝遂主编:《殷墟甲骨刻辞摹释总集》,中华书局1988年版。

《乙补》 钟柏生主编:《殷虚文字乙编补遗》,台北:“中研院”史语所1995年版。

《德》 雷焕章:《德瑞荷比所藏一些甲骨录》,台北:光启出版社1997年版。

《合补》 彭邦炯、谢济、马季凡编著:《甲骨文合集补编》,语文出版社1999年版。

《合释》 胡厚宣主编:《甲骨文合集释文》,中国社会科学出版社1999年版。

《缀集》 蔡哲茂:《甲骨缀合集》,台北:乐学书局1999年版。

《校释》 曹锦炎、沈建华编著:《甲骨文校释总集》,上海辞书出版社2006年版。

《北珍》 [韩]李锺淑、葛英会:《北京大学珍藏甲骨文字》,上海古籍出版社2008年版。

《上博》 濮茅左编著:《上海博物馆藏甲骨文字》,上海辞书出版社2009年版。

《拼集》 黄天树主编:《甲骨拼合集》,学苑出版社2010年版。

《全编》 陈年福撰:《殷墟甲骨文摹释全编》,线装书局2010年版。

《历藏》 宋镇豪、赵鹏、马季凡编著:《中国社会科学院历史研究所藏甲骨集》,上海古籍出版社2011年版。

《铭图》 吴镇烽编著:《商周青铜器铭文暨图像集成》,上海古籍出版社2012年版。

《缀汇》 蔡哲茂主编:《甲骨缀合汇编》,新北:花木兰文化出版社,2013年版。

《契合》 林宏明:《契合集》,台北:万卷楼出版社2013年版。

《旅博》 宋镇豪、郭富纯主编:《旅顺博物馆所藏甲骨》,上海古籍出版社2014年版。

《拼四》 黄天树主编:《甲骨拼合四集》,学苑出版社2016年版。

《拼五》 黄天树主编:《甲骨拼合五集》,学苑出版社2019年版。

附录二:殷墟甲骨文有关肉刑的资料著录表

序号	肉刑	著录	类组	缀(拼)合	备注
1	墨刑	《合集》5908	典宾	《契合》217 正	
2	墨刑	《屯南》857	历二		涉及刖刑
3	劓刑	《合集》6226	宾一	《缀集》169	
4	劓刑	《合集》5994	宾一		
5	劓刑	《合集》5995 正	典宾		不如原拓《乙》3299 清晰
6	劓刑	《合集》8986 反	典宾		
7	劓刑	《德》S121	宾组		劓、刵、刖三刑并举
8	劓刑	《旅博》502	宾组		劓、刵并举
9	刖刑	《合集》1043	宾一		
10	刖刑	《合集》1042	宾一		
11	刖刑	《合集》1044 正	宾一		
12	刖刑	《合集》580 正	典宾		
13	刖刑	《合集》581	典宾		
14	刖刑	《合集》6000 反	典宾	《缀集》26、《合补》38	
15	刖刑	《合集》582	典宾		
16	刖刑	《合集》861	典宾	张宇卫缀合第 125 则[1]	
17	刖刑	《合集》6002 正	典宾		
18	刖刑	《考古》1973.2 图 1.7	典宾		
19	刖刑	《合集》6005	典宾	《拼四》995	
20	刖刑	《合集》6001 正	典宾		
21	刖刑	《合集》6003	典宾		

续表

序号	肉刑	著录	类组	缀(拼)合	备注
22	刖刑	《合集》6004	典宾		
23	刖刑	《合集》6007	典宾		
24	刖刑	《合集》6008	典宾		重见于《合集》39852、《北珍》931
25	刖刑	《合集》6006	典宾		
26	刖刑	《合集》6009	宾三		
27	刖刑	《合集》6010	宾三		
28	刖刑	《旅博》1322	宾出		重见于《合集》24408
29	刖刑	《合集》33007	历二	周忠兵历组新缀第21组	
30	刖刑	《屯南》2510	历二		
31	宫刑	《合集》5996	典宾		
32	宫刑	《合集》5997	典宾	李爱辉拼合第378则	
33	宫刑	《合集》5999	典宾		
34	宫刑	《合集》5998	典宾		
35	宫刑	《合集》525	宾三		

[1]张宇卫:《甲骨缀合第一百廿五则》,载先秦史研究室网,http://www.xianqin.org/blog/archives/4338.html,首发于2014年9月15日。

散氏盘铭文集释

黄 海*

散氏盘，又名散盘、夨人盘，[①]是西周晚期的青铜器，约于清朝康熙、乾隆年间出土于陕西凤翔一带。散氏盘盘内铸有长篇铭文，共350字（含合文1），主要记录了夨、散两国在田土纠纷之后重新划定双方疆界之事。自其出土以后，因其铭文所记含有西周晚期社会众多方面的信息，故而受到各代研究者的重视，可谓重器。

散氏盘流传经历颇为复杂，自出土之后相继辗转于数位藏家，后于1809年（嘉庆十四年）入贡皇室，一百余年未显于世。咸丰以后，有传言此盘已毁于兵燹。1924年，清内务府检查养心殿陈设，复于内库得之，现藏台北故宫博物院。[②] 散氏盘在入贡皇室之前，阮元曾仿铸两器，[③]故现今传世之盘尚有数件，各盘拓本亦流传甚多，不易辨

* 黄海，中国社会科学院法学研究所助理研究员。本文受国家社科基金重大项目“甲、金、简牍法制史料汇纂通考及数据库建设”（项目批准号为20&ZD180）、国家社科基金青年项目“出土文献所见秦及汉初刑制源流研究”（项目批准号为20CFX007）资助。

① 关于散氏盘之命名，有数种不同观点，详见下文。

② 张光裕先生就散氏盘的出土时间、流传经历做了详细的梳理，参见张光裕：《散氏盘三器的流传及其真伪概述》，载张光裕：《澹烟疏雨——张光裕问学论稿》，上海古籍出版社2018年版。

③ 阮元《金石十事记》云：“扬州周散氏南宫大盘……余模铸二盘，极肖之，一藏府学，一藏文选楼。”阮元：《揅经室集》，中华书局1993年版，第646页。

别。因此,就各盘之真伪及各拓本之所据,历来聚讼不休。就目前而言,一般认为台北故宫博物院所藏散氏盘当为真品。①

散氏盘铭文(见图1)"铺叙典雅,高简峻整"(于省吾 1933),被誉为"高古浑噩,冠绝万世"(于省吾 1933),然而因其多涉今已难考之人名地名,"文字奇古,不可尽识"(吴玉搢 1738),故而具体文义历来为诸家争讼不已。盘铭主要可分为三个部分,分别是:(1)矢、散两国所重新勘定疆界之具体范围;(2)矢、散两国及周王朝中央分别派出相关人员确定田土疆界;(3)矢方人员起誓,承认散对于新得土田的所有权,并交付地图。为了更好地理解散氏盘铭文这一西周晚期的重要史料,本文拟集诸家之所释,分别罗列于三部分盘铭之下,间有所得,则以按语置于其下。

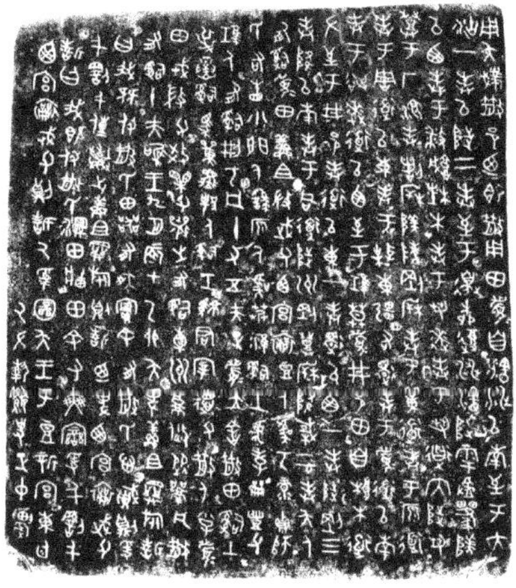

图1 散氏盘铭文拓片(编号10176)

资料来源:中国社会科学院考古研究所编:《殷周金文集成》(修订增补本),中华书局2007年版,第5486页。

① 散氏盘仿铸诸盘与现有拓本的辨别,以及其他详细情况,亦可参张文。张光裕:《散氏盘三器的流传及其真伪概述》,载张光裕:《澹烟疏雨——张光裕问学论稿》,上海古籍出版社2018年版,第1~37页。

本文凡例如下:(1)正文经常出现的著述一律使用简称,详细信息参见文后的引用著述索引;(2)所列诸家观点并不全是著述原文,对各家之观点多有凝练;(3)近代以前诸家之释文与解读常有舛误,且多见奇论,于今理解文义无益,此类观点本文多略之不录。

散氏盘铭文相关著述众多,且分散于各个时代,笔者虽尽力搜求,但难免有所遗漏,兼之学力所限,理解亦难免有所疏漏,若有不足,祈请方家批评指正。

一、关于器名

自此盘出土以后,相继出现数种不同的命名方法。目前而言,争议主要集中于两种命名,即"散氏盘"与"夨人盘"。"夨人盘"之说起自刘心源《奇觚室吉金文述》,郭沫若、陈梦家等人承之;"散氏盘"之说起自王昶、阮元,[①]目前承之者众。之所以会出现命名分歧,主要是因为学者们对于此盘的作器方以及铭文内容认识不同。以下拟将诸家有关器名问题之重要观点与讨论罗列如下,以进一步思考此盘的命名问题。

吴玉搢 1738:器名为"乙卯鼎"。铭文断续,不成文理,唯有"隹王九月,辰在乙卯"八字可读。

钱大昕 1787:器名为"西宫盘"。铭文似纪田猎之事,"西宫襄"三次出现,似为人之姓名,周有南宫氏、北宫氏,当亦有西宫氏,故名之为"西宫盘"。

李斗 1795:器名为"周太仆铜鬲",江藩释铭文首句为"周太仆散邑"。

① 王昶《金石萃编》初刊于嘉庆十年(1805 年),阮元《积古斋钟鼎彝器款识》初刊于嘉庆九年(1804 年)。然据《金石萃编》朱文藻之跋语,《金石萃编》于嘉庆七年(1802 年)已然付梓人校写校刊。

阮元 1804：器名为“散氏盘”，散氏著于周者有散宜生。

王昶 1805：器名为“散氏铜盘”。本铭为散氏表正疆域而作。

孙星衍 1807：器名为“周西宫襄戎父盘”。

方朔 1862：题为“周散氏南宫大铜盘”，简称“周散氏铜盘”。

吴大澂 1896：器名为“散盘”。

刘心源 1902：器名为“矢人盘”。“矢舍散田”句，舍者，居止也。矢人遣人舍于散田以受交割，并在誓于散氏之后令其为田界之图于矢人。

郭沫若 1932：铭文后段言经界既定，誓要既立，乃授疆里之图于矢王。以此观之，本盘实是矢人所作，旧称“散氏盘”有误，当从刘心源名之为“矢人盘”。

杨树达 1952：散氏受田，以事理衡之，制盘者当为散氏而非矢人，旧题此器为“散盘”或“散氏盘”者，是也。刘心源改题为“矢人盘”，失其理矣。

陈梦家 1960：器名为“矢人盘”。田原属于散氏，矢人借用之。

高鸿缙 1957：阮元称此器为“散氏盘”，吴大澂题为“散盘”而未述其故，盖为省称，而刘心源名之为“矢人盘”。受田平忿者为散人，其手中不能无据，而矢王手中存有新界地图，到场质证的周王代表仲农手中则存其左券，故而此盘即是散人所铸，以为存证。仲农既撰书以授散人，于是散人铸之于盘，以为不磨之证，盖亦欲神鉴之也。因此器名仍以“散盘”为宜，“散氏”为矢人口中所称，今不取。

白川静 1968：盟誓者为矢侧的有司，其在盟辞中保证了田器与田土的转交，田器与田土新的权利者为散氏是毫无疑问的。如果散氏为义务者，则盟誓者应为散氏一侧的有司。文书的授受在豆新宫进行并不能左右二者之间的权利关系。故而器名仍应为“散氏盘”。

李棪 1969:此器旧称“散盘”或“散氏盘”,刘心源正名为“矢人盘”,郭沫若从之。

张振林 1997:矢人付散氏田是矢人侵犯了散邑之后的一种处罚,并非郭沫若所言是矢人到散邑营业的报偿。铭文末行的“史正仲农”并非文书的书写者,而应当是“厥左执䙝”者,即持有左券之人。古之要约原本分为左右,右要由付方所执,左要归收受方所执,各以为凭证。散氏作为讼事的胜方执左要,故将䙝辞铸造在大盘之上,史正仲农为散氏史官,作为“厥左执䙝”者,即为此盘的主人。按照铜器命名常例,当称此盘为“仲农盘”,称“散氏史正仲农盘”则更加准确。从长期为学者所习熟考虑,仍可称“散氏盘”,但称为“矢人盘”肯定不妥。

朱其智 2013:器名仍当为“矢人盘”。本盘的作器者为矢人,主要因为以下三点:第一,授图之地“豆”为矢邑;第二,铭文末尾两“厥”字均是指代矢一方;第三,此器为“左执要”者所作,“左执要”当为付方/债务方,而非如张振林先生所言为受方/债权方,“左执要”者为“付散氏田”的矢人,即此盘是由矢人所作。

李峰 2018:器名当为“散氏盘”。其他同一时代的法律铭文均由事件处理结果有利的一方铸造,矢人肯定不情愿为此政治上不利的事件专门铸造铭文。“散氏盘”铭文很可能最初由矢方起草,并由其史官签名(铭文末的中农)。在这一文书被散方带回之后,散方将其铸造于铜器之上,这便是我们今天看到的“散氏盘”。

【按】诸家关于器名之争议主要是围绕作器者展开的,即本盘的作器者究竟为矢方还是散方?若为矢方,则器名当为“矢人盘”,若为散方,则器名当为“散氏盘”或“散盘”。对于作器者的确定,诸家讨论主要围绕以下几点展开:(1)田土的收受方为谁;(2)文书由谁所作;(3)作文书者与作器者是否为同一方。

关于田土的收受方，或认为是夨方，或认为是散方。认为是夨方的，多依铭中“厥受图夨王于豆新宫东廷”一句为据，认为得土田之图者为夨王，如郭沫若认为“经界既定，誓要既立，乃授疆里之图于夨王”（郭沫若1932），但该句理解并不必然如此，如按杨树达所说，将“授图夨王”理解为授图之夨王，抑或“夨王授图”之倒文（杨树达1952，见铭文第三部分句5之集释），亦可句通。确定田土收受方的关键，其实在于铭文末段之誓，誓言明言“付散氏田器”“付散氏田”，故而无论得图者究竟是谁，得土田者必为散方。

关于文书由谁所作，诸家多认为即铭末署名之史正中农，争议主要在于对其身份的认定。有认为其属夨方者，亦有认为其属散方者，另有认为其属周王一方者。就目前而言，其身份所属仍难以确定，但如下所述，这一问题对于作器方的确定其实意义不大。

诸家之所以就文书作者展开讨论，其实是因为没能认识到作文书者与作器者并不一定属于同一方。换言之，作器一方完全有可能是将他方所作之文书铸于己方之器。首先认识到这一问题的是高鸿缙先生，他认为文书撰写者史正中农是周王一方的代表，散氏一方只是将其所撰之文铸于器，以为凭证（高鸿缙1957）；李峰先生同样意识到了这一问题，他认为夨方的史正中农起草了文书，而散方作为受益方将该文书铸造于器（李峰2018）。

就此，这一问题其实已经较为明晰，金文具有“称美而不称恶”（《礼记·祭统》）的性质，故而作器者当为受益一方，而本铭之中的受益一方（田土的收受方）明显为散氏，所以作器方应为散氏。至于文书作者史正中农究竟属于夨方、散方还是周王一方，其实和作器方的认定关系不大。综上所述，本器仍以称为“散氏盘”为佳。

二、铭文第一部分

（一）铭文释文

用夨𤔲（扑）散邑，廼即散用田。𡳐（履）自瀗（濾）涉以南，至于大沽（湖），一弄（封），㠯（以）陟，二弄（封），至于边柳。复涉瀗（濾）、陟雩（雩），𠭯（徂）䢗（遷）𨻰以西，弄（封）于𢽞𣠔（城），楮木，弄（封）于刍逨，弄（封）于刍衜（道）。内陟刍，登于厂湶，弄（封）𠛱桮（柝）、𨻰陵、刚桮（柝），弄（封）于𡆧（瞿）道，弄（封）于原道，弄（封）于周道。以东弄（封）于𣝬（棹）东彊（疆），右还，弄（封）于𡳐（履）道，以南弄（封）于𦉥逨道，以西至于𨾴（鳿）莫（墓）。𡳐（履）丼（邢）邑田，自根木道，左至于丼（邢）邑弄（封）道，以东一弄（封），还以西一弄（封），陟刚（岗）三弄（封），降，以南弄（封）于𠔀（凡）道，陟州刚（岗），登桮（柝），降棫，二弄（封）。

（二）铭文集释

1. 用夨𤔲（扑）散邑，廼即散用田

吴大澂1896：第三字释为“扑”。

严可均1894：首句释为“用夨戣散邑”。

孙诒让1903：本句当从严可均释为“用夨戣散邑”，“夨戣”旧释为“大蔽”，诸“夨”字旧皆释为“大”，并误。下句首字当上读，应为“眉”字，义与“堳埒”之“堳”字同，谓于田邑境上筑短垣为庢畔以分界域。此字盘中五见，唯第二“眉道”为地名，余皆与此同，并为正疆界之事。

章炳麟1923：第三字阮元释为“蔽”，字形相去甚远，当为“戣”，古音业付相近，此字即借为“付”。

王国维 1924:“用”之言因,“夨”后之“𢦚”字言伐。此盘出土地虽不可考,然器中所见之土地名颇与大克鼎[①]所见者同,又“克”之名亦见于此器,而克鼎出于宝鸡县南之渭水南岸,则此盘出土之地亦必不远。散国当即《水经·渭水注》“大散关”、《沔水注》“大散岭”之“散”。又据器中所记地理,夨在散东,则夨国当即自汉以来之盩厔县,“盩厔”二字均与“夨”音相近。二国壤地相接,故世为婚姻,又时有疆场之事。

方国瑜 1930:“夨”即“吴”字,国名。“扑”字,《方言》云“扑,聚也”,此即为聚义。此铭载吴散二国封界事,若释为伐,则不可与下文通,当以聚意为是。“廼即散用田”之“即”,就也。“散用田”疑为散原有之田。下句首字当上读,释为“眉上”两字,疑为眉地之一部。盖眉上原为散国之田,后被吴侵略,至此还之,另行二国封界。

郭沫若 1932:“𢦚”字旧多释为“𢦚”,释为“𢦚伐”之意,然而该字右旁为“業”,不能释为“𢦚”。且训为“伐”,理亦难通。本字当假为“業”,谓因夨人营业于散邑,故用田以报散氏,乃是和平交易,并非战争赔偿。

黄公渚 1935:第三字为“𢦚”,读为“薄”,迫也,谓夨境迫近散邑也。下句首字“眉”当上读,即“散用田眉”,谓以散田为疆界之尽头处也。

武树善 1935:散邑应即今散关,地隶凤翔府,属之宝鸡。

朱砚因 1936:“散”为“芮”字,“夨”为“虞”字,此器为虞芮争田时所铸。

小川琢治 1940:下句首字应上读,首句当为“由夨𢦚散邑,廼即散

① 中国社会科学院考古研究所编:《殷周金文集成》(修订增补本)编号 02836,中华书局 2007 年版,第 1514～1515 页。为便于行文,下依本文通例简称本书为“《集成》2007”。

用田竞”,说明了由夨国划定散邑的经界这回事。

郭沫若 1945:夨国扰犯了散国的城邑,结果大概是打败了,便用田去向散国赔偿。

杨树达 1952:本句二“用”字皆当训“以”。“即”意为“付予”,相同用法亦见曶鼎,[①]今书传“即”字无“授予”之训,知古字义之失传者多矣。

高鸿缙 1957:郭沫若《大系》关于第三字之考释有误。第一,第三字右旁郭氏释为“業”,然其字形实多一垂笔,无以解释;第二,业于邑乃人民工商之事,非一国政府之事,则行文当作“因夨人业散邑”,今乃谓“夨业散邑”,是夨政府业于散邑也,其事不可想象。详细审思,仍从王国维释为“戡”。“乃即散用田”即“乃归散以田”之意。

张筱衡 1958:第三字为“戡”,训为“拊”。“用夨戡散邑”犹言因吴拊循散邑,亦即谓:缘吴欲抚安散邑。

陈梦家 1960:“𡣍”字旧多释为“戡”,今以为“𡣍”当释为接壤之接,谓夨地接连于散邑,故租用其田而田之。“即散用田”者,就散田而田之。

白川静 1968:郭沫若认为本句是指夨为了获得营业权而予散氏以田作为代偿,若郭说成立,则铭文下文没必要就违约规定“传弃之”这种严格的誓约,而且当时这种商行为是否可以成为契约的内容也是颇值得怀疑的。同时,被交付的田邑是非常广大的,作为承认营业权的代偿似乎并不合适。本句还是理解为夨因侵夺散邑,而以田赔偿散氏为佳。

卢连成等 1982:夨国比较确切的地望应在今陇县、千阳、宝鸡县贾村一带,散居其东,在今宝鸡县、凤翔县汧、渭二水相会之地,并可

① 《集成》2007,编号 02838。

能在散、夨之东北。

卢连成 1984：今陇县、千阳、宝鸡县贾村一带属古夨国范围，其东接散国，东北连郑井。古散国范围为渭水北岸，汧水以东，包括今千阳县东北，凤翔西北部，宝鸡县汧渭之会以东，其西与夨国隔汧水相望，北与郑井接壤。

伊藤道治 1987：夨人（实际上是其支配的民或臣）侵害了散邑，之后或许经过了诉讼裁判，夨作为赔偿予散氏以田。

《铭文选》1988："𢧢"在金文中亦作"𢦚"，虢季子白盘铭云"𢦚伐玁狁"，经籍作薄伐。《尔雅·释诂》训"薄"曰"至也"，"薄"有近迫之意，故引申为至义。或云夨𢧢散邑是夨侵伐散邑之田，但铭中未见任何征伐的事实，故其说不取。

李仲操 1991：第三字当从小川琢治释为"𠟭"，训为"续"，是接续、延续的意思，"𠟭散邑"应即续散邑。

刘钊 2002："夨"后之"𢦚"字在此处应该读为"践"或"察"。西周贵族在转移土地的占有权或使用权时，首先要察验和踏勘田界，这种行为在铜器铭文中被称为"履"。"践"有"踏勘"之意，古有"践履"一词。"察"义为"察验"，与"履"和"践"的意义相关，也是指对田界和四至的勘察。

王辉 2003：刘钊读"𢦚"为"践"或"察"是可取的，但意思仍以有击伐为好。夨付田给散，原因就是因其侵犯了散，后又失败了，才赔偿或归还散地。

王辉 2006："夨"后之"𢦚"字读为"践"，义为履。本铭前用"践"后用"履"，二字义近，分用者，盖避重复也。夨人划伐散邑，可能失败了，故赔付土地予散。

李峰 2007：夨国可能与周保持着一种特殊关系，虽然夨与周可能是同族，但极有可能夨处在西周国家的政治体制外，是一个坐落于周西北边疆的独立小国。

【按】此句述夨、散二国勘定疆界之由,历来诸家就其句义理解不一,而争议的主要焦点在于第三字的释读。

关于第三字,阮元初释为"蔽"(阮元 1804),然与字形不合,清人已多不从。该字字形作"",吴大澂释为"扑"(吴大澂 1896),诸家多隶定为"戮",王国维言其为"伐"意(王国维 1924),影响甚广,诸家多从之。另有言"戮"通为"薄"者,解为"迫近"(黄公渚 1935)、"至"(《铭文选》1988)等意。近年,刘钊先生利用郭店楚简等材料,认为"戮"字当读为"践""察",解为"踏勘田界"之意(刘钊 2002)。除此之外,尚有隶定为"㙊""剿"者,解为"营业"(郭沫若 1932)、"接壤"(陈梦家 1960)等意。

前已言及,本句为二国勘定疆界之由,首字"用"即知其为言因。若将第三字理解为"迫近""至""接壤""踏勘田界"等意,均很难成为二国重新划定疆界,夨人给予散氏土田的直接原因,故而还是以王国维所释为长,当解释为"伐"之意。郭沫若解释为"营业",从句义来看似乎也说得通,但正如白川静所言,若郭说成立,则铭文下文没必要就违约规定"传弃之"这种严格的誓约,而且当时这种商行为是否可以成为契约的内容也是颇值得怀疑的。郭沫若在其后也否定了自己的这种理解,而改从"伐"之义(郭沫若 1945)。

关于夨、散二国的地望,近代以前学者基本是基于典籍相关信息进行猜测,其中以王国维所言影响最大。王氏认为散国当即《水经·渭水注》"大散关"、《沔水注》"大散岭"之"散"。又据器中所记地理,认为夨在散东,夨国当即自汉以来之盩厔县。近年,卢连成、尹盛平二氏以考古资料为据,推测夨国在今陇县、千阳、宝鸡县贾村一带,其东接散国,古散国在渭水北岸,汧水以东,包括今千阳县东北,凤翔西北部,宝鸡县汧渭之会以东一带,其西与夨国隔汧水相望(卢连成等1982、卢连成1984),该说当为目前所见最可信之说法。

本句大意是说,因为夨侵伐了散邑,所以赔偿散以土田。在夨侵略散邑之后,双方应当经过了外交或诉讼等方式以解决争端,并最终达成了本铭所记载的赔偿方案。

2. ⿸厂頁(履)自⿰氵𡨦(瀗)涉以南,至于大沽(湖),一⿱丰廾(封),㠯(以)陟,二⿱丰廾(封),至于边柳

武亿1801:"边柳"当作"徼柳",柳古训为聚,"徼柳"即墟邑聚落之别名,释为地名或得其实。

阮元1804:"瀗"字省心。"⿱丰廾"释为"表",表者,井田间分界之木。

王昶1805:孔广森、汪肇龙释"⿰氵𡨦"为"瀗",樊明徵释"渭",江德量释"渎"。"涉"字旧释并误,当释为"涉"。"⿱丰廾"字,樊明徵云"奉",吴颖芳释"封"。

孙星衍1807:铭中"边柳"及诸木,均就植物以表界也。

吕调阳1894:⿰氵𡨦,水名,即戏水,大沽即丽山东北之鱼池。

吴大澂1896:"⿰氵𡨦"当即"淦"字,"沽"即"湖"之省。

刘心源1902:"眉"当为"稽"。"封"字旧多释为"表",当为"封",指封土。言"一封""二封""三封"者,有数可稽,旧存之界也,言封于某地者,界乱再封之也。

章炳麟1923:首字铭文屡见,阮元释为"竞",当为"履"字,义与"竞"相近,而非"竞"字也。

李淑1923:"⿰氵𡨦"字吴大澂释为"淦",有误,疑为"瀗"字。

王国维1924:本句首字""当上读,释为"眉",是地名。"眉"者,夨所予散地之大名,此盘所载诸地皆眉地。"眉""微"二字又通用,故"眉"当即周初之"微"。此盘中"眉"之地望,在汉眉县西南,由渭南跨据南山,当为周初"微"之本国,至作此盘时,已无微国,其人亦

为矢散二国所役属。“⿰氵害”为水名,读当与“宪”同,以声类求之,盖即《水经·渭水注》之扞水。“沽”或即《水经·沔水注》之故道水,汉之故道县当因沽水得名,既有故道县,因称此水为故道水,但地望稍西,未敢遽以为定。“弄”乃“奉”之古文,亦即“封”字,“封”者,封土为界,《周礼·地官》有封人。“边柳”为地名。

周正权 1926:本句首字当上读,释为“⿱巛貝”。经传之“⿱巛貝”多通作“稽”,稽者考也,《梓材》“若稽田”,即此铭文意。“一封”“二封”者,有数可稽,旧存之界也,言“封于某地”者,吩紊再封之也。

方国瑜 1930:“⿰氵害”依字形当释为“涻”。“大沽”,或以为地名,或以为水名,两可。“边柳”,地名,或指以山旁之柳林为界。

郭沫若 1932:旧多将本句首字“”上读,释为“堳”,非是,当为“眉”。矢报施于散氏二田,“”即其中之一。本盘铭文中十七次出现的“弄”字均是“奉”,读为封疆之“封”。“㠯陟”当断句,“㠯”读为“已”,“陟”言自大沽折而北上,北地高,故言陟。

黄公渚 1935:“弄”当为“表”字,表,柱也,立柱以为标识。“边柳”为地名。

柯昌济 1942:“瀗水”为今嘉陵江上游之白龙江,“大沽”即甘肃武都县属之天池。

杨树达 1952:“边柳”,说者大多认为地名,余熟思之,此盖所谓封树也。百年乔木,往往矗立于阡陌之间,为远近所瞩目,古人划定田疆,于凡有木之所借以为标识,固事理之所宜也。此“边柳”者,柳不一,故约之曰边。

高鸿缙 1957:“⿰氵害”字右旁为古“瞎”字,以声类求之,“⿰氵害”应即后世斜水。“瞎”“斜”古同音,盖初名⿰氵害水,亦取瞎意。瞎水出瞎谷,后瞎谷更名斜谷,水亦更名斜水。本铭中之“以”皆当通为“又”。

“封”,起土为界也。“一封”“二封”“三封”者,意当为起土一道,两道,三道。凭山川之势,易于为界者,一道已足,其地势难于分界,或起土易于泯圮者,则必二封或三封之。

张筱衡 1958:“濡”当为“浍”,浍水即渭水。

陈梦家 1960:本句首字当作“眉”。“二封”“三封”之封为名词,铭文下文“封于某地”之封为动词。古代封立田界,乃是在人工堆聚的土堆上更植以相宜的树木,以为标志。封立田界的位置,有四种地名:(1)田地的自然形势;(2)田上的道途;(3)国邑名;(4)所植的封树名。“大沽”为第一类,即“大湖”。“边柳”为地名。

杨绍萱 1961:濡水当即现在地图所见的涝河,而陕即渼陂。

白川静 1968:首字释为“眉”,或即“郿”,乃地之大名。

卢连成等 1982:“濡”有可能就是流经夨国的汧水,濾、汧古为同韵声近,可以通假。“边柳”当指夨、散二国边界上的标志——柳树。由盘铭可知,濾水流向为由北向南,此间地势为北高南低。汧水在宝鸡县贾村塬以东正是自北而南,入于渭水,流域地势北高南低。

曲英杰 1984:这次踏勘和划分田界的起点是“濡”,先是自北向南,而后又折向西,两次涉过此水,可见濡水此段当在这块田地的南部,呈东西转南北或近似于南北走向。“封”当为封土,言“一封”“二封”“三封”者,应是这次划分田界时新聚之土。由于在这些地方无其他可用以为标识者,只好起土作封。在此地带,方位标得十分明确。而言封于某地者,乃是以道、树等当时人们熟识之物为界,其所在方位明确,故不再起土作封。

《铭文选》1988:本句首字当上读,释为“眉”,读作“堳”,即界埒。“濡”“大沽”均为水名,自濡水过渡,往南,到达大沽,在此树立一道封土以为界。

裘锡圭 1991:“履”字近人多从孙诒让释为“眉”,章太炎则释为

“履”,章氏分析字形有误,但释为“履”则是正确的。此字从“页”,上加眉形,“页”下省“舟”为二短横,均于金文有征。孙诒让释字为“眉”虽有误,但其将本字理解为“正疆界之事”则大体无误。

李仲操1991:首字当为“眉”。这里用一“眉”字,总括下文眉田土地。“眉田”应即“湄田”,《释名》“湄,眉也,临水如眉也”。这块眉田的主要部分在今秦岭北麓的浅山区,多为黄土高原的溪涧细流所分割,成为临水的眉形山原地,故称眉田。濾,水名,涉濾的地方是眉田奉地的起点。王国维谓濾水即《水经·渭水注》之扞水,此说正确。此水为散谷水,今俗名清姜河,发源于大散岭腹部,经大散关向东北流入渭河。大沽,指涉濾后向南所到的濾水出山口处的深谷地,其地望即今之大湾铺。大沽在大湾铺,则涉濾的地点应即今之益门镇。“边柳”应即马柳树滩(地名),此地在散谷水(濾水)的中游,是以河滩有丛密的马柳树林而得名。

杨宽2003:“一封”当是第一道封锁线,“二封”是指第二道封锁线。叙述封锁线经历的地方,有称为“涉”的,是越过河流的;有称为“陟”或“登”的,是升登高岗或高地的,说明所谓封疆是利用河流和高地再加封土、树林连结而成。

王辉2003:大沽(湖)为汧水流域湻泽之大者,但其具体位置,今已无法确知。

王辉2006:“濡”即“濾”字省体,水名,可能是汧水。沽,亦水名,或读为湖。铭谓夨、散因土地纠纷,故践履踏勘,自汧水过渡向南,到达大沽,树立一道封土为界。所谓“一封”“二封”者,皆指封之数目。

官波舟等2017:“濾水”即汧水,“大沽(湖)”指渭河,即渭水聚集之水。“自濾涉以南至于大沽(湖)”,汧河河谷直至以南的“大沽(湖)”,实际就是秦文公称为“汧渭之会”的地方。

【按】本句开始详细描述了夨予散之第一块土田的边界。诸家与本句相关的讨论，主要围绕以下两处：（1）首字的断句、释读及意思；（2）“㵘”“大沽”“边柳”的解读。

关于首字之断句，诸家常有断于上句者，这多是基于其自身对本字的理解，需要就本字的释读与意义加以讨论后方可确定。关于首字的释读，阮元释为“竟”（阮元 1804），于字形不合，之后诸家主要有“眉”“履”等诸种释法。在释字的基础上，关于其意思又主要有两种不同的理解：（1）本字为界域、边界之意，此处用为动词。例如，孙诒让释为“眉”，读为“堳埒”之“堳”，谓于田邑境上筑短垣为厓畔以分界域（孙诒让 1903）；（2）本字为土田名，是夨予散之土田的名称。例如，王国维释为“眉”，认为“眉”是夨所予散地之大名，此盘所载诸地皆眉地。又进一步认为“眉”“微”二字通用，故“眉”当即周初之“微”（王国维 1924）。诸家众说纷纭，莫衷一是，直到裘锡圭先生对其进行了系统的解读（裘锡圭 1991）。

裘锡圭先生认为，西周贵族在转移土地的占有权或使用权的时候，通常要踏勘一次四界，实地把土地的范围正式确定下来，这种踏勘地界的行为就称作“履”。就散氏盘铭中的本字，他通过分析相关金文材料，认为章炳麟释本字为“履”（章炳麟 1923），虽然分析字形有误，但释字却是正确的。而在字义方面，孙诒让以其为动词，意为正土田之疆界，这一理解则大体无误。也就是说，散氏盘铭中的本字是“履”，是双方在土田转交之时踏勘地界的行为，为西周时期转移土地的固定程序之一。裘锡圭先生的分析结合了西周时期其他涉及田土转移的金文材料，从字形与字义两方面均作出了让人信服的解读，为目前关于本字最合理的说法。

关于“㵘”“大沽”“边柳”的解读，诸家猜想众多。“㵘”因其所连动词为“涉”，故其为水名并无争议，王国维以为其即《水经·渭水注》之扞水（王国维 1924），李仲操从之，且进一步发挥（李仲操

1991);卢连成等结合考古材料,认为其即汧水(卢连成等 1982、卢连成 1984),王辉等学者从之(王辉 2006)。“大沽”读为“大湖”,自吴大澂如此释读(吴大澂 1896),诸家多从之。“边柳”,诸家或以为地名,或以为树名,今已难考。统言之,“濡”为水名,“大沽”“边柳”或为具体地名,或指特殊地形(地标),三者在本铭中均是作为边界标志出现的,这一点并无疑问,至于其具体所指,则数千年时空相隔,现在难以断言。

由本句开始,句 2 至句 4 详细记录了夨予散第一块土田的四界。本句大意如下:开始踏勘边界,向南涉过濡水,到达大沽,树起第一道封土,登上高地,树起第二道封土,到达边柳。

3. 复涉濡(濾)、陟雩(雩),戱(徂)鬃(邍)隞以西,弄(封)于敝䧂(城),楮木,弄(封)于刍逨,弄(封)于刍衜(道)。内陟刍,登于厂湶,弄(封)𠮠桁(柝)、隞陵、刚桁(柝),弄(封)于鬥(嘼)道,弄(封)于原道,弄(封)于周道

阮元 1804:铭中数“導”字(注:即铭中“道”字),皆读为“道”,地名也。

王昶 1805:“䧂”当为“城”。“鬥”字孔广森、汪肇龙并云“嘼”,樊明徵云“单”。

孙星衍 1807:铭文多假借,以“陟雩戱鬃”为“陟雩徂原”。“刚”假借为“冈”。

章炳麟 1923:“𠮠”字阮元释为“割”,然右旁明是“者”字。此字当从人从者,为“偖”。

李淑 1923:“楮木”后第三字,吴大澂释为“若”,窃疑即“刍”字。

王国维 1924:“雩”为地名,然并非汉右扶风之鄠县。“戱”读为“徂”,“鬃”即“邍”字,高平曰“鬃”。“隞”“敝䧂楮木”并地名,未详。“𦯂(文中之“刍”字)逨”亦地名,未详。“𦯂”字旧释为“若”,其字形

与《说文》训“择菜”之“若”相近；“逨”殆即“辽”字欤？“艾”，地名，未详。“”旧释为“道”，然其字从“”。“内陟艾，登于厂湶”，“艾”言“陟”而“厂湶”言登，盖皆南山高地。“柝”（文中之“柝”字）亦地名，“刚”即“冈”字，“陵”犹“陟”也。“”（注：即文中之“罝”字）亦地名，据金文所见，其本为侯国，此时已为散所灭。“周道”即《水经·渭水注》所谓“扞水出周道谷”者，此名至后魏犹存。

周正权 1926：“刍”旧释为“若”“叒”，并误，此为“刍”字无疑。

陈墨迻 1926：“雩”与“盂”为一字，散盘之“雩”当在山西。“戲”，取也，“邍陕”即之后的“陕陵”“原道”二地。“刚柝”疑即《汉书·地理志》之刚氏道。

方国瑜 1930：“雩”，诸家以为地名，当为山名。“陟雩戲（徂）邍”，言陟至雩之高处。“刍逨”当为“若迹”，地名，王静安疑“迹”为“辽”，然形似“迹”字，“若迹”或言若之山麓，亦可通。“内陟刍”当为“内陟若”，内之言纳，入山也，“若”当为山名。“厂湶”疑指若山旁出水之处。“剳”疑借为“堵”，“柝”为地名，“剳柝”言柝之堵。“陕陵”言陕之陵，“刚柝”言柝之冈。

郭沫若 1932：“陟雩戲邍陕”，“戲”读如“徂”，王引之《经传释词》云“徂犹及也”。

黄公渚 1935：“雩戲”“邍陕”皆地名，“邍”即古原字。“敝城”当作“敾城”，地名。“楮”当为“杜”，木名。“逨”即古来字。“厂湶”当为“厂源”，地名，“厂”音“汉”。“剳”读为“屠”，“柝”与“柝”同，“剳柝”“陕陵”皆地名。“刚”读为“冈”，山脊也。

陈子怡 1937：“陕”，地名，即渼水所经也，言水从“渼”，言冈从“陕”。

杨树达 1952：“楮木”与铭文上文之“边柳”同，盖亦封树也，随地而有，故前以地名限之。

高鸿缙 1957:“雩”为山名,或冈领高地之名,故言“陟”。“邍陕”犹言“陕原”,疑即汉所置美阳县地,在今武功县西南。“刍”在此处为山名,凡三见。“封于刍衕内”者,封于刍山之凹内也。

张筱衡 1958:“雩”同“于”,介词。“淲”字当释为“漆”,漆沮之漆。

陈梦家 1960:涉水为“涉”,履平地为“徂”,登高平或高冈为“陟”。“敝”“厂淲”“陕”“陵”“刚”均属于以田地自然形势为边界。“敝”当作“㪍”,为“播”之古文,《广雅·释地》载“墦……封,冢也”;“厂淲”当作“厂源”,《说文》载“厂,山石之厓岩人可居”,“源”与高平田原之“邍”异文通用;“陕”字书所无,“陕”“陵”“刚”相次,“陕”或亩丘。“楮木”“枂”属于以所植封树名为边界。“楮”,《说文》载“榖也”,《小雅·鹤鸣传》载“榖,恶木也”;“枂”即“柝”字,《说文》载“判也”。“逨”“衕”“道”属于以田上的道途为边界。“逨”在此处可能是指阡陌之陌;“衕”从行止,应相当于途或路;“道”从行止,《周礼·遂人》载“千夫有浍,浍上有道”,又据《周礼》一夫百亩,则道为十万亩田之道。“刍”“𨚕”“原”“周”均为国邑名。

白川静 1968:关于“复涉瀗”,因为瀗水是曲折的,所以在南下途中再次涉瀗水。铭文未见桥名,可见是可以徒涉的山川。从郿一路南下至𩫖陕,之后西转。“逨”或为草菜茂盛之所。“内”为动词,这里指右折向北,郭沫若《大系》断为“刍道内”有误。北向所经过之“道”,或应是东西向的道路,北行正可横切而过,如此直达“周道”。周道当是渭水沿岸东西向的交通干线。

卢连成 1984:“周道”即《诗经》诸篇中的“周道”,亦名“周行”。这条大道应是西周时期东西方的主要通道,铭文中所见的“周道”,应该是这条大道的西端,地近汧水。

曲英杰 1984:“雩”是瀗水北岸的高地。“𩫖”字旧以为原,然这种地形在宝鸡一带很常见，划分田界，应以特殊之点为其标记，否则便失去其意义。“𧑙”亦当为一地名，可能在“雩”之上。“陕”旧多以为地名，似有不妥，此字从阜从美，当与“美”通假，在铭中解为顺、循之义。“内，陟刍，登于厂湶封”，刍地在“刍道”（田地南界）之内，所以“内”，当即是向北折。“厂湶”当指山岩附近之泉，此处原有一封土，这次划界仍要用之，但要修整一下，即砍伐其周围的灌木丛之类（“𠜊析”）。“陵”在此当假借为“夌”，《说文》云“夌，越也”，“陵刚析”意谓穿越刚地的树林。“周道”当是此田之北的一条东西向大道，田地即以此“周道”为其北界。

《铭文选》1988：“单”下部当从东，为族邑之名，即单。“原”也是邑名，铭文下文有“原人”。“周”为周人旧邑，其人以邑为氏。“封于单道，封于原道，封于周道”即树立封土于单、原、周等地的大道旁。

李仲操 1991：“雩”应为地形，不是地名，指像虹一样的路。“𧑙”字不识，当为形容词，“陕”即“嵄”字，《玉篇》谓“山也”，“𢽽𧑙陕”即往至于如𧑙的土山。从地理形势来看，“𧑙陕”就是今二里散关下的土山。“敝城”当作“𢽽城”，其地望应在今之观音堂镇附近。“刍”应是一架山名，“刍速”应是刍山伸出来的山关。“刍衜”之“衜”字写法与铭中“道”字不同，不应释“道”，“刍衜内”当即攀登刍山所经的山腰地带。依地理形势，刍山必为今观音堂镇西之煎茶坪岭，此岭向南偏东方向伸出一个大山头，当地称其为“老虎嘴”，应即“刍速”。绕过老虎嘴为崎岖盘山谷道，这一带有数个村聚，即“刍衜内”。“厂湶”当指有泉水之崖岩，应即今煎茶岭上之瀑布山。“陵刚析”，“陵”为动词，经过之意，“刚析”应即长山脊，“陵刚析”是沿长山脊走过的意思，在秦岭山区的长山脊只能是秦岭梁。“单”下部当从东，其地望应在东河桥（地名，亦称冻河桥）。“原道”当指秦岭北麓之将台山下，这里是众水源地，又多泉，山中细流曲折盘旋，是名副其实的水源地。“周道”应指原道西部之周道谷及其附近土地,周道谷即麦涧沟,盘铭“周道”的地望应在此谷的西北段及其出口外沿渭河一带。

杨宽 2003:所说“封于敝城楮木”,是说在这个地方利用楮木的树林来封锁边界。所说封于什么“道”的,如原道等,是说利用加高所筑道路来堵塞的。

王辉 2006:“雩”读为“越”,“䝁”今通作原。从方位上来看,此原当即凤翔南部之原,后秦人在此修鄜畤及吴阳上下畤,因称三畤原。“𨻰”,地名,所在不详,但铭文下文有“𨻰陵”,当是一个大的地域范围,也可能在美阳县地。张亚初释出“敝”字,“敝城”,破旧之城。“楮”,木名,此以木名地。或“敝城楮木”连读,意谓在敝城封树以楮木。“陵”又作“夌”,在岐山、凤翔交界处偏北。

陈世辉等 2017:“厂”通“岸”。“道”指大路。

【按】本句继续描述土田之四至。句中以为地标者甚多,且多奇字,诸家各有所解,至有与今之地名、地形一一相对者(李仲操 1991)。然而正如武树善所言,“所争止十里廿里之遥,所表皆村聚原隰之地,断难一一详考”(武树善 1935)。铭中之地名与今日相隔数千载,不必一一强为之解,明确其为田土边界之地标,能够理解文义即可。

本句首言“复涉湡”,即承接上句继续向南,再次涉过湡水,这表明湡水是曲折的,所以会再次涉湡水(白川静 1968)。“陟雩”即登上雩地,按诸家所言,“雩”或为地名,或为山名,总之是一高处。“䖒䝁𨻰以西”,依诸家所言,“䖒”为“徂”,“䝁𨻰”为地名,“䝁”或即原字。在向南再次渡过湡水,登上雩地,走到䝁𨻰以后,土田东界已定,转而向西,开始划定土田之南界。“敝城”当为地名,“楮木”,暂从杨宽所言,是在“敝城”这个地方利用楮木以为封(杨宽 2003)。“刍逨”亦为地名,“刍衜”诸家多释为“刍道”,然正如王国维所言,其字形与

“道”字不同，此暂从王国维，解为地名。“内陟刍”，“内”当即是向北折（曲英杰 1984），至此，土田之南界也已确定，北折以后开始划定土田之西界。“厂湶”，诸家各有解读，即言“登于”，当指代一处高地。“𠛬析”“㙒陵”“刚析”，诸家亦有多解，此不细究，当并为地名。“𦋺道”“原道”“周道”，并为道名，北向所经过之“道”，或应是东西向的道路，北行正可横切而过（白川静 1968），土田之西界至此确定。

本句明确了土田东界的下半部分，并明确了土田的南界与西界，该句之大意如下：继续往南，再次越过濡水，登上雩，行至𦅫㙒之后转而向西，以楮木封界于𢼸城，再封界于刍逨，封界于刍衜。之后转而向北，登上刍，登于厂湶，封界于𠛬、㙒陵、刚析三地，继续向北，封界于𦋺道，封界于原道，封界于周道。

4. 以东弄（封）于𣗥（棹）东彊（疆），右还，弄（封）于㞕（履）道，以南弄（封）于𦋝逨道，以西至于𨾊（鳿）莫（墓）

王昶 1805：“彊”同“疆”。孔广森云“𨾊”即“鸿”字。

孙星衍 1807：“𨾊莫”假借为“鸿莽”。

王国维 1924：“𣗥”盖国名，“彊”读为“疆”。上文之“眉”乃诸地之大名，本句之“眉道”则其中之一小地。“𦋝逨道”为地名，未详。“𨾊莫”为地名，未详。下句之“眉井邑田”四字当上读于此句。“井”本国名，为侯国，此时井地属矢、散二国，而克鼎[①]之克亦得井田，盖已无井国矣。

周正权 1926：本段至此句结束，所稽者散氏之田界。

郭沫若 1932：“㠯东封于𣗥东彊右”与铭文下文的“自根木道左”同例，左东，右西也。“还封于眉道”亦与铭文下文的“还以西一封”同例。下句首字当上读，即“𨾊莫眉”。“𨾊”乃国族名，准“周道”“眉

① 《集成》2007，编号 02836。

道”“𦎫东疆”等之例。“𨾚”字下必须有某种标志物,而后可通,故“莫眉”当读为“墓堳”。

吴闿生 1933:“还”通为“环”。

黄公渚 1935:“𨾚”音洪,“𨾚莫”,地名。

杨树达 1952:下句首字之“眉”当上读,“以西至于𨾚莫”为一句,“眉”为一句。“眉”者,结上文眉田封事也。铭文上文叙眉田事以“眉”字为首,此复以“眉”字结之。

高鸿缙 1957:“右还”,右转也,“还”通“旋”。“𨾚莫”指𨾚邑之墓地,犹今言张家坟、李家坟也。

张筱衡 1958:“𨾚莫”即“鸿墓”,为《史记》所言之“鸿冢”。

陈梦家 1960:“𦈡”当作“𦈡”,铭中或系地名。下句首字当上读,释为“𨾚墓眉”。郭沫若读“墓眉”为“墓堳”,屋边谓之楣,墓堳犹言墓边。

白川静 1968:“还”为“旋”,“𨾚莫”为地名,其南面是出发点濡水。

曲英杰 1984:“𦎫东疆”叙此田地之东界。“右还”,即从右边绕过此地东疆。由于行道方向是自西向东,向右也即是向南。

《铭文选》1988:“封于眉(郿)道”,封于郿田的道旁。眉在此是地名,即郿,在今岐山县东,据铭文描述,地望位置亦在东部。

李仲操 1991:“𦎫”的地望有可能在今之塔稍村,“𦎫东疆”的地望,与“眉道”相联系看,当在今塔稍村东面的谭家村,桑园铺一带。“眉道”是铭文下文中“𨾚莫眉”下通山外之通道,故称“眉道”,此通道在今谭家村(“𦎫东疆”)后,为一东北、西南走向的深谷道,与铭文“右还”的方向正合。“以南”承“眉道”,谓在眉道之南。“𦈡逨道”地望应即今之安沟生产队及任家湾生产队的地方。下句首字当上读,为“𨾚墓眉”。铭文上文的“眉道”尽头是一座大土山,高耸入云,引人注目，当地群众称为“厥”，是坟墓的意思，即“唯莫眉”。“唯莫眉”即“鸿墓堳”，亦即“鸿冢”之堳，“鸿冢”见《史记·封禅书》。

王辉 2006：“粋”疑为“棹”之异构，木名。“还”读为“旋”，转弯。本句之“履”读为“郿”，故城在今岐山县东南。以上叙述踏勘、封树夨人付给散田疆界事，以下叙述探勘、封树旁近井邑的夨人田地疆界。

【按】本句继续描述土田之四至，第一块田土的范围至此句结束。本句与上句情况相同，亦含有众多地名，多奇字，诸家各有所释，然实在不必强解，明确其为田土边界之地标，能够理解文义即可。

“以东封于粋东疆”，即向东转向，封于粋的东边。“粋”，或以为田土名，或以为国邑名，总之是一处地名，言封于其东疆，故而粋可能包含在夨予散第一块田土的范围内，或与这一田土的东北部相邻。“右还”，可从高鸿缙所释，解为右转，“还”通“旋”（高鸿缙 1957），当是右转向南。“履道”，地名，此处之“履”为地名，铭文中其余的“履”则都如裘锡圭先生所言，是踏勘田地之意（裘锡圭 1991）。“緒速道”，道名。“唯莫”，地名，或以为即《史记·封禅书》所言之“鸿冢”（张筱衡 1958）。

本句明确了土田的北界，并在末尾记述了土田东界北段的曲折边界，其大意如下：转而向东行进，封界于粋地东界，之后右转南行，封界于履道，继续向南，封界于緒速道，再向西行至唯莫。

至此，夨予散第一块田土的范围记述完毕。本块田土四至清晰，东北角边界略有曲折。为明晰起见，草拟示意图如图 2 所示，虚线内即为这一田土的范围。

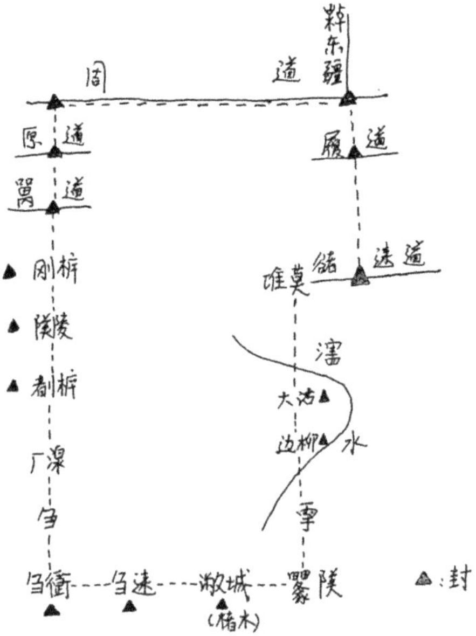

图2　夨予散第一块田的大体范围

5. 㞒(履)井(邢)邑田,自根木道,左至于井(邢)邑弄(封)道,以东一弄(封),还以西一弄(封),陟刚(岗)三弄(封),降,以南弄(封)于凸(凡)道,陟州刚(岗),登桁(柝),降棫,二弄(封)

刘心源 1902:井为夨人邑也。

李淑 1923:"井邑田"后第二字,吴大澂释为"榔",疑为"根"字,非"榔"也。

王国维 1924:本段与上段皆记封界之事。

周正权 1926:井为夨人邑,本段所稽者夨人井邑之田界。散邑在北,井邑在南,所争尤在桁与岗之地。"州""岗""桁""棫"在汉代为雍县,即今凤翔境矣。

方国瑜 1930:"以南封于"后之字当为"同","同道"或即铭文上文中的"槁木道"("根木道"),道同而无槁木之处。

郭沫若1932:“井邑田”即夨报施于散氏二田之另一田。

于省吾1933:邢邑田必有与散田相毘连处。

杨树达1952:“桹木道左”,直以木名名其道,不复以地名限之者,是以野之所宜木名其野,实兼有木名与地名之义。

高鸿缙1957:桹木道必由北而南,左犹左还,左转弯,由南而东也。下文首字当上读,“封道”者,自桹木道至于井邑,均沿道而封之也。还,旋也,此言折而西也,忽又东,忽又西,角度必小。“棫”为山名,故可降。

陈梦家1960:“桹木道”是以封树为道名。“以南封于”后之字当为“同”,“同”为国邑名。“柝”“棫”皆为封树。

白川静1968:首字释“眉”,地之大名。“左”是东,东行至井邑封道,以此为基点东行,之后可能右折向南,再向西一封。“刚”“州刚”与前文的“刚柝”应为同一地名。

曲英杰1984:“眉田”与“井邑田”并非两块田,而是连接在一起的一块田。本句特别标明“履井邑田”,很可能是由于在此以前都是在夨、散二国交界处进行封疆划界,而此一段则涉及井邑田的缘故。“桹木道”当是位于鳿地附近的一条南北向种有桹木之道。“刚”字铭文前后三见,当同指一块较大的高地,位于潶水之北。其在这块田地的西界处略呈东西向,故自南向北需“陵刚柝”。其在这块田地的中部南界处略呈南北向,较宽,故自西向东,需“陟刚,三封”。其在同道(铭中的凡道)之南的田界处略呈东西向,较窄,故自北向南,需“陟州、刚,登柝、降棫,二封”。州,当为刚地北部之一小高地。

《铭文选》1988:“眉(堳)井邑田”,筑堳埒于井邑的田旁。此处指井邑旁夨人的田,不是指井邑所属的田。井邑为井伯所居,与夨无关。本句云“自桹木道左至于井邑封”,这一带当是靠近井邑的。自此以下之封是夨人交予散人的第二区域的田。

李仲操1991:《说文》载“桹,高木也”,“桹木道”即植有高树的道路,“桹木道左”即桹木道北的意思。这是由下文东、西、南、陟、降等关系决定的。下句首字当上读为“井邑奉道”,是井邑与散邑的分界道路,它的位置在桹木道之北。州刚,今名益门山,因益门镇而得名,镇在山东滹水西岸。“登桁”是登上州刚顶部,“棫”的地望当即益门镇。

杨宽2003:很明显,井邑田是利用道路和高岗来建设封疆的。

王辉2006:井邑与散邑接壤,约在今凤翔县南部,第二块田虽称“井邑田”,其实仍是夨田,只是邻近井邑而已。“棫”大约在今凤翔县城南八旗屯村一带雍水两岸,地势低下,故云降。

陈世辉等2017:“道”指桹木道。“还”意为返回。

【按】本句描述了夨予散的第二块田,即井邑田的范围。在讨论铭中井邑田的范围之前,首先需要确定一个问题,即夨予散的究竟是一块田还是两块田。有学者认为夨予散之田只有一块,如曲英杰先生认为,“眉田”与“井邑田”并非两块田,而是连接在一起的一块田,本句特别标明“履井邑田”,很可能是由于在此以前都是在夨、散二国交界处进行封疆划界,而此一段则涉及井邑田的缘故(曲英杰1984)。如此理解铭文者,多是将文中之“履”释为“眉”而解为田土名者。在裘锡圭先生明确了“履”的释字与含义之后(裘锡圭1991),已经可以看到,铭文清楚地表明,“履”这一程序进行了两次,且两次划界所涉地标有所不同,故而夨予散的田地应该是两块,即上文所履之田土与本句中的“井邑田”。

本块土田称为“井邑田”,应并非如王国维所言,是井地此时已为夨散二国吞并(王国维1924),铭中之所以如此称呼者,可能只是因为这块土田邻近井邑而已(王辉2006)。“桹木道”,道名,陈梦家认为是以封树为道名(陈梦家1960),可备一说。桹木道当为南北向道路(高鸿缙 1957),“左”即东方,东行至于“井邑封道”,为土田之南界。“井邑封道”或即井邑与夨国原有的交界。“还以西”,还,旋也,此言折而西(高鸿缙 1957)。“刚”“州刚”“桥”,均为地名,“刚”或通“岗”,三处应均为高地。“凡道”,道名,“棫”,地名或封树名。

结合本句的表述分析,“井邑封道”当为东南—西北走向,并非正东正西或正南正北走向,铭中的“井邑田”以“井邑封道”为东北边界,当为一块接近三角形的土田。本句大意如下:踏勘井邑田的边界,自根木道左向东行,至井邑封道,在井邑封道东部封界以后,沿此道旋转而向西,再次封界,之后登上刚地进行封界,行至刚下,转而南行,封界于凡道,登上州刚,登上桥,再下行至棫进行封界。

为明晰起见,草拟铭中的井邑田示意图如图 3 所示,虚线内为井邑田的范围。

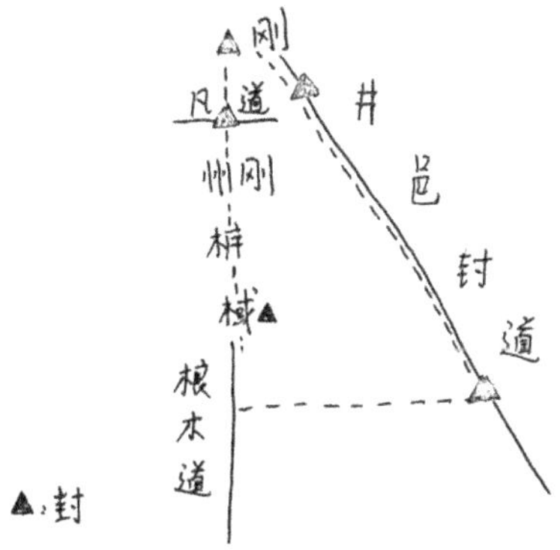

图 3　夨予散第二块田,“井邑田”的大体范围

(三)铭文大意

因为夨侵伐了散邑,所以赔偿散以土田。踏勘第一块土田的边界,向南涉过濡水,到达大沽,树起第一道封土,登上高地,树起第二道封土,到达边柳。继续往南,再次越过濡水,登上𡉚,行至𩫖陕之后转而向西,以楮木封界于敝城,再封界于刍逨,封界于刍衜。之后转而向北,登上刍,登于厂湶,封界于剳桩、陕陵、刚桩三地,继续向北,封界于𡿺道,封界于原道,封界于周道。转而向东行进,封界于𩍙地东界,之后右转南行,封界于履道,继续向南,封界于𥃝逨道,再向西行至𨿽莫。踏勘第二块土田,即井邑田的边界,自根木道左向东行,至井邑封道,在井邑封道东部树起第一道封土以后,沿此道旋转而向西,树起第二道封土,之后登上刚地树起第三道封土,行至刚下,转而南行,封界于凡道,登上州刚,登上桩,再下行至棫进行封界。

三、铭文第二部分

(一)铭文释文

矢人有𤔲(司)𡲬(履)田:羴(鲜)且、敚(微)、武父、西宫襄、豆人虞丂、彔、贞、师氏右眚(省)、小门人䌛、原(原)人虞𦭝(艿)、淮、𤔲(司)工虎孛、䎍𩐃父、𨿽(䳊)人有𤔲(司)刑、丂,凡十又五夫。正𡲬(履)矢舍散田:𤔲(司)土屰寅、𤔲(司)马𡿺(嘼)𪉖、𩍙人𤔲(司)工騡君、宰德父。散人小子𡲬(履)田:戎、敚(微)父、效(效)、𣝼(櫂)父、𢽴(襄)之有𤔲(司)𣛬(橐)、州、𠅏(就)、焂、从、𩆮,凡散有𤔲(司)十夫。

(二)铭文集释

1. 矢人有𤔲(司)𡲬(履)田:羴(鲜)且、敚(微)、武父、西宫襄、豆人虞丂、彔、贞、师氏右眚(省)、小门人䌛、原(原)人虞𦭝(艿)、淮、𤔲(司)工虎孛、䎍𩐃父、𨿽(䳊)人有𤔲(司)刑、丂,凡十又五夫

阮元1804:"丂",古"考"之省,"彔"通"麓",林麓,虞人所司,故

就而考之。“𠱠”即“𩵋”字之省,或云“嗣”字之省。

王昶 1805:“散”即“微”,“西宫”后之字当为“襄”。

刘心源 1902:“散”为姓,“武父”为字,“散”即“微”,国名,微子之封。“豆”为地名,“虞”为官名,“丂、彔、贞”为三人名,此三人皆豆地之虞官,故以“豆人虞”统之。“师氏”为官名,“右省”其名也,“省”或释“相”,非。“艿、淮”为二人名,皆原地虞官。“凡”字旧释皆误,当释为“凡”。

孙诒让 1903:“羴”旧释为“义”,实从羊从鱼,为“鲜”字。“豆人”“小门人”“原人”“隹人”皆与夨相近国邑之人同来定疆域者,“豆”“小门”“原”“隹”皆国邑名也。前四“人”字旧并释为“入”,“隹人”之“人”又释为“乃”,并误。

章炳麟 1923:“彔”即“麓”字。“襄”字阮元释为“襄”,此字从“𠱠”,当阙疑,不当释为“襄”。

李淑 1923:“小门人”后之字,疑即“繇”字。“隹人有司”后第三字,吴大澂以之上属为句,释作“国”,不确。此字疑为“凡”字,当下属为句,作“凡十又五夫”。

王国维 1924:羴且、散、武父、西宫襄四人皆夨属眉田之官,铭文下文记立誓者,有羴且、𢍭旅、西宫襄、武父,而无散,本段有散而无𢍭旅,则散与𢍭旅或是同一人。“豆”为地名,本天子大夫采邑,此时已属夨国,故豆人乃为夨人有司之一。“虞”“彔”“师氏”“右相”“小门人”皆官名,“彔”读为“麓”,“丂”“贞”皆人名,“师氏”“右相”官而不名者,失其名也。“原人虞艿”即铭文上文中的“原道”之官。“淮”,水名,《汉书·地理志》右扶风武功下有淮水祠,武功正是夨地。然《地理志》无淮水,疑即《水经·渭水注》之绥阳溪水。“𤔲工”即“司空”。“隹人有司”即铭文上文中的“隹莫”之官。“十又五夫”,眉田官四人、豆人五、原人一、淮与隹人五,此十五人皆夨人所命以致眉田,且正二国疆域者。

周正权1926:丂、彔、贞三人名,皆豆邑之虞官,故以“豆人虞”统之。艿、淮二人名,皆原邑之虞官,故以“原人虞”统之。“小门人”殆若《周官》之门子,右省、䌛,皆人名。

方国瑜1930:“履田”当作“眉上田”,即掌眉上田之官。羔且、散、武父、西宫襄,计眉上田官四人。“豆”为地名,下有豆属五人。“彔”疑借为“禄”,玺印有“司禄”,为官名。

郭沫若1932:王国维认为“虞”“彔”均为官名,按照这一看法,则“𠕁丰父”与铭文下文中的“效父”[①]也当是官名加人名的组合。“𠕁”殆为籥师,“校”殆为校人。“”即“果实”之“实”的象形字。

于省吾1933:“眚”字王国维释为“相”,当为“省”。

黄公渚1935:“善且”(文中之“鲜且”)“微武父”“西宫襄”“丂彔贞”皆人名。“豆”,邑名。“虞”,官名。“师氏”“右相”(文中之“右眚”)“小门人”皆官名,小门人,寺人之属。

高鸿缙1957:此句之“田”与下句之“田”字皆通“佃”,田官也。王国维以“彔”为官名,读为“麓”,郭沫若从之,然“麓”与“虞”乃一官之异称,分之皆可通,同举则未闻也。本句既然上称“虞”官,下绝无复称“麓”官之理,故愚以为“丂、彔、贞”三人皆矢之虞官,冠以“豆人”者,著其籍也。“右省”之省,刘心源释“省”,盖字即“眚”,“眚”“省”乃一字之分化。“淮”,王国维以为地名,以“淮司工”连读,然若如此,则淮俨然一国,而设有司之官,更不可据,故仍以刘心源解为人名为佳。盖“艿、淮”二人亦矢之虞官,而籍隶原邑。

陈梦家1960:“田”当为田官。

杨绍萱1961:旧说以“小门人”为官名,非是,“小门”当为地名。

---

① 即本部分句3之“效㮚父”三字。

伊藤道治 1975：本句及下两句中出现的诸人，其役职名与人名前均标明了自己所属（或所住）的地名。这些地名均是有人居住的邑名，这种邑在夨、散二国领内为数不少。

《铭文选》1988："豆人虞丂"即豆人管理苑囿的官吏名丂者，"虞"即虞人，守苑囿之吏。"彔"为族邑之称。"原人虞艿"即原人管理苑囿的官吏名艿者。"淮司工虎"即淮氏司空名虎者，司空、司徒金文中常冠以族邑之名。"𨚕人有司刑丂"即𨚕人的官吏刑丂，𨚕为族邑之名。"凡十又五夫"，以上十五人都是夨人的官员，据铭文所列似为十四人，然而"师氏右"之"右"有释为人名者，如此则可足十五之数。

王辉 2006：西宫为别宫，襄可能是西宫的官员。门人，守门小吏。以上共十五人，诸家算法不尽相同。

李峰 2010：伊藤道治指出本句及下两句名单中，官员名称之前的地名是夨转让给散的土地边界经过的地方。这些地名大部分代表着个体的邑，它们或者受新协约的影响，或属于夨或散。名称中有这些地名的官员实际上是这些乡村邑的行政官员，而本句及下两句名单中名称无地名者，则很可能是来自夨、散二国中心行政机构的官员。

陈世辉等 2017："散"同"微"，人名，疑即铭文下文䢅旅的字。豆、小门、原、𨚕均为采邑名，皆在夨国境内。

【按】本段铭文记述了夨、公家、散三方分别派出有关人员，亲自踏勘确定两块土田的边界。本句记录了夨方派出踏勘田土的相关人员，一共十五人。

因本句末明言"凡十又五夫"，故而诸家在释读此句之时多欲满足此数，但断读方法又各有差异。按照李峰先生的说法，夨、散相关人员的名单中，包含有名前无地名者与名前有地名者，无地名者很可能来自夨、散二国的行政中心，有地名者则属于有关乡邑（李峰

2010)。依照这一思路,我们可以对夨国名单中的人员逐类分析。

第一类,夨方行政中心的人员,即“鲜且、微、武父、西宫襄”。或以“鲜”“且”为两人,此处从王国维,以“鲜且”为一人(王国维 1924)。此类人员合计四人;

第二类,豆地相关人员,即“豆人虞丂、彔、贞、师氏右省、小门人䌛”。刘心源以为“虞”为官名,“丂、彔、贞”为三人名,此三人皆豆地之虞官(刘心源 1902),甚确。王国维以“彔”为“麓”,解为官名(王国维 1924),高鸿缙已有反驳(高鸿缙 1957)。“师氏”“小门人”亦为官名,皆为豆地之官,“右省”为师氏之名,“䌛”则小门人之名。此类人员合计五人;

第三类,原地相关人员,即“原人虞𦬊(艿)、淮、司工虎孛、𤰔𧮫父”。王国维以“淮”为地名,“司工”为淮地之司工(王国维 1924),但依照本盘铭通例,某地之官当写作“某人 + 官名 + 人名”,如上文中的“豆人虞丂”,故而此处应从刘心源,将“淮”解为人名,“𦬊”“淮”二人并为原地之虞官(刘心源 1902)。“司工”为官名,“虎孛”“𤰔𧮫父”并为原地之司工。此类人员合计四人;

第四类,𨾊地相关人员,即“𨾊人有司刑、丂”。“刑”“丂”为二人名,二者并为𨾊地有司。此类人员合计两人。

综上所述,夨方参与履田者共有四类人,合计共十五人。

2. 正𡳿(履)夨舍散田:𤔲(司)土屰寅、𤔲(司)马𢍰(嬰)𪊨、𨾊人𤔲(司)工騄君、宰德父

吴大澂 1896:“𨾊人”当即“邦人”。

刘心源 1902:“夨舍散田”,舍者,居止也,夨人遣人舍于散田,以受交割。

孙诒让 1903:本句首二字为“正眉”,当上读,即“凡十又五夫正眉”,正眉谓正其田之堳埒界域也。“夨舍散田”,“舍”读为施予之

“予”,谓矢人以田邑还予散人也。

王国维1924:“司土”“司马”“司工”为散之三司。“”(文中之“𦊆”字)即铭文上文的“”字,盖以邑为氏。“宰”为官名。

周正权1926:司土、司马二人盖任交还散田之责者也。“[illegible]”盖当为“逮”字,《说文》载“逮,临也”,矢舍散田,而必命[illegible]君、德父二人逮邦人者,缘井邑之民与散氏竞,积忿未平,虑其不愿退返侵地,宜有从监视之也。

黄绍箕1934:上句有“司工某”,本句称“司徒”“司马”“司工”,是大国三卿之制,疑当时天子以此事属大国诸侯治之。前后二“司工”人名不同,疑前之司工某,乃其副贰治司寇之事者,狱辞既成,复命司徒、司马、司工参听之,即《王制》听狱之法。

杨树达1952:上句之“凡十又五夫”当下读,为“凡十又五夫正眉矢舍散田”。《孟子·滕文公上》云“夫仁政必自经界始。经界不正,井地不均,谷禄不平”,此句之“正”,即《孟子》“正经界”之“正”,“正经界”即言定疆界。“定”字本从正声,“正”古音如定,然则今言定疆界,恰是古人之正经界也。“眉矢舍散田”者,眉田或当甚广,此专指眉田中矢予散之一部分言之,犹言矢予散之眉地田也。

高鸿缙1957:此正述散到场正界之官吏,不目其首者,以本节尾有“凡散有司十夫”结语也。“[illegible]”字刘心源释为“邦”,不确,郭沫若《大系》隶定为“[illegible]”,颇似,然亦不可识。此应为地名,著司空[illegible]君之籍也。

陈梦家1960:“正”谓正疆界,舍于散田者是眉人矢人,“舍”应作舍止、占用或赊借解。

杨绍萱1961:“正眉矢,舍散田”,“舍”为确定之意,眉田为矢、散双方交错相处之地,土地纷争即起于此。

《铭文选》1988:句首当为“正眉(堳)”,“正堳”即勘定田界。

“正堳夨舍散田”即参加夨人予散人田之事并勘定田界者。

裘锡圭1991:“正履夨舍散田”者四人的官职分别是司土、司马、𩰫人司工和宰,他们可能是公家的官吏,前三人即所谓“三有司”,事与五祀卫鼎[①]相类。“正”疑当作“正长”解,“正履夨舍散田”即踏勘夨给予散的田地的长官。但是如果把“正”解作动词,也可以讲得通。这四个人的地位高于夨人和散人的有司,他们的责任在于使履田的工作公正地进行。

王辉2006:“正履”即勘定,也就是复核、确认。“屰”象人倒立之形,即“逆”字初文。“𩰫”为族氏名。

【按】本句记录了王朝中央派出踏勘田土的相关人员,一共四人。诸家多以此句之四人属于散氏有司,直到裘锡圭先生论明之。

裘锡圭先生认为,“正履夨舍散田”者四人的官职分别是司土、司马、𩰫人司工和宰,他们可能是公家的官吏,事与五祀卫鼎[②]相类。“正”疑当作“正长”解,“正履夨舍散田”即踏勘夨给予散的田地的长官。但是如果把“正”解作动词,也可以讲得通。这四个人的地位高于夨人和散人的有司,他们的责任在于使履田的工作公正的进行(裘锡圭1991)。

由此可以明确,本句所记录的是公家派出参与履田的相关人员,四人分别为“司土屰寅”“司马嘼麀”“𩰫人司工騌君”“宰德父”,他们当为中央官员。“𩰫人司工”的称呼略显怪异,不似其余官职直接称呼,而是在前面标明了属地。这种称呼方法或与五祀卫鼎[③]铭中的“司马頞人邦”相类,“某人”之“某”标明的是该人的属地,而并非官职的属地。如此,则本句之“司工”亦为中央的司工,而并非𩰫地之

① 《集成》2007,编号02832。
② 《集成》2007,编号02832。
③ 《集成》2007,编号02832。

司工。

3. 散人小子𡲬(履)田:戎、㣙(微)父、效(效)、𣓈(櫂)父、𢽈(襄)之有𤔲(司)𣝘(櫜)、州、𣢐(就)、焂、从、𩰫,凡散有𤔲(司)十夫

王昶 1805:“焂”字樊明徵、江德量并云“攸”。

吴大澂 1896:释“𢽈”为从克从攴之字。

刘心源 1902:效,古文教字。“襄”为地名,或释为“剋”,非。

孙诒让 1903:“”(文中之“𢽈”字)旧释为从克从攴之字,非是,疑为“敳”之坏字,为地名。

王国维 1924:“小子”为官名,“散人小子”四字当上读。“眉田戎技父、效父”为散氏所属田官二人。“”(文中之“𢽈”字)为人名,疑即作克鼎[①]之“克”。克之封邑与散相邻,故“”之有司名乃在散有司之中。“州𣢐”即铭文上文中的“州岗”之官,其名为“𣢐”。“焂从𩰫”疑为“𩰫焂从”之倒,即𩰫攸从鼎[②]之作器者。其亦为天子大夫,此处名在散有司中者,盖此时夨、散二国强大,诸小国及天子大夫之采邑或为所兼并,或奉以为上国,已失其独立之实矣。“十夫”,司徒、司马、司空、宰小子各一人,眉田二人,“”之有司一人,州、攸各一人。

周正权 1926:“”(文中之“𢽈”字)当释“襄”,地名。襄或散邑之附庸,铭文上文的豆、原、㙙或为夨之附庸。

黄葆戉 1930:“小子”二字当为“子”字,“散子”为散氏之子姓。

郭沫若 1932:“𣓈父”下一字作“”,旧释为“克”,王国维谓即善夫克,不确,当是“”字。王氏又谓“焂从𩰫”即𩰫攸从,则是也。

① 《集成》2007,编号 02836。
② 《集成》2007,编号 02818。

黄绍箕1934:“焂从嚣”即“鬲攸从”。鬲以邑为氏,与散氏同,其地与散邑相比近,因封界之事,来为质证。盘文称“焂从鬲”,犹言攸从之鬲邑也。

黄公渚1935:“效槼父”(文中的“效稟父”),人名,“槼”音“劬”。“戎微父”当为“武微父”,即“微武父”。

杨绍萱1961:“散人小子”,意为继统者,代表散氏本部。“戎”当即“司戎”。

《铭文选》1988:句首当作“散人小子眉田戎”,即“散人小子戎”,“眉田”二字为衍文。这是因为散人方面的官员共十夫,其余人中间均无“眉田”两字。还有一种可能,即戎是专司眉田之官。“微父、效稟父、襄之有司橐、州𩫖(就)、焂从嚣(鬲)”五人均为邻邑的官吏,是为矢人与散人定田界作证的。“焂从嚣”即鬲攸从。

裘锡圭1991:散人方面有四个小子参加履田,在裘卫诸器所记土地交换事件中也都有小子参与,与此同例。襄有司六人也是参加矢、散间土地交接工作的散方人员,但是他们可能没有直接参加履田,所以铭文没有称他们为“履田”者,而只是把他们跟散人小子合称为“散有司十夫”。

王辉2006:“效”同教。

【按】本句记录了散方派出踏勘田土的相关人员,一共十人。与矢方的名单相同,依照李峰先生的思路(李峰2010),我们可以对散方名单中的人员逐类分析。

第一类,散方行政中心的人员,即“戎、微父、效、櫂父”。诸家句读各有不同,所计算之人数亦有差异,此处暂从裘锡圭先生,断为“戎”“微父”“效”“櫂父”四人(裘锡圭1991)。四人均为散氏的小子。

第二类,㙇地相关人员,即“橐、州、𩫖、焂、从、嚣”。此处句读诸家亦多有不同，且各有考释。如王国维以为“𢿜”即大克鼎[1]之克，“州䨾”连读为一人，即铭文上文中的“州岗”之官，其名为“䨾”。“焂从𩃬”连读为一人，疑为“𤔲焂从”之倒，即𤔲攸从鼎[2]之作器者（王国维 1924）。之所以会如此断读，主要是因为诸家多以上句公家履田之数官归于散氏人员之中，然而在明确了上句所载四人为公家人员，并非散氏人员之后，本句的句读亦当重新考量。此处暂从裘锡圭先生，句读为“櫜”“州”“䨾”“焂”“从”“𩃬”六人，六人均为𢿜之有司。

综上所述，散方参与履田者共有两类人，合计共十人。

（三）铭文大意

矢人有司踏勘田土边界，参与人有：鲜且、微、武父、西宫褱，豆地虞官丂、录、贞、师氏右省、小门人䌛，原地虞官莽、淮、司工虎孝、𠆣𩐯父，𨿽地有司荆、丂，一共十五人。公家踏勘田土边界，参与人有：司土屰寅、司马𢇍𪊨、𩰫人司工𩣦君、宰德父四人。散人踏勘田土边界，参与人有小子四人：戎、微父、效、𣛭父，还有𢿜地有司櫜、州、䨾、焂、从、𩃬六人，一共十人。

四、铭文第三部分

（一）铭文释文

唯王九月，辰在乙卯，矢卑（俾）𩵦（鲜）且、𢍉（睘）旅誓（誓），曰：我既（既）付（付）散氏田、器，有爽，实余有散氏心贼，则𡴊（隐）千罚千，傳（传）弃（弃）之。𩵦（鲜）且、𢍉（睘）旅则誓（誓）。廼卑（俾）西

---

① 《集成》2007，编号 02836。
② 《集成》2007，编号 02818。

宫襄、武父誓(誓),曰:我既仅(付)散氏湿(溼)田、牆田,余有爽𤔲(变),𢎹(隐)千罚千。西宫襄、武父则誓(誓)。氒(厥)受(授)图矢王于豆新(新)宫东廷。氒(厥)左执䋣,史正中(仲)農(农)。

(二)铭文集释

1. 唯王九月,辰才(在)乙卯

王国维1924:结合克、𩛥从诸器及本盘铭,兼以盘中所记事及政治情状推之,此盘当作于厉王之世,且在厉王三十一年之后。

余永梁1927:以散盘为厉王时器固胜,单说它是宣王时似乎也可以假设,谓之为穆王时则不可,因"井"之名见于穆天子传,而井在作散盘时已为矢、散二国所灭了。

吴其昌1936:王国维之说全是。厉王三十一年以后,九月中有乙卯日者,惟厉王三十二年与三十三年,以历谱推之,厉王三十二年、三十三年亦通,总之不离此两年。

高鸿缙1957:本铭未著王年,然依王国维之考释,必在厉王三十二年之后。厉王在位三十七年而奔彘,本铭之时,天使犹能平二国之界,证盟誓之言,矢人犹知天威之尊,则本铭之作,必在厉王三十二年与三十七年之间。

【按】本句记录了散氏盘的年代。关于散盘的年代,早期有殷器之说(如王昶1805所录汪肇龙说),近代仍有学者从之(张筱衡1958),但其当为周器。对其具体年代,当代学者多从王国维说,以为厉王时器,年代当在厉王三十一年以后。王氏断代,主要依据在于将铭文第二部分中的𢦚释为大克鼎[①]之克,将"焂从鬲"连读为一人,认

① 《集成》2007,编号02836。

为其即𪓐攸从鼎[1]之作器者,进而通过克鼎与𪓐攸从鼎的年代推断出散氏盘之时间当在厉王三十一年以后。然而正如本文上文所说的那样,"𢽴"释为克以及"焂从𩐉"即"𪓐攸从"的观点是否成立,仍然是存在疑问的,故而关于其年代推定自然也当存疑。

由散氏盘之形制与纹饰而言,其年代当为西周晚期,[2]关于其具体年代,除厉王说之外,尚有宣王说、[3]厉宣之际说[4]等观点,目前仍然难以断言,正如余永梁所言,以散盘为厉王时器固胜,单说它是宣王时似乎也可以假设(余永梁1927)。

2. 矢卑(俾)羔(鲜)且、𢍰(𡨥)旅誓(誓),曰

阮元1804:"𢍰旅"盖人名氏。

王昶1805:"卑"即"俾","誓"即"誓"。

刘心源1902:"𢍰旅",人名。

王国维1924:"卑"读为"俾"。𢍰旅与前文中的𢼸或是同一人。

郭沫若1932:"𢍰"字不识,当为动词,羔、且等人盖为矢报施于散氏二田中的"眉"的田官。"旅"当即𪓐攸从鼎[5]中的虢旅。虢旅乃当时王臣中之司讯讼者,在𪓐攸从鼎铭文中,𪓐从控攸卫牧时,王既命攸卫牧诣旅立誓,本铭之立誓亦同有王臣以为质。誓言中有"罚"与"传弃",非王朝不能措施之。本器与𪓐攸从鼎时同事同,故知旅必是虢旅。"𢍰"殆含即就参诣之意。

吴闿生1933:"𢍰旅"与"𢼸"为同一人,"𢍰旅"即"𢼸"之字。

黄公渚1935:旅,众也。

---

① 《集成》2007,编号02818。

② 参见陈颖飞:《清华简〈良臣〉散宜生与西周金文中的散氏》,载李学勤主编:《出土文献》(第9辑),中西书局2016年版,第73~88页。

③ 参见刘启益:《西周纪年》,广东教育出版社2002年版,第388、389页。

④ 参见韩巍:《西周金文世族研究》,北京大学2007年博士学位论文,第238页。

⑤ 《集成》2007,编号02818。

高鸿缙 1957:郭沫若以“羿”为动词,含参诣之意,非也。若如郭说,则本句当改为“羔且则羿旅誓”方为通顺。

陈梦家 1960:“誓曰”云云,谓夨使其有司作如下誓辞,铭文下文的“某某则誓”,即有司如夨所命而誓。

白川静 1968:郭沫若认为“旅”即虢旅,非是。若虢旅掌司盟之事,则不应单以私名称之,当使用虢旅或虢叔旅等对公的称号,而且盟誓本来就是由自己诅盟的,虽有罚则,但未必需要听讼者,当事人自己盟誓即已足够。另外,铭文下文中西宫襄和武父进行了盟誓,即上文所提到的夨人有司前五人中,只有散一人之名未见于盟誓,所以羿旅可能是代表散参加盟誓之人。

《铭文选》1988:“夨卑(俾)鲜、且、羿、旅誓”,夨人使官吏鲜、且、羿、旅对散人起誓。

李峰 2010:本誓及下文之誓言,起誓之人是铭文第二部分所列夨人名单中,名前不加地名者,这是因为他们可能是来自夨国中心行政机构的官员。铭文第二部分所列夨人名单中名前加地名者未参加起誓,则是因为他们作为地方人员,可能没有资格代表夨国签署协约。

【按】由本句开始,句 2 至句 4 记录了夨方的两次起誓。在誓言中,夨方人员保证顺利完成土田转移,否则将承受惩罚。具体到本句而言,本句记录了第一次起誓之人,共有鲜且、羿旅两人。

诸家关于本句的争议主要围绕在“羿旅”两字之上。“羿旅”两字诸家多解为人名,唯有郭沫若别出心裁。他认为,“羿”字当为动词,殆含即就参诣之意,“旅”为人名,当即鬲攸从鼎[①]中的虢旅(郭沫若 1932)。就郭氏之观点,高鸿缙(高鸿缙 1957)与白川静(白川静 1968)已作出有力的反驳,“羿旅”仍解为人名为佳。

① 《集成》2007,编号 02818。

关于“羿旅”的身份。因为铭文第二部分夨方名单中的行政中心人员“鲜且”“武父”“西宫襄”均可与本段中的两次起誓人员一一对应，只有“微”未出现在起誓人员之中，故而有人推断“微”与本句中的“羿旅”当为同一人。该说起自王国维（王国维 1924），吴闿生承之，并认为“羿旅”即“微”之字（吴闿生 1933）。“微”与“羿旅”当是同一人，但“羿旅”是否为“微”之字则尚无法确定。关于两次起誓人员均为夨方行政中心人员，而不含地方人员的原因，李峰先生认为是因为他们作为地方人员，可能没有资格代表夨国签署协约（李峰 2010）。

本句大意如下：夨方使鲜且、羿旅起誓，誓言如下。

3. 我既（既）仮（付）散氏田、器，有爽，实余有散氏心贼，则爰（隐）千罚千，传（传）弃（弃）之。鮮（鲜）且、羿（睘）旅则誓（誓）

武亿 1801：“贼”当作“贰”，所谓“贰心”，与“散氏田器有爽”义为近。

阮元 1804：爽，差忒也。“言苟有差忒，是不有散氏心藏此事，则其罚千锾。”

王昶 1805：“爰”（文中的“爰”字）即“锾”。

孙星衍 1807：“心贼”或以为“心贰”，当定为“心貣”。云“心贼”，云“爽乱”，皆誓词，谓渝盟则罚锾。

吕调阳 1894：田器，付田兼付器也。

刘心源 1902：“贼”当为“赋”，“赋”谓财物。“传弃之”者，以傅车弃之，犹言车裂之，《左传》所谓“轘”也，誓言如此，盖取极重者以明信；一说传播以弃之，使见弃于人也。

章炳麟 1923：“心”后之字阮元释文不确，其字右从“戈”，左从“则”（“则”反书），当为“贼”字。毁则为贼，“贼则”犹“毁则”也。

王国维 1924：“既”读为“既”。“贼”字旧释皆误，实为从戈从则之字，“则”字反书而已。“爰”（文中的“㝉”字）读为“锾”。

周正权 1926：“传弃之”者，谓传播其违誓之愆咎，使见弃于人也。

陈墨迻 1926：“有爽”，言有明证也。“㝉”当为“臧”，当读如“赃”。

方国瑜 1930：“爽”之言爽约也。“贼”，孙星衍释为“贰”，形义并可通。“则誓”者，即誓如上也。

黄葆戊 1930：“㝉”字诸家皆释为“爰”，然其字形明明“㝉”字（古文“隐”）。隐，蔽也，私也，盖既约之后，如有隐蔽私藏，一经查出，值千数者则如数罚之，传播其罪，使人共弃之。释为“㝉”，于字形、文义皆可通。

吴闿生 1933：“田器”间当断读。夫付田必并付其器，田境已正，所不可知者，器耳，故其誓如此。“器”谓屋宇、车马、锄耰、钱镈之类。

于省吾 1933：“贼”训“害”，言我既付散氏田与器，如有爽变，实余仍有侵害散氏之心。“则誓”犹言毕誓。

黄公渚 1935：爽，差忒也，犹言失信也。贼，害也。罚锾，以金抵罪也。传，宣布其罪状也。弃之，屏弃之，不与同列也，《王制》所谓不齿是也。

柯昌济 1935：罚锾疑为二事，罚谓罚刑，锾谓赎刑，其制未详。

高鸿缙 1957：“器”字前人均读属上，为“田器”，非也。全文乃夨归散以田，而此忽言付散氏田器，上下不伦，且果是付散氏田器，则耒耜耙锄之类也，不但微末不足道，且上下文不一经见，决可知其非矣。“器”字此处实与训假设之“苟”同用，训“器”为假设连词属下，实属文通字顺，“器有”即“苟有”。“爽实”，失实也，爽字以同音通假为“丧”。“有散氏心贼”，言有欺害散氏之心也。

唐兰 1960：在散氏盘里田器比田还重要，尽管契约开始所讲是划分疆界的事情,但首先交割的却是田器,并且发誓说如果有隐瞒,不但要处罚,还要"传弃之",就是要通过邮车与众共弃之。"田器"就是青铜农器,在当时铜已很贵重,是奴隶主的一批重要财富,显然比土地还要值钱。

陈梦家1960:"田器"当指农人所用农具。"付"当为"伹",字形所从之"丑"与金文中"付"字所从有别,其意当与曶鼎[①]等器中的"觅"相当,为借贷之意。此句为收受散氏田器的诅誓,谓倘有差误,而为散氏心贼,变乱田具,则值千罚千,传车车裂而死。

白川静1968:"散氏田器"是双宾语,在耕作权移交的同时,耕作用具也一并交付。"有爽实"连读,"心贼"意为心抱恶念,"有爽实"与"心贼"为并列的假定条件句。"爰"是"寽","爰千"是金千寽,指通过财货赎罪。"罚千"可能是体刑一类,由诅盟双方自行科罚。

《铭文选》1988:鲜、且、嬰、旅负责向散人移交田器。田器即农具,钱镈之类。由此句可知,西周时田器附属于所经营的田亩。"有爽"即有差误,是指付给散氏田器有违约的差误的事。"实余有散氏心贼",实是我对散氏心怀祸念。"心贼"即贼心。"则爰千罚千",则改换千数就罚千数,应为起誓之成语。"爰"在这里是改换的意思,左传有文例。"传弃之"即执而放逐之,指官方执行此誓约。

王辉2006:田器即农具,西周时农具附属于田地,故与田地一起交付。"有散氏心贼"是"有贼散氏心"的倒文,《玉篇》载"贼,伤也"。"弃"在此解释为流放,《周礼·秋官大司寇·掌戮》贾公彦疏云"弃如流宥之刑"。

王晶2013:"寽"当释为"鞭"字。

陈世辉等2017:"田器"当断为"田、器","器"指扑伐散邑时掠

① 《集成》2007,编号02838。

获的器物。

【按】本句记第一次起誓之誓言及鲜且、𠭯旅两人按照誓言起誓。

誓文先言应交付散氏以田器,这是誓言欲保证的事情。诸家多以“田器”为农具(如唐兰 1960),以今观之,似乎将“田器”断读更为合适,“田器”即“田”与“器”。该说始自吕调阳(吕调阳 1894),吴闿生承之,解“器”为屋宇、车马、锄耰、钱镈之类,而不只是农具(吴闿生 1933),于省吾、伊藤道治从之(于省吾 1933、伊藤道治 1975)。

“有爽,实余有散氏心贼”,是誓言中的假设部分,也是之后罚则的实现条件。“有爽”即有差误,是指付给散氏田器若有违约的差误(《铭文选》1988),“有散氏心贼”是“有贼散氏心”的倒文,即有伤害散氏之心(王辉 2006)。

“则𢑚千罚千,传弃之”,是誓言中的罚则。“𢑚”字或释为“爰”(如王国维 1924),或释为“鞭”(王晶 2013),此处暂从释为“𢑚”者。“𢑚”即古文“隐”,隐,蔽也,私也,盖既约之后,如有隐蔽私藏,一经查出,值千数者则如数罚之(黄葆戉 1930)。“传弃之”,诸家主要有三种理解,分别是:(1)传播其罪,使见弃于人(如周正权 1926、黄葆戉 1930);(2)车裂之(如刘心源 1902、陈梦家 1960);(3)执而放逐之、流放之(如《铭文选》1988、王辉 2006)。此处暂从第三种说法,以其为放逐、流放之刑。

“鲜且、𠭯旅则誓”,即鲜且、𠭯旅按照以上誓言起誓。至此,本次起誓到此结束。①

本句大意如下:我既付给散氏田与器,若在交付时有差误,则是我仍有侵害散氏之心。我若有隐蔽私藏,一经查出,值千数者则如数

① 关于西周时期的誓制,或有一套完整的程序。参见严志斌、谢尧亭:《气盘、气盉与西周誓仪》,载《中国国家博物馆馆刊》2018 年第 7 期;黄益飞、刘佳佳:《霸姬盘铭文与西周誓制》,载《考古》2019 年第 3 期。

罚之,并要被放逐。鲜且、𢑓旅按照以上誓言起誓。

4. 廼卑(俾)西宫襄、武父誓(誓),曰:我既仅(付)散氏㵒(溼)田、牆田,余有爽䜌(变),爰(隐)千罚千。西宫襄、武父则誓(誓)

阮元 1804:"牆"即"墙"字。"䜌",《说文》云"乱也"。

王昶 1805:孔广森云"牆"为"墙",吴颖芳云"牆"同"壮",肥也。"䜌"即"变"。

孙星衍 1807:"溼田墙田","墙"即"啬",言下隰之处。"䜌"借为"乱"。

吴大澂 1896:"㵒田"当即"隰田"。

刘心源 1902:"䜌"或释"变",当读为"䦨",读若"阑"。

章炳麟 1923:"溼田"当读作"隰田",与"墙田"相对为文。

王国维 1924:㵒田、牆田乃眉田之二邑,"䜌"与"䦨"同,谓阑入也。

方国瑜 1930:"㵒"从《金石萃编》释为"湿","牆"借为"壮",肥也。王静安以为湿田、牆田为二邑,然铭文上文还地封界无此二邑名,"湿""牆"当是形容词,言田之美也。

郭沫若 1932:西宫襄等人盖为夨报施于散氏二田中的"井邑田"的田官。铭文上文中的羔、且等人与西宫襄等人同为夨人有司而宣誓两出,即因各有所司之故。

于省吾 1933:"牆"为"穑"。

黄公渚 1935:"㵒田"当为"隰田",下湿之田也。牆田,高田也。此隰田、牆田,皆疆界未正以前,夨人所略于散氏而今归付之者。䜌,古乱字。

柯昌济 1935:"湿田"为水田,"穑田"为土田。

高鸿缙 1957:"㵒"亦"湿"字。"㵒田"为"湿田",则"牆田"必是干田。

陈梦家1960:此为收受散氏湿田、牆田的诅誓,谓倘有爽变,则值千罚千。

白川静1968:“溼田”或即下溼之田,“牆田”为其对语,两者并举以表示包括了一切田土。“爽变”与上文的“爽实”相同。此处之誓语与上句相比省略了“传弃”之语,或许是因为田土授受无法违背,但田器一类则有被隐匿的可能。

《铭文选》1988:“迺卑(俾)西宫襄、武父誓”,矢人使西宫襄、武父立誓。“溼田牆田”,“溼”读为“隰”,“牆”读为“畛”,“牆”从田壮声,壮声与畛声古音并在照纽,为声假字。《诗·周颂·载芟》载“徂隰徂畛”,郑玄注云“隰谓新发田也,畛谓旧田有径路者”。西宫襄和武父负责把矢人的隰田、牆田移交于散人。由上句与本句可知,每一田配备有一定数量的生产工具,两者有官吏分别管理,移交时各自按照所司的职事立誓。“有爽䜌”意为有误乱,“䜌”仍读为䜌。

王德培1998:“牆”字从版从土从田,很可能是为农田而判木作障壅以提高水位,即原始小水坝的表述语。有这样的小水坝提高水位以资灌溉之田即“牆田”。

王辉2006:“溼田”即“湿田”,湿田即低洼地。“牆”不见于字书,字从田,壮声,或指高燥田,即原田。

官波舟等2017:“溼田”即“湿田”,“湿田”即“汧渭之会”。因是“湿田”,地势低,常有水患,但水过之后,大片的“湿田”却异常的肥美,人们便又聚集营生。“牆田”即“壮田”,陕西关中西部农村至今把能打粮食的高产田称为壮田。

【按】本句记矢方的第二次起誓,起誓人是西宫襄与武父。该句字词方面的争议主要有二,即对“溼田、牆田”与“䜌”字的理解。

关于“溼田、牆田”,目前仍有数种不同的解读方法。“溼田”或被解为“湿田”,或被解为“隰田”,“牆田”或被解为“墙田”,或被解为

“壮田”。本文暂从王辉,认为“㶇田”即“湿田”,湿田即低洼地。“𤲞”不见于字书,字从田,壮声,或指高燥田,即原田(王辉 2006)。至于二田的性质,除王国维认为㶇田、𤲞田为二邑(王国维 1924)之外,诸家多以为其指两种不同种类的田地,综合文义来看,当以后一种观点为是。

关于“䜌”字,或以为即“乱”(阮元 1804、孙星衍 1807 等),或以为即“变”(白川静 1968 等),或以为与“𨷲”同,谓阑入也(王国维 1924 等),刘心源更是结合诸说,认为“䜌”或释“变”,当读为“𨷲”,读若“阑”(刘心源 1902)。此处暂从第一种说法,即“䜌”为“乱”字,“有爽䜌”意为有误乱(《铭文选》1988)。

本句大意为,矢方使西宫襄、武父起誓:我既付给散氏㶇田、𤲞田,我若在交付过程中有误乱,隐蔽私藏,一经查出,值千数者则如数罚之。西宫襄、武父按照以上誓言起誓。

5. 氒(厥)受(授)图矢王于豆新(新)宫东廷

王昶 1805:樊明徵释第二字为“受”。

严可均 1894:本句第二字释为“为”。

刘心源 1902:末字当释为“农”。

孙诒让 1903:本句第一字释为“乃”,第二字旧释为“象”,当从严可均释为“为”。断句为“乃为图矢,王于豆新宫东廷”。“乃为图矢”言疆界既定,乃为图矢之疆域,防其侵轶散境也。“王于豆新宫东廷”指周王隶其事而言。豆,地名,时王盖适在豆地也。旧以“矢王”连读,则于情事不可通矣。

王国维 1924:矢僭王号,亦见他器,当时诸侯有称王之俗,盖自夏商已然。

周正权 1926:“氒”字两见于本句及下句,旧释为“乃”“及”,并误,此盖“厥”字。

郭沫若 1932:"受"字作"",旧多释为"为",是因为不知古"为"字乃从"爪"从"象",与此并不相同。"受"者"授"之省,言经界既定,誓要既立,乃授其疆里之图于夨王。授图之地乃在"豆新宫东廷",豆是夨的属邑,铭文上文中所列豆之有司中有豆人,可以为证。

郭沫若 1945:"眉田""井邑田"两田被画成了地图,由夨王送给散氏。

杨树达 1952:"氒受图夨王于豆新宫东廷","受"读为"授","授图夨王"谓授图之夨王,抑或夨王授图之倒文。授田者为夨,则授图者亦当为夨,或释授图于夨王,非也。

高鸿缙 1957:此句乃授图夨王于豆新宫东廷,意义甚明,但谁授图予夨王? 读下句知必为史正仲农。

白川静 1968:"厥"在此指代"散"。文书与地图的交付以及盟誓或都同时在豆新宫东廷进行,豆为夨王属邑。

卢连成 1984:豆地在汧、渭相会的贾村一带。

曲英杰 1984:豆可能在这片田地的中心地带,所以最后授图时,夨王要来到豆地。

《铭文选》1988:"厥受图"当作"厥为图",即把夨人交予散人的田塯绘成地图。

按:本句记夨王予田土之图于散,地点为豆新宫东廷。

"受"字有"象""为""受"等多种释法,观其字形,当释为"受"。"受"读为"授","授图夨王"谓授图之夨王,抑或夨王授图之倒文(杨树达 1952)。"厥"在此指代"散",地图的交付在豆新宫东廷进行,豆或为夨王属邑(白川静 1968)。

本句出现了"夨王",王国维据此以为当时诸侯有称王之俗,盖自夏商已然(王国维 1924)。之后的学者对于诸侯称王的问题多有讨论,但该问题就目前材料来看仍然较为复杂,有待继续讨论。①

本句大意如下:夨王于豆新宫东廷授散人以土田之图。

6. 氒(厥)左执䌹,史正中(仲)𦥑(农)

严可均1894:倒数第三字当释为"正"。

吴大澂1896:史正中农,志其官与名也。

孙诒让1903:本句第一字释为"乃"。第四字旧释有误,疑当为"要"之变体,疑为"要约"之义。"史"后之字旧释为"之",当从严可均释为"正",与铭文前文"正眉"义同。本句末字当为"成"之借字。"正中成"谓"正薄要",盖疆界既正,王因命史正散与夨两邑狱讼之成要以为治中,以备考校。此盘文即成要及中之略也。

罗振玉1907:末字当是"农"字。

李淑1923:最后一字疑即"画"字。此本两国分界事,盖盟誓事毕,史官为画两国之界也。

王国维1924:此句未详,"史正中农"或即纪此事之史,《周礼·秋官·司约》载"凡大约剂书于宗彝,小约剂书于丹图。"

周正权1926:本句第四字为"朕"字,末字为"农"字。史正者,书吏之长,中农乃其名。作器能铭,乃史之职,铭斯盘者,殆即中农,署名简末,益其谦也。铭词既成,乃箸此语,故与正文稍隔。友人曾运乾云夨王复还散氏田器,复令史正一人佐司土、司马,登录册籍,执行送达,亦意中事,此句似宜读为"厥佐执送"云云,录此存参。

郭沫若1932:本句乃下款,谓其左执券乃史正之官名仲农者所书也。旧说此八字上泐去半行,非是。本句第四字当为"䌹",假为"契要"之要。

① 关于诸侯称王之问题的学术梳理与总结,参见邹芙都、马超:《西周金文所见佚记古国及相关问题讨论》,载《历史研究》2019年第5期。

吴其昌 1936:铭尾自署者“史正中农”,如王国维所言,当即记此事之史,此“史正中农”即史农觶[①]之“史农”。

高鸿缙 1957:第四字当为动词,意近“藏”“存”等。史正,犹太史,正长也,是必天王之史正,而非矢人或散人之史正,以其上无区别字知之。此次会誓,矢、散两造均仅有司出席,与春秋诸侯之会盟实次一等,故天王命一史正,而不命卿士。不但此也,邦国约剂之事,亦正大史之所掌,《周礼·春官》述大史之职曰“凡邦国都鄙及万民之有约剂者藏焉……约剂乱则辟法,不信者刑之”。就本铭而言,大史者即史正之谓,邦国者即矢、散之谓,约剂者即此次会誓割田之谓,不信者即“爽变”之谓,刑之者即“罚”与“传弃”之谓,而藏焉者,即本句第四字之谓矣。仲农承王命平矢、散两国之疆界,而质证其誓言,授矢王以地图,而自存其左券。

杨绍萱 1961:此盟约有专职掌管,即本句署名之人。“执”下一字当是“縢”字,即《尚书》所载“金縢”之縢,有约束和准绳之意。史正为官名,内史、太史之长,矢、散两国均无此职,此职实出于周室。散氏盘铭文实乃一篇部落和约,属于部落盟约性质。

白川静 1968:“厥”在此亦指代“散”。

《铭文选》1988:“厥左执繧”,矢人执左约。辞意似为矢王在豆新宫受图,执左券,成立矢散双方交田的正式契约。

李朝远 1997:“厥左执繧,史正、中农”,由史官、中农负责制约作卷,然后矢、散二国分执左右券。矢王在豆新宫东廷接受了所赔田地的地图后,执了左券,可见散执了右券。

张振林 1997:“史正仲农”并非文书的书写者,而应当是“厥左执繧”者,即持有左券之人。古之要约原本分为左右,右要由付方所

① 《集成》2007,编号 06169。

执，左要归收受方所执，各以为凭证。散氏作为讼事的胜方执左要，故将䙴辞铸造在大盘之上，史正仲农为散氏史官，作为“厥左执䙴”者，即为此盘的主人。

张经 2006：史正中农为王官，他把所书写下来的双方重新划分的疆界记录簿书带回王廷存档，表明这次田界的划分已经得到官府的承认，相当于名田。

【按】本句当为文书落款，诸家已多有言及。第四字孙诒让始释为“要”（孙诒让 1903），郭沫若在此基础之上释为“䙴”，解为契要、要约之意，甚确，从字形出发释为“䙴”，张振林先生已有详细论证（张振林 1997）。

“史正中农”，乃史正之官名仲农者（郭沫若 1932）。关于其身份，诸家多有争议，有认为其属夨方者，亦有认为其属散方者，另有认为其属周王一方者。诸家对此的讨论多与作器者身份联系起来，然而正如本文第一部分关于器名问题之按语所言，史正中农与作器者并不一定属于同一方。综上所述，就目前而言，史正中农身份之所属仍然难以确定。

本句大意如下：（落款）左执券者，史正中农。

（三）铭文大意

王九月乙卯日，夨方使鲜且、𠑇旅起誓，誓言如下：我既付给散氏田与器，若在交付时有差误，则是我仍有侵害散氏之心。我若有隐蔽私藏，一经查出，值千数者则如数罚之，并要被放逐。鲜且、𠑇旅按照以上誓言起誓。夨方使西宫襄、武父起誓：我既付给散氏溼田、𤔲田，我若在交付过程中有误乱，隐蔽私藏，一经查出，值千数者则如数罚之。西宫襄、武父按照以上誓言起誓。夨王于豆新宫东廷授散人以土田之图。（落款）左执券者，史正中农。

《散氏盘铭文集释》引用著述索引

本索引可以检索《散氏盘铭文集释》中著述简称的详细信息。著述简称格式为"作者/著述名简称＋著述完成或初次刊刻、发行的年份",遇有特殊情况,以脚注形式注明。著述的详细信息为笔者参考的版本。本索引以简称首字汉语拼音的首字母分类,每个字母条下则按照时间从早到晚排序。

B

鲍鼎 1933——鲍鼎:《窸斋集古录校勘记》,蟫隐庐石印本。

白川静 1968——白川静『金文通釋』、『白鶴美術館誌』(第二十四辑),白鶴美術館 1968 年。

C

陈墨迻 1926——陈墨迻:《散盘笺证》,载《鼎脔》1926 年第 54、55 期。

陈子怡 1937——陈子怡:《散氏盘石鼓文地理考证》,载《禹贡》1937 年第 6～7 期。

陈梦家 1960——陈梦家:《西周铜器断代》,中华书局 2004 年版。

陈世辉等 2017——陈世辉、汤馀惠:《古文字学概要》,福建人民出版社 2017 年版。

F

方朔 1862[①]——(清)方朔:《枕经阁金石跋》,西泠印社聚珍版。

---

① 书前之潘祖荫序作于同治元年,宋祖骏序亦言见此书于壬戌年(同治元年),故定此书所成之时为同治元年(1862 年)。

方国瑜 1930——方国瑜:《散盘句读》,载《东北丛镌》1930 年第 5 期。

G

郭沫若 1932——郭沫若:《两周金文辞大系图录考释》,科学出版社 2002 年版。

郭沫若 1945——郭沫若:《十批判书》,东方出版社 1996 年版。

高鸿缙 1957——高鸿缙:《散盘集释》,1957 年自版发行。

官波舟等 2017——官波舟、官竹寒:《散氏盘补考》,载《宝鸡社会科学》2017 年第 1 期。

H

黄葆戉 1930——黄葆戉:《散盘今释》,载《东方杂志》1930 年第 2 期。

黄绍箕 1934——黄绍箕:《鲜庵遗文 · 散氏盘释文》,载《瓯风杂志》1934 年第 1 期。

黄公渚 1935①——黄公渚选注:《周秦金石文选评注》,台北:商务印书馆 1976 年版。

J

《集成》2007——中国社会科学院考古研究所编:《殷周金文集成》(修订增补本),中华书局 2007 年版。

K

柯昌济 1935——柯昌济:《韡华阁集古录跋尾》,余园丛刻铅字本。

柯昌济 1942——柯昌济:《散氏盘为氐羌族器考》,载《中亚细

① 该书自序云"此书枥稿于甲戌初秋,阅时半年"。甲戌即 1934 年,历时半年以后成书,成书当在 1935 年。

亚》1942 年第 2 期。

L

李斗 1795——(清)李斗:《扬州画舫录》,中华书局 1960 年版。

梁廷枏 1830——(清)梁廷枏:《书余》,滕花亭十种本。

吕调阳 1894——(清)吕调阳:《商周彝器释铭》,观象庐丛书本。

刘心源 1902——(清)刘心源:《奇觚室吉金文述》,1902 年(光绪二十八年)石印本。

罗振玉 1907——罗振玉:《唐风楼金石文字跋尾》,一九零七年铅字本。

罗振玉 1920——罗振玉:《雪堂金石文字跋尾》,永丰乡人稿刻本。

李淑 1923——李淑:《吴氏散氏盘释文补正》,载《国学丛刊》(南京)1923 年第 1 期。

李棪 1969——李棪:《金文选读》(第 1 辑),龙门书店 1969 年版。

卢连成等 1982——卢连成、尹盛平:《古夨国遗址、墓地调查记》,载《文物》1982 年第 2 期。

卢连成 1984——卢连成:《西周夨国史迹考略及相关问题》,载人文杂志编辑部编辑:《西周史研究》,人文杂志丛刊第二辑,1984 年,第 232 ~ 248 页。

李仲操 1991——李仲操:《散氏盘地名考》,载陕西省考古学会编:《庆祝武伯纶先生九十华诞论文集》,三秦出版社 1991 年版,第 101 ~ 108 页。

李朝远 1997——李朝远:《西周土地关系论》,上海人民出版社 1997 年版。

刘钊 2002——刘钊:《利用郭店楚简字形考释金文一例》,载中国古文字研究会、中山大学古文字研究所编:《古文字研究》(第24辑),中华书局2002年版,第277~281页,收入刘钊:《古文字考释丛稿》,岳麓书社2005年版,第140~148页。

李峰2007——李峰:《西周的灭亡——中国早期国家的地理和政治危机》,徐峰译,上海古籍出版社2007年版。

李峰2010——李峰:《西周的政体——中国早期的官僚制度和国家》,吴敏娜等译,生活·读书·新知三联书店2010年版。

李峰2018——李峰:《青铜器和金文书体研究》,上海古籍出版社2018年版。

M

《铭文选》1988——上海博物馆《商周青铜器铭文选》编写组主编:《商周青铜器铭文选》,文物出版社1986~1990年版。

Q

钱大昕1787——(清)钱大昕:《潜研堂金石文跋尾》,长沙龙氏重刊本。

曲英杰1984——曲英杰:《散盘图说》,载人文杂志编辑部编辑:《西周史研究》,人文杂志丛刊第二辑,1984年,第325~333页。

裘锡圭1991——裘锡圭:《西周铜器铭文中的"履"》,载王宇信主编:《甲骨文与殷商史》(第三辑),上海古籍出版社1991年版,第427~435页。

R

阮元1804——(清)阮元:《积古斋钟鼎彝器款识》,1804年(嘉庆九年)自刻本。

S

孙星衍1807——(清)孙星衍:《续古文苑》,金陵刘氏镌本。

孙诒让1903——(清)孙诒让:《古籀拾遗,古籀余论》,中华书局

1989 年版。

T

唐兰 1960——唐兰:《记美帝国主义阴谋劫夺我国青铜重器》,载《文物》1960 年第 10 期。

W

吴玉搢 1738——(清)吴玉搢:《金石存》,丛书集成初编影印本。

武亿 1801——(清)武亿:《授堂文钞》,授堂遗书本。[①]

王昶 1805[②]——(清)王昶:《金石萃编》,经训堂本。

武亿 1843[③]——(清)武亿:《授堂金石文字续跋》,授堂藏版道光癸卯重刊本。

吴式芬 1895——(清)吴式芬:《攈古录金文》,吴氏家刻本。

吴大澂 1896——(清)吴大澂:《窸斋集古录》,涵芬楼影印本。

吴士鑑 1910——(清)吴士鑑:《九钟精舍金石跋尾》,1910 年(宣统二年)自刻本。

王国维 1924[④]——王国维:《散氏盘考释》,载《观堂古今文考释》,收入《王国维遗书》(第 6 册),上海古籍书店 1983 年版。

吴闿生 1933——吴闿生:《吉金文录》,1933 年本。

武树善 1935——武树善:《陕西金石志》,陕西通志单行铅字本。

吴其昌 1936——吴其昌:《金文历朔疏证》,国家图书馆藏本。

王德培 1998——王德培:《西周封建制考实》,光明日报出版社 1998 年版。

---

① 《卷三·与孙季逑书》。

② 王昶《金石萃编》多引诸家观点,皆不易见于他处,故本集释并以"王昶 1805"概之。

③ 此书于道光癸卯年(1843 年)重刊,初版时间待考,此暂以重刊本时间为计。

④ 王国维于 1924 年 5 月 26 日寄马衡之书信中言"近日作《散盘考释》,比前所考者略有进步"。书信内容参见王国维、马衡:《王国维与马衡往来书信》,生活·读书·新知三联书店 2017 年版,第 143 页。

王辉 2003——王辉:《散氏盘新解》,载《周秦社会与文化研究》编委会编:《周秦社会与文化研究:纪念中国先秦史学会成立 20 周年学术研讨会论文集》,陕西师范大学出版社 2003 年版,第 664 ~ 673 页。

王辉 2006——王辉:《商周金文》,文物出版社 2006 年版。

王晶 2013——王晶:《西周涉法铭文汇释及考证》,中国社会科学出版社 2013 年版。

X

夏清贻 1930——夏清贻:《散盘释汇》,载《东北丛镌》1930 年第 1期。

小川琢治 1940——小川琢治:《散氏盘地名考》,汪馥泉译,载《学术》1940 年第 4 期。

Y

严可均 1894——(清)严可均:《全上古三代秦汉三国六朝文》,黄冈王毓藻刻本。

余永梁 1927——余永梁:《记散氏盘》,载《国立第一中山大学语言历史学研究所周刊》1927 年第 5 期。

于省吾 1933——于省吾:《双剑誃吉金文选》,中华书局 2009 年版。

杨树达 1952[①]——杨树达:《积微居金文说》,上海古籍出版社 2013 年版。

杨绍萱 1961——杨绍萱:《宗周钟、散氏盘与毛公鼎所记载的西周历史》,载《北京师范大学学报》(社会科学版)1961 年第 4 期。

① 此书初版于 1952 年,内含散氏盘三跋。三跋均标注了详细创作时间,分别为 1942 年、1943 年与 1951 年,为行文统一起见,本文按照《积微居金文说》之初版时间统称为“杨树达 1952”。

伊藤道治 1975——伊藤道治『中国古代王朝の形成』、創文社 1975 年。

伊藤道治 1987——伊藤道治『中国古代国家の支配構造』、中央公論社 1987 年。

杨宽 2003——杨宽:《西周史》,上海人民出版社 2003 年版。

Z

章炳麟 1923——章炳麟:《论散氏盘书二札》,载《国学丛刊》(南京)1923 年第 1 期。

周正权 1926——周正权:《散氏盘铭楚风廮释文》,载《国学丛刊》(南京)1926 年第 1 期。

朱砚因 1936[①]——朱砚因:《同岑文集·散盘释文跋》,载《虞社》1936 年第 223 期。

赵椿年 1941——赵椿年:《覃揅斋存稿·记散氏盘》,载《雅言》(北京)1941 年第 11/12 期。

张筱衡 1958——张筱衡:《散盘考释》,载《人文杂志》1958 年第 3、4 期。

张振林 1997——张振林:《先秦"要""娄"二字及相关字辨析——兼议散氏盘之主人与定名》,载《张振林学术文集》,中山大学出版社 2019 年版,第 308 ~ 316 页。

张经 2006——张经:《西州土地关系研究》,中国大百科全书出版社 2006 年版。

朱其智 2013——朱其智:《散氏盘还是矢人盘? ——兼与张振林先生商榷》,载《中山大学学报》(社会科学版)2013 年第 1 期。

① 朱氏所跋《散盘释文》为其同乡徐植甫手写遗著,其文未见。朱氏跋中多言徐氏观点,为行文方便,正文不再区分何为朱氏观点,何为徐氏观点,而皆以"朱砚因 1936"概之。

散氏盘铭相关著述

一、收录、著作

(清)吴玉搢:《金石存》,丛书集成初编影印本。

(清)钱大昕:《潜研堂金石文跋尾》,长沙龙氏重刊本。

(清)李斗:《扬州画舫录》,中华书局1960年版。

(清)武亿:《授堂金石文字续跋》,授堂藏版道光癸卯重刊本。

(清)武亿:《授堂文钞》,授堂遗书本。

(清)阮元:《积古斋钟鼎彝器款识》,1804年(嘉庆九年)自刻本。

(清)阮元:《揅经室集》,中华书局1993年版。

(清)王昶:《金石萃编》,经训堂本,卷二。

(清)孙星衍:《续古文苑》,金陵刘氏镌本。

(清)张廷济:《清仪阁金石题识》,观自得斋丛书本。

(清)张廷济:《清仪阁题跋》,上海博物馆藏本。

(清)梁廷枏:《书余》,滕花亭十种本。

(清)方朔:《枕经阁金石跋》,西泠印社聚珍版。

(清)吕调阳:《商周彝器释铭》,观象庐丛书本。

(清)严可均:《全上古三代秦汉三国六朝文》,黄冈王毓藻刻本。

(清)吴式芬:《攈古录金文》,吴氏家刻本。

(清)吴大澂:《愙斋集古录》,涵芬楼影印本。

(清)刘心源:《奇觚室吉金文述》,1902年(光绪二十八年)石印本。

(清)孙诒让:《古籀拾遗,古籀余论》,中华书局1989年版。

罗振玉:《唐风楼金石文字跋尾》,907年铅字本。

罗振玉:《雪堂金石文字跋尾》,永丰乡人稿刻本。

罗振玉:《三代吉金文存》,中华书局1983年版。

罗福颐:《三代吉金文存释文》,问学社(香港)1983年版。

吴士鑑:《九钟精舍金石跋尾》,1910年(宣统二年)自刻本。

邹安:《周金文存》,广仓学窘印本、仓圣明智大学刊本。

鲍鼎:《愙斋集古录校勘记》,蟫隐庐石印本。

吴闿生:《吉金文录》,1933年本。

于省吾:《双剑誃吉金文选》,中华书局2009年版。

(清)刘体智:《小校经阁金文拓本》,庐江刘氏小校经阁本。

武树善:《陕西金石志》,陕西通志单行铅字本。

黄公渚选注:《周秦金石文选评注》,台北:商务印书馆1976年版。

吴其昌:《金文历朔疏证》,国家图书馆藏本。

柯昌济:《韡华阁集古录跋尾》,余园丛刻铅字本。

容庚:《商周彝器通考》,中华书局2012年版。

容庚:《殷周青铜器通论》,中华书局2011年版。

杨树达:《积微居金文说》,上海古籍出版社2013年版

郭沫若:《两周金文辞大系图录考释》,科学出版社2002年版。

郭沫若:《十批判书》,东方出版社1996年版。

高鸿缙:《散盘集释》,1957年自版发行。

陈梦家:《西周铜器断代》,中华书局2004年版。

李棪:《金文选读》(第1辑),龙门书店1969年版。

严一萍编:《金文总集》,台北:艺文印书馆1983年版。

巴纳、张光裕:《中日欧美澳纽所见所拓所摹金文汇编》,台北:艺文印书馆1978年版。

北京图书馆金石组编:《北京图书馆藏青铜器铭文拓本选编》,文

物出版社 1985 年版。

上海博物馆《商周青铜器铭文选》编写组:《商周青铜器铭文选》,文物出版社 1986 ~ 1990 年版。

吴镇烽编著:《陕西金文汇编》,三秦出版社 1989 年版。

李朝远:《西周土地关系论》,上海人民出版社 1997 年版。

王德培:《西周封建制考实》,光明日报出版社 1998 年版。

刘启益:《西周纪年》,广东教育出版社 2002 年版。

杨宽:《西周史》,上海人民出版社 2003 年版。

王辉:《商周金文》,文物出版社 2006 年版。

张经:《西州土地关系研究》,中国大百科全书出版社 2006 年版。

胡留元、冯卓慧:《夏商西周法制史》,商务印书馆 2006 年版。

中国社会科学院考古研究所编:《殷周金文集成》(修订增补本),中华书局 2007 年版。

韩巍:《西周金文世族研究》,北京大学 2007 年博士学位论文。

李峰:《西周的灭亡——中国早期国家的地理和政治危机》,徐峰译,上海古籍出版社 2007 年版。

李峰:《西周的政体——中国早期的官僚制度和国家》,吴敏娜等译,生活·读书·新知三联书店 2010 年版。

李峰:《青铜器和金文书体研究》,上海古籍出版社 2018 年版。

吴镇烽:《商周青铜器铭文暨图像集成》,上海古籍出版社 2012 年版。

郭静云:《夏商周——从神话到史实》,上海古籍出版社 2013 年版。

王晶:《西周涉法铭文汇释及考证》,中国社会科学出版社 2013 年版。

冯卓慧:《商周民事经济法律制度研究》,商务印书馆 2014 年版。

张天恩主编:《陕西金文集成》,三秦出版社2016年版。

陈世辉、汤馀惠:《古文字学概要》,福建人民出版社2017年版。

施建平:《汉语方位词“前”“后”发展演变史——先秦至清汉语方位词发展演变史研究》,暨南大学出版社2018年版。

二、考释文章

易培基:《散氏盘释文》,载《国学丛刊》(南京)1923年第1期。

章太炎:《论散氏盘书二札》,载《国学丛刊》(南京)1923年第1期。

李淑:《吴氏散氏盘释文补正》,载《国学丛刊》(南京)1923年第1期。

何庚:《散氏盘的说明》,载《语丝》1924年第6期。

吴士鉴:《考散氏盘入贡事》,载《金石画报》1925年第11期。

王国维:《散氏盘跋》,载《观堂集林》,中华书局1959年版。

王国维:《散氏盘考释》,载《观堂古今文考释》,收入《王国维遗书》(第6册),上海古籍书店1983年版。

周正权:《散氏盘铭楚风廔释文》,载《国学丛刊》(南京)1926年第1期。

陈墨迻:《散盘笺证》,载《鼎脔》1926年第54、55期。

余永梁:《记散氏盘》,载《国立第一中山大学语言历史学研究所周刊》1927年第5期。

黄葆戉:《散盘今释》,载《东方杂志》1930年第2期。

夏清贻:《散盘释汇》,载《东北丛镌》1930年第1期。

方国瑜:《散盘句读》,载《东北丛镌》1930年第5期。

陆和九:《散盘真伪辨》,载《国学丛编》1931年第3期。

黄绍箕:《鲜庵遗文·散氏盘释文》,载《瓯风杂志》1934年第1期。

黄绍箕:《散氏盘铭补释》,载《文澜学报》1935 年第 1 期。

朱砚因:《同岑文集·散盘释文跋》,载《虞社》1936 年第 223 期。

陈子怡:《散氏盘石鼓文地理考证》,载《禹贡》1937 年第 6 ~ 7 期。

小川琢治:《散氏盘地名考》,汪馥泉译,载《学术》1940 年第 4期。

赵椿年:《覃揅斋存稿·记散氏盘》,载《雅言》(北京),1941 年第 11/12 期。

柯昌济:《散氏盘为氐羌族器考》,载《中亚细亚》1942 年第 2 期。

张筱衡:《散盘考释》,载《人文杂志》1958 年第 3、4 期。

唐兰:《记美帝国主义阴谋劫夺我国青铜重器》,载《文物》1960 年第 10 期。

唐兰:《怀念毛公鼎、散氏盘和宗周钟——兼论西周社会性质》,载《光明日报》1961 年 2 月 2 日,收入唐兰:《唐兰先生金文论集》,紫禁城出版社 1995 年版。

杨绍萱:《宗周钟、散氏盘与毛公鼎所记载的西周历史》,载《北京师范大学学报》(社会科学版)1961 年第 4 期。

张光裕:《散氏盘三器的流传及其真伪概述》,载张光裕:《澹烟疏雨——张光裕问学论稿》,上海古籍出版社 2018 年版,第 1 ~3 页。

卢连成、尹盛平:《古夨国遗址、墓地调查记》,载《文物》1982 年第 2 期。

李学勤:《西周金文中的土地转让》,载《文物》1983 年第 6 期。

曲英杰:《散盘图说》,载人文杂志编辑部编辑:《西周史研究》,人文杂志丛刊第 2 辑,1984 年,第 325 ~333 页。

卢连成:《西周夨国史迹考略及相关问题》,载《西周史研究》,人文杂志丛刊第 2 辑,1984 年,第 232 ~248 页。

裘锡圭:《西周铜器铭文中的“履”》,载《甲骨文与殷商史》(第3辑),上海古籍出版社1991年版,第427~435页。

李仲操:《散氏盘地名考》,载陕西考古学会编:《庆祝武伯纶先生九十华诞论文集》,三秦出版社1991年版,第101~108页。

张振林:《先秦“要”“娄”二字及相关字辨析——兼议散氏盘之主人与定名》,载《张振林学术文集》,中山大学出版社2019年版,第308~316页。

王辉:《散氏盘新解》,载《周秦社会与文化研究》编委会编:《周秦社会与文化研究:纪念中国先秦史学会成立20周年学术研讨会论文集》,陕西师范大学出版社2003年版,第664~673页。

刘钊:《利用郭店楚简字形考释金文一例》,载中国古文字研究会、中山大学古文字研究所编:《古文字研究》(第24辑),中华书局2002年版,第277~281页,收入《古文字考释丛稿》,岳麓书社2005年版,第140~148页。

朱其智:《散氏盘还是夨人盘?——兼与张振林先生商榷》,载《中山大学学报》(社会科学版)2013年第1期。

王晶:《散氏盘铭文集释及西周时期土地赔偿案件审理程序窥探》,载《长春工业大学学报》(社会科学版)2012年第1期。

陈颖飞:《清华简〈良臣〉散宜生与西周金文中的散氏》,载李学勤主编:《出土文献》(第9辑),中西书局2016年版,第73~88页。

官波舟、官竹寒:《散氏盘补考》,载《宝鸡社会科学》2017年第1期。

邹芙都、马超:《西周金文所见佚记古国及相关问题讨论》,载《历史研究》2019年第5期。

三、外文论著

白川静『金文通釋』、『白鶴美術館誌』(第二十四辑)、白鶴美術館 1968 年。

伊藤道治『中国古代王朝の形成』、創文社 1975 年。

伊藤道治『中国古代国家の支配構造』、中央公論社 1987 年。

松丸道雄、竹内康浩「西周金文中の法制史料」、『中国法制史——基本资料の研究』、東京大学出版会 1993 年。

四、存目[①]

齐念衡:《散盘集释考》。[②]

徐世培:《散盘释文》。[③]

吴晓筠:《陟涉散盘:三千年的两场校勘》,载《故宫文物月刊(台北)》第 351 期(2012 年)。

① 只见题目,未见其文者尚有数篇,列此以为存目。

② 名见于马衡:《马衡日记》,生活·读书·新知三联书店 2018 年版,第 148 页注 1。

③ 名见于朱砚因:《同岑文集·散盘释文跋》,载《虞社》1936 年第 223 期。

岳麓简秦律令释读(三)

华东政法大学出土法律文献研读班*

凡 例

一、本文的释读对象为《岳麓书院藏秦简(肆)》(陈松长主编,上海辞书出版社2015年版,以下简称"原书")中151~190号简。

二、本文由"释文""注释""语译""解读"四部分组成。"释文"部分的简文排序以原书为基础,参考学者的意见做了部分调整。各简释文之后标注原书的简牍原始编号和复原排序编号,如"2039/肆052""2039"为原始编号,"肆052"为复原排序编号。"注释""解读"部分只注出复原排序编号。

三、"释文"部分使用的特殊符号基本沿用原书,稍有区别,具体如下:

· :原简中标于简牍天头或简文中的圆形墨点符号。

■:原简中标于简牍天头的墨块符号(简首涂黑)。

丨:原简中的墨钉符号。

* 本文受国家社科基金重大项目"甲、金、简牍法制史料汇纂通考及数据库建设"(项目批准号为20&ZD180)资助。执笔人为邬勖、陈迪、乔志鑫,黄海负责日文资料编译。研读班的其他成员有:张伯元、王沛、王捷、姚远、黄海、乔志鑫、朱群杰。

∟:原简中的钩识符号。

□:未能释出的一字。

……:未能释出的无法确定字数的字。

[字]:据文意或残画补释的字(据残画可确定的字,直接释出,不加框)。

【】:据文意补出的原简文的脱字,或者残断的内容。

(?):释字存疑者。

[]:原简文中的衍文。

():原简文所用的异体字、假借字的通行字。

〈〉:原简文所用的误字的正字。

☑:原简残断处。

(缺简):已缺失的简文。

正　文

肆 151~153

释文

·繇(徭)律曰:[补][缮][邑]院[1],除田道桥[2],穿汲〈波(陂)〉池[3],渐(堑)奴苑[4],皆县黔首利殹(也),自不更以下及都官及诸除有为[5]1255/肆151殹(也),及八更[6],其睆老[7]而皆不直更[8]者皆为之,冗宧及冗官者[9]勿与。除邮道桥[10]、驰道[11]行外[12]者,令从户1371/肆152□□徒[13]为之,勿以为繇(徭)[14]。1381/肆153

注释

[1][补][缮][邑]院:修补居邑的围墙。前三字图版模糊,整理者所释可从,张家山汉简《二年律令》413简记载有"补缮邑院",与本条内容近似,可相互参看。院,围墙。《广雅·释宫》载:"院,垣也。"睡虎

地秦简《法律答问》186 载:“越里中之与它里界者,垣为‘完(院)’不为? 巷相直为‘院’;宇相直不为‘院’。”

[2]除田道桥:整治田间的道路和桥梁。除:清除,整治。《二年律令》413 有“除道桥”,本条又有“除邮道桥”。或以为整治的是田啬夫辖区之内的桥梁。①

[3]穿汲〈波(陂)〉池:疏通池塘湖泊。汲,为“波”的讹写,波池即陂池。②《尚书·泰誓》孔安国传:“泽障曰陂,停水曰池。”《二年律令》413 有“穿波〈陂〉池”。

[4]渐(堑)奴苑:修建围绕奴苑的壕沟。渐:通“堑”,作动词,挖掘壕沟。张家山汉简《二年律令》413 就有“堑奴苑”。奴苑,似为不同于官方苑囿或者仅供天子的禁苑,奴苑可供县中百姓使用,岳麓秦简壹《为吏治官及黔首》62 载:“治奴苑如县官苑。”奴,张家山汉简整理小组③引《水经注·瀸水》云水“不流曰奴”,岳麓秦简整理小组④同,即水蓄积不流动。具体含义待考,详见解读。

[5]都官及诸除有为:可理解为在都官服役工作或者充当其他特定职役之人。都官,或为“都官人”,即在都官中服役工作之人,睡虎地秦简《秦律十八种》44 载:“宦者、都官吏、都官人有事上为将,令县貣(贷)之,辄移其禀县,禀县以减其禀。已禀者,移居县责之。”除,

① 参见秦代出土文字史料の研究班「嶽麓書院所藏簡《秦律令(壹)》譯注稿(その2)」、京都『東方学報』卷 93、2018 年、頁 51。

② 参见陈松长主编:《岳麓书院藏秦简(肆)》,上海辞书出版社 2016 年版,第 166 页注释 76。

③ 本文所言“张家山汉简整理小组”,均指“张家山二四七号汉墓竹简整理小组”,参见张家山二四七号汉墓竹简整理小组:《张家山汉墓竹简[二四七号墓]》,文物出版社 2006 年版。

④ 本文中的“岳麓秦简整理小组”指岳麓秦简的整理者,相关意见参见陈松长主编:《岳麓书院藏秦简(肆)》,上海辞书出版社 2016 年版。

任用。[1] 睡虎地秦简《秦律十八种》150 载:“司寇勿以为仆、养、守官府及除有为殹(也)。有上令除之,必复请之。”

[6]八更:每过八个月践更一次。[2] 亦见于张家山汉简《二年律令》485 载:“史、卜年五十六,佐为吏盈廿岁,年五十六,皆为八更。”

[7]睆老:达到一定年龄可免除一半徭役者,爵位越高,成为睆老的年龄越低。[3] 张家山《二年律令》407 载:“睆老各半其爵繇(徭)员,入独给邑中事。”[4]357 载:“不更年五十八,簪袅五十九,上造六十,公士六十一,公卒、士五六十二,皆为睆老。”

[8]直更:当值服劳役。《汉书·游侠传》载:“每至直更。”颜师古注:“直,当也,次当为更也。”

[9]冗宦及冗官者:即“冗宦者”与“冗官者”,在皇帝身边长期工作服役的侍臣内官以及长期在官府服役工作之人。冗:与“更”相对,指不更代,长期居官府供役。[5] 宦,即“宦皇帝”,特指侍臣内官,[6]见于《二年律令》。官,即官府,冗官即在官府长时期不间断地工作或者服役,包括“冗吏”以及其他“冗作官”之人。岳麓秦简整理小组以为“冗官”为散吏。[7] 秦汉律中常将“宦皇帝”者与吏并言,如岳麓秦简

---

① 参见睡虎地秦墓竹简整理小组编:《睡虎地秦墓竹简》,文物出版社 1990 年版,释文第 54 页。

② 参见[日]广濑薰雄:《张家山汉简所谓〈史律〉中有关践更之规定的探讨》,载冯天瑜主编:《人文论丛》(2004 年卷),武汉大学出版社 2005 年版,第 271 ~ 284 页。

③ 参见陈松长主编:《岳麓书院藏秦简(肆)》,上海辞书出版社 2015 年版,第 166 页注释 80。

④ 彭浩、陈伟、[日]工藤元男主编:《二年律令与奏谳书——张家山二四七号汉墓出土法律文献释读》,上海古籍出版社 2007 年版,第 246 页。

⑤ 参见杨振红:《秦汉简中的“冗”“更”与供役方式》,载卜宪群、杨振红主编:《简帛研究》(2006),广西师范大学出版社 2008 年版,第 85 页。

⑥ 参见阎步克:《论张家山汉简〈二年律令〉中的“宦皇帝”》,载《中国史研究》2003 年第 3 期。

⑦ 参见陈松长主编:《岳麓书院藏秦简(肆)》,上海辞书出版社 2016 年版,第 167 页注释 84。

肆217~218有:“任人为吏及宦皇帝,其谒者有辠,尽去所任,勿令为吏及宦。”

[10]邮道桥:用于邮件传递的道路、桥梁。秦汉时期广置邮亭,并有邮人以专门传递公文。《二年律令》273载:“邮人行书一日一夜行二百里。行不中程半日笞五十,过半日至盈一日笞百,过一日罚金二两。”又276载:“诸狱辟书五百里以上,及郡县官相付受财物当校计者书,皆以邮行。”

[11]驰道:专供天子车马出行的道路,严格限制他人使用,中间为天子道。《史记·秦始皇本纪》“治驰道。”《集解》引应劭曰:“驰道,天子道也。”“天子道”两旁可供经诏令允许之人使用。违法行驶于驰道的,会有相应制裁。秦时受迁刑,汉时需没收车马。[①]《龙岗秦简》54载:“敢行驰道中者,皆迁之。”《汉书·江充传》颜师古引如淳曰:“令乙,骑乘车马行驰道中,已经论者,没入车马被具。”

[12]行外:即邮道桥、驰道通于县邑辖区以外的地方。[②]

[13]从户□□徒:153简起首十分模糊,从残存字迹看,似有两字。结合律文内容,其中或有“兴”字,“兴徒”常见于秦及汉初《徭律》,即征发百姓从事官方的徭役,睡虎地秦简《徭律》116-117载:“兴徒以为邑中之红(功)。令結(嫴)堵卒岁。未卒堵坏,司空将红(功)及君子主堵者有辠(罪),令其徒复垣之,勿计为徭。”

[14]勿以为繇(徭):不要视作徭役,又作“勿计为徭”。张家山汉简《二年律令》414亦有“勿以为繇(徭)”,上残缺。睡虎地秦简《秦律十八种》117~118有:“卒岁或坏决,令县复兴徒为之,而勿计

① 参见王子今:《秦汉交通史稿》,中国人民大学出版社2013年版,第35~37页。

② 关于“行外”的理解参考了秦代出土文字史料の研究班「嶽麓書院所藏簡《秦律令(壹)》譯注稿(その2)」、京都『東方学報』卷93、2018年、頁48。

为繇(徭)。”[①]

语译

徭律规定:修补居邑的围墙,整治田间的道路桥梁,疏通池塘湖泊,挖掘奴苑的壕沟,这些劳动都是对县中百姓有好处的,从爵位不更以下、以及在都官供职和充任从事其他工作之人、八更、当中已经是睆老而不用当值服役之人,都要去从事以上劳动,在皇帝身边长期服役以及在官府长期服役工作的,则不用参与。如要整治通往邑外的邮道桥梁、驰道的,要参照……征发徒众。不要将此统计为徭役。

解读

一、“奴苑”的理解

“奴苑”含义难解,未见于传世文献之中,秦简有见,《龙岗秦简》62 简始见“奴苑”,[②]上言《二年律令》413 有“堑奴苑”,岳麓秦简壹《为吏治官及黔首》62 贰有:“治奴苑如县官苑。”以往学者对“奴苑”曾有多种理解,试述几种有代表性观点。

张家山汉简整理小组认为:“奴,《水经注 · 滱水》云水‘不流曰奴’”。岳麓秦简注释参考前者。刘钊很早指出上说较为迂曲,以为读“奴”为“帑”,帑可引申为藏钱帛的府库,即“奴(帑)苑”即是储藏钱帛的官署府库。[③] 后陈伟将“奴”读为“堧(壖)”,引胡平生解说以

① 秦代出土文字史料の研究班「嶽麓書院所藏簡《秦律令(壹)》譯注稿(その2)」、京都『東方学報』卷 93、2018 年、頁 51。

② “苑”字左边残阙,龙岗秦简原整理者初未释,后改释为“道”,《秦简牍合集》释为“苑”,本文从。参见陈伟主编:《秦简牍合集(贰)》,武汉大学出版社 2014 年版,第 50 页。如无特别说明,以下龙岗秦简释文与标点断句均从《秦简牍合集》。

③ 参见刘钊:《〈张家山汉墓竹简〉释文注释商榷》,载刘钊《出土简帛文字丛考》,台北:台湾古籍出版有限公司 2004 年版,第 191 ~ 202 页。转引自臧磊:《〈岳麓书院藏秦简〉(壹)校注》,西南大学 2013 年硕士学位论文。

为是禁苑的城垣之外专设的一片空地,起到隔离地带的作用。① 京大读书班则将“奴”读为“驽”,即驽马之义,“奴(驽)苑”是供黔首百姓放养自家驮马的牧场苑囿。②

值得注意的是,除以上“奴苑”之外,在《龙岗秦简》中又见有“奴道”的记载:

> 中,及奴道绝驰道,驰道与奴道同门桥,及阪□60
>
> 斲(彻)奴道,其故与□□□□行之,不□□□61A

原来整理者将“奴道”读为“弩道”,很早已有学者指出其误。③ 王贵元解释“奴”为“驽”,“驽”以慢为特征,有“驽缓”之义,以为“奴道”即路况不好的劣质道路。④ 亦有学者引王贵元的观点,认为“奴道”与“驰道”并言,推测“奴道”是指慢行道。⑤

以上学者对于“奴苑”“奴道”之“奴”的具体含义,存在诸多不同理解。我们认为此处的“奴道”与“奴苑”性质可能具有相似性,或者说两者的“奴”字具有相同的含义,因此只有同时符合这两个意思的字义才更具有合理性。再审视本简的律文内容,“奴苑”是有利于县邑百姓的,而不是类似县官牛马苑、禁苑之类禁止百姓放牧进入的场所,故而,京大读书班⑥推测供百姓蓄养驮马的观点存在一定的合理性,而“奴道”或是用以一般百姓所有的驮马通行的道路。

---

① 参见陈伟:《岳麓秦简〈为吏治官及黔首〉识小》,载简帛网,http://www.bsm.org.cn/show_article.php?id=1434,首发于2011年4月8日。

② 参见秦代出土文字史料の研究班「嶽麓書院所藏簡《秦律令(壹)》譯注稿(その2)」、京都『東方学報』卷93、2018年、頁49。

③ 参见王贵元:《秦简字词考释四则》,载《中国语文》2001年第4期。

④ 参见王贵元:《秦简字词考释四则》,载《中国语文》2001年第4期。

⑤ 参见雷铭:《秦汉禁苑研究》,东北师范大学2019年博士学位论文。

⑥ 参见秦代出土文字史料の研究班「嶽麓書院所藏簡《秦律令(壹)》譯注稿(その2)」、京都『東方学報』卷93、2018年、頁49。为便于行文起见,本文简称该研究班为“京大读书班”。

然而此说仍有未安之处,如依此理解,律文暗示似乎百姓所有之马均为驽马,而没有更高级的马匹。我们以为或可将“奴”读如本字,在公马牛苑、禁苑等官方苑囿体系之外的次一等的民间苑囿,具有附属的性质,所以以“奴”进行修饰,表明其特征。“奴道”即附属于“驰道”的供百姓通行的道路。当然,以上仅是一种推测,缺乏足够的证据。

从目前材料可以发现:“奴苑”供百姓使用,推测用以放牧蓄养自家的牲畜或者砍伐树木等,因此会有律文所谓“县黔首利也”。同时,官府亦应承担一定的管理功能,因此《为吏治官及黔首》才会要求官吏“治奴苑如县官苑”,说明可能因为奴苑的性质导致基层官吏对其放任自流,可能产生了一些不良后果,故针对此现象,官箴要求官吏也要像管理官方苑囿一样对奴苑进行管理。

二、法条分析

岳麓秦简肆 151 ~ 153 条归属秦《徭律》,但考察其内容,似乎是对徭役供使的一种例外规定。从内容看,当时法律根据是否能使百姓直接受益,作为区分是否作为徭役的依据,诸如有助于百姓从事农业生产的整治田间道路、桥梁的劳动不被认为是官方的徭役,这就意味着法律规定可以减轻或免除劳役之人也要从事此类工作。当然,也有“冗宦”与“冗官”的例外规定。这是本条的第一款规定内容。需要思量的是其第二款规定,为什么整治通往邑外的邮道桥、驰道不被认定为“徭役”? 此类工作与黔首不直接产生利益,按照第一款规定透露出来的徭役创设的原则看，似认定为徭役方才合理。① 这背后的原因有待进一步考察。或与缺释的字词有关，导致无法对第二款规定的内容以及背后逻辑予以清晰的理解。

另外，我们可以发现本简内容与《二年律令》抄录的徭律可相互参照，后者可能直接继承自前者。如张家山汉简《二年律令》413～414 简记载的两条律文中的第 1 款规定与本简内容具有极大的相似性："补缮邑院，除道桥，穿波（陂）池，治沟渠，堑奴苑。自公大夫以下□勿以为繇（徭）。"414 简上半部分有少许残缺，现在结合本条律文来看，缺失的部分可能有一枚简左右。（陈迪）

肆 154～155

释文

·繇（徭）律曰：毋敢傳（使）叚（假）典[1]居旬[2]于官府，毋令士五（伍）为吏养[3]、养马，毋令典、老行书[4]，令居赀责（债）、司寇、隶臣妾1374/肆154行书。1406－1/肆155

注释

[1]叚（假）典：此处可理解为临时代理里典职务之人。② 里耶秦简中有假佐，假仓，岳麓秦简伍中有假卒史，假廷史，均为低级官吏，也有假守、假尉等高级职务的记载。此处"假典"首次出现。假，似为

---

① 不被认定徭役除了是百姓直接受益的劳动行为之外，另有基于徭役活动中的担保责任而产生了附带劳动不被认定为"徭役"，以睡虎地秦简《秦律十八种》中的《徭律》一部分条文最为典型，简 116～118 载："兴徒以为邑中之红（功）者，令𡟰堵卒岁。未卒堵坏，司空将红（功）及君子主堵者有罪，令其徒复垣之，勿计为繇（徭）。县葆禁苑、公马牛苑，兴徒以斩（堑）垣离（篱）散及补缮之。辄以效苑吏，苑吏循之。未卒岁或坏决，令县复兴徒为之，而勿计为繇（徭）。"我们注意到百姓应征去修补整治禁苑、公马牛苑的围墙是被认定为徭役的，这正符合岳麓秦简《徭律》规定反映的"徭役"性质。

② 参见秦代出土文字史料の研究班「嶽麓書院所藏簡《秦律令（壹）》譯注稿（その2）」、京都『東方学報』卷 93、2018 年、頁 53。

在权宜情况下暂时代理某职务。[①] 睡虎地秦简《秦律杂抄》1 载:“有兴,除守啬夫、叚(假)佐居守者上造以上,不从令,赀二甲。”或以为此处可断读为“叚(假)、典”两类人员。

[2]居旬:服劳役十日。居,服劳役。睡虎地秦简《秦律十八种》133 载:“有罪以赀赎及有责于公,以其令日问之,其弗能入赏(偿),以令日居之,日居八钱;公食者,日居六钱。”

[3]吏养:为官吏服务的炊事员。参见缺简-肆 030-肆 031 条注释四“养”。

[4]行书:递送文书,秦汉均有《行书律》。睡虎地秦简《秦律十八种》183 载:“行命书及书署急者,辄行之。”

语译

繇律规定:不要役使假典在官府劳作超过十日,不要让士伍充作吏养、养马,不要命令典、老传送文书,让居赀、居债、司寇、隶臣妾传送文书。

解读

法条分析

本条《繇律》内容涉及几条禁止性规定,第 1 款规定假典在官府劳作不得过十日,盖因里典作为一里之长,负责的事务较为繁重,如长期在官府服役劳作,则诸如户口统计、治安、征发劳役等重要事务无法推进展开。

第 2 款规定则禁止将一般黔首百姓充作吏养与养马。从秦律以及相关文书记载看,一般是隶臣被充作吏养或从事相关工作,如睡虎地秦简《秦律十八种》113 载:“隶臣有巧及可以为工者,勿以为人仆、

① 参见高震寰:《试论秦汉简牍中“守”“假”“行”》,载王沛主编:《出土文献与法律史研究》(第 4 辑),上海人民出版社 2015 年版,第 58～79 页。

养”。里耶秦简 8－736 仓徒簿统计隶臣妾数量,其中记载有“凡积四千三百七十六,其男四百廿人吏养。”特殊情况下,如果隶臣数量不足,可由居赀、居债以及隶妾暂时充任,岳麓秦简肆 165～166 载:“仓律曰:毋以隶妾为吏仆、养、官【守】府 ,隶臣少,不足以给仆、养,以居赀责(债)给之;及且令以隶妾为吏仆、养、官守府,有隶臣,辄伐〈代〉之,仓厨守府如故。”

本条第 3 款与第 4 款则规定了传递文书者的资格,前者规定禁止典、老从事递送文书的工作,从事文书传递工作的主体主要是“居赀责(债)、隶臣妾、司寇”,或与典、老日常需要负责里中事务有关。如涉及特殊的文书如制书的传递,则有特别限制,不得由女子与小童传递,岳麓秦简肆 194 载:“有令女子、小童行制书者,赀二甲。”另外,秦《行书律》还规定“隶臣妾老弱及不可诚仁者”不得从事传送文书工作。

值得注意的是,本条归属《徭律》,而上文提及的同类相关规定则属于《行书律》,从中反映出秦律内部体系较为杂乱的特征。(陈迪)

肆 156～159

释文

·繇(徭)律曰:发繇(徭),兴有爵以下到人弟子、复子,必先请属所执法,郡各请其守,皆言所为及用积1295/肆156徒数[1],勿敢擅兴。及毋敢擅傳(使)敖童、私属、奴及不从车牛[2]。凡免老及敖童未傅者,县勿敢傳(使)。节(即)[3]1294/肆157载粟,乃发敖童年十五岁以上、史子未傅先觉(学)觉(学)室[4],令与粟事。敖童当行粟事而寡子[5],独与老1238/肆158父老母居、老如免老,若独与□(癃)病[6]母居者,皆勿行。1231/肆159

注释

[1]用积徒数:被征发使用的劳力累计总人数。里耶秦简中见作

徒簿,如8－1143＋8－1631载:“卅年八月贰春乡作徒薄(簿)。城旦、鬼薪积九十人。仗城旦积卅人。舂、白粲积六十人。隶妾积百一十二人。·凡积二百九十二人。”居延汉简E. P. T58－39载:“□用积徒千一十三人少半人率亭廿六人大半人。”

[2]不从车牛:没有被征用的车牛。[①] 可参见肆147～150注释[2]“兴繇(徭)及车牛及兴繇(徭)”以及解读。特定情形下,官府也可征用私人的车牛。张家山汉简《二年律令》411载:“发传送,县官车牛不足,令大夫以下有訾(赀)者,以赀共出车牛;及益,令其毋訾(赀)者与共出牛食,约载具。”或以为没有车牛随从的被征发的服役者。[②]

[3]节(即):如果。[③] 张家山汉简《二年律令》413载:“节(即)载粟,乃发公大夫以下子未傅年十五以上者”。

[4]史子未傅先觉(学)觉(学)室:尚未傅籍而在学室学习的史之子,只有史之子才能学于学室,体现了秦时尚存的世官制度。[④] 觉当为学之误写,学室,培养官府史吏的一种学校。睡虎地秦简《秦律十八种》191载:“非史子殹(也),毋敢学学室。”张家山汉简《二年律令》474记载:“学、卜子年十七岁学。”

[5]寡子:独子。或以为孤儿。[⑤] 张家山汉简《二年律令》342、344载:“寡夫、寡妇毋子及同居,若有子,子年未盈十四,及寡子年未

① 京大读书班有类似观点。参见秦代出土文字史料の研究班「嶽麓書院所藏簡《秦律令(壹)》譯注稿(その2)」、京都『東方学報』卷93、2018年、頁56。

② 参见周海锋:《秦律令研究》,湖南大学2016年博士学位论文。

③ 参见何有祖:《读岳麓秦简肆札记(一)》,载简帛网,http://www.bsm.org.cn/show_article.php?id=2492,首发于2016年3月24日。

④ 参见秦代出土文字史料の研究班「嶽麓書院所藏簡《秦律令(壹)》譯注稿(その2)」、京都『東方学報』卷93、2018年、頁57。

⑤ 参见秦代出土文字史料の研究班「嶽麓書院所藏簡《秦律令(壹)》譯注稿(その2)」、京都『東方学報』卷93、2018年、頁57。

盈十八,及夫妻皆瘁(癃)病,及老年七十以上,毋子,谒归户,许之。"[①]详解读。

[6]瘁(癃)病:残废患病。瘁,通癃,即罢癃,意为残废。[②] 张家山汉简《二年律令》342、344 载:"寡夫、寡妇毋子及同居,若有子,子年未盈十四,及寡子年未盈十八,及夫妻皆瘁(癃)病,及老年七十以上,毋子,谒归户,许之。"

语译

《徭律》规定:征发徭役,如征发有爵位之人以下到人弟子、复子的,必须首先向其所属的执法请示,或向所属的郡守请示,均要报告所要从事的工程以及所需的总的劳动力用工数目,禁止擅自征发。禁止擅自役使敖童、私属、奴以及没有被征用的车牛。凡属免老以及未傅籍之敖童者,县官府不得役使。如果是从事运送谷物粮食的劳动,才可以征发 15 岁以上的敖童、未傅籍已开始在学室学习的史子,让他们参与运送粮食的劳动。如被征发从事运送粮食的敖童属独子,如独自与达到免老标准的老迈父母同居,或者独自与残废患病的母亲同居的,则可免于被征发。

解读

一、"寡子"的理解

我们认为此处"寡子"可理解为独子,试述如下:

秦汉出土文献中的"寡"字相关问题,已经有许多专论。[③] 对于

① 此处编联从冨谷至編『江陵張家山二四七號墓出土漢律令の研究　譯注篇』、朋友書店、2006 年、頁 222。

② 参见睡虎地秦墓竹简整理小组编:《睡虎地秦墓竹简》,文物出版社 1990 年版,"释文注释"第 87 页。

③ 最新研究可参见苏俊林:《简牍所见秦及汉初"有爵寡"考论》,载《中国史研究》2019 年第 2 期;孙玉荣:《秦及汉初简牍中的"寡"——以爵位、户籍、经济生活为中心》,载《中国经济史研究》2020 年第 2 期。

睡虎地秦简“大夫寡”以及诸如里耶简所见“爵位+寡”讨论最多,现在一般认为“大夫寡”即丈夫具有大夫爵位的寡妇。[①] 另有讨论“寡”字含义与用法的演变,孙玉荣认为战国时期,“寡”开始作为丧夫未再嫁女性身份的专用称谓,西汉初期,“寡”专指“寡妇”逐渐明确。[②] 当然,许多人已指出了一些例外情况,即张家山汉简《二年律令》中的“寡夫”以及此处我们要专门讨论的“寡子”,张家山汉简整理小组也未对《二年律令》中出现的“寡子”进行过注释。目前所见唯一专门就“寡子”进行注释的是日本京都大学《二年律令》读书班,他们将其解释为“孤儿”。[③]

“寡”的本义是“少”,见于《说文》《尔雅》记载,与“众”相对。秦汉出土文献中多用于表示婚姻当中孤单之义,如“寡妇”“寡夫”,出土文献中常见的就是所谓“大夫寡”“上造寡”“有爵寡”等,这些都突出所谓“独”的意向,《广雅·释诂》也说:“寡,独也。”因此从与“寡”相关的辞例看,将“寡”解释为失去双亲的“孤儿”,不如理解为“独子”,这可能更符合这个词的本义与用法。

其次,分析相关“寡子”律文内容,可以发现“寡子”的理解更为通顺。考察张家山汉简《二年律令》342简的内容,张家山汉简整理小组将其与343简编联,如下:

寡夫、寡妇毋子及同居,若有子,子年未盈十四,及寡子年未

---

① 参见伊强:《小议睡虎地秦简中的“大夫寡”》,载简帛网,http://www.bsm.org.cn/show_article.php?id=1591,首发于2011年12月12日;冯闻文:《秦汉时期的女爵与女户》,载《简帛研究·二〇一七·春夏卷》,广西师范大学出版社2017年版,第61~75页。苏俊林:《简牍所见秦及汉初“有爵寡”考论》,载《中国史研究》2019年第2期。

② 参见孙玉荣:《秦及汉初简牍中的“寡”——以爵位、户籍、经济生活为中心》,载《中国经济史研究》2020年第2期。

③ 参见冨谷至編『江陵張家山二四七號墓出土漢律令の研究　譯注篇』、朋友書店、2006年、頁222。

盈十八,及夫妻皆瘁（癃）病,及老年七十以上,毋342异其子;今毋它子,欲令归户入养,许之。343

此编联在内容上就有难解矛盾之处,比如根据张家山汉简整理小组标点,可理解"今毋它子"作为上述几类特定人群的共同限制条件,而342简中第一类人群明确说是"寡夫、寡妇毋子及同居",前后描述出现矛盾。另外,富谷至等从字形大小、笔迹角度也提出两简的不同。故我们认为张家山汉简整理小组此处编联可能存在问题。富谷至结合出土位置、内容与字迹等多方面因素,指出342应与344编联:①

寡夫、寡妇毋子及同居,若有子,子年未盈十四,及寡子年未盈十八,及夫妻皆瘁(癃)病,及老年七十以上,毋342子,谒归户,许之。344

如此编联,从内容上看更易理解。故我们从其意见。但我们不赞同其将"寡子"解释为"孤儿"的观点。先看《二年律令》342、344,按照富谷至的解释,则该条律文请求归户的对象必须分为三类:(1)寡夫、寡妇无子与无同居者,或者有子但不足十四岁;(2)孤儿年不足十八岁者;(3)夫妻残疾患病,并年纪超过七十无子者。第一类人与第三类人具有共性,均为没有人照料的成年人,而第二类人孤儿则较为突兀。如按照我们的看法,法律规定允许"归户"的主体将分为两类:(1)寡夫、寡妇无子与无同居者,或者有子但不足十四岁,以及独子年龄不足十八岁;(2)夫妻残疾患病,并年纪超过七十无子者。如此,"寡子年未盈十八"与"子年未盈十四"并列,从内容上看更具有合理性。而上述两类人更具有共性,可以合理推测律文

① 参见冨谷至編『江陵張家山二四七號墓出土漢律令の研究　譯注篇』、朋友書店、2006年、頁222。

制定的逻辑。当然,仅从《二年律令》342、344 条律文看,无论“孤儿说”还是“独子说”均有可能性,但结合本条岳麓秦简肆 156 ~ 159 内容看,无疑“独子说”更合理,我们再看本条律文涉及“寡子”的部分:

> 敖童当行粟事而寡子,独与老父老母居、老如免老,若独与㾀(癃)病母居者,皆勿行。

如解释为“独子”,则能很顺畅地与后文的“独与老父老母居”“独与㾀(癃)病母居”相对应,后者是对“独子”情形的进一步限定,只有在后面两种特定情形下,寡子才能免除运送粮食的劳役。而解释为“孤儿”,则必须理解为三类人:(1)敖童中的孤儿;(2)敖童中独自与达到免老的老父母居住者;(3)敖童中独自与残疾患病的老母亲居住者。(2)(3)其实与我们的理解一致,但第一种类型为什么可以“勿行”,则会产生疑问,为什么敖童中的孤儿不需要去从事该特定劳役?他们没有需要照顾的老父母,其他在学室中的史子也要被征用,则达到年纪的孤儿也应该可以被征用才对。

综上所述,我们倾向寡子为“独子”的解释更具有合理性。但是因缺乏直接的证据,亦保留“孤儿”说这一观点。或者说以上两种观点均是从逻辑角度推测的结论,还未到真正定谳的程度,还需更为坚实的材料予以证实。

二、法条分析

本条内容涉及征发特殊身份者从事徭役的具体流程以及禁止性规定。第 1 款规定提到了征发有爵者、士伍、人弟子以及复子的,必须首先获得所属官府机构的长官许可,同时做好工程的预算事项,包括所从事的工程以及预期需要的劳动力数目。从秦律的其他相关记载看,当时一些徭役工程的预算必须控制在一定误差范围之内,超过则要追究“不察”的责任，睡虎地秦简《秦律十八种》122～123记载有：“县为恒事及谳有为殹（也），吏程攻（功），赢员及减员自二日以上，为不察。”程攻（功）即估计工程量，员即计算之后所需的人数、做工数。

本条的第2款、第3款规定了县府禁止擅自役使的对象，包括敖童、私属、奴以及没有被征用的车牛。凡是属于因年纪到达一定标准而被免除劳役者以及未傅籍的敖童，官府不得征发。

本条的第四款规定则是以上禁止性规定的例外情形，如涉及运送谷物粮食，则可以征发十五岁以上的敖童、未傅籍已开始在学室学习的史子。最后，如果被征发的敖童有两类特殊情况：独自与达到免老标准的年迈父母共同居住的独子，以及独自与残废患病的老母亲居住的独子，均可以免除运送谷物的徭役劳动。

值得注意的是，本条第4款规定可以与张家山汉简《二年律令》408对读并纠正以往释读的错误，何有祖已指出《二年律令》408当释读为“诸当行粟，独与老父母居老如睆老，若其父母罢㾓（癃）者，皆勿行”。[①] 比较本条岳麓秦简肆《徭律》与汉初《二年律令》中《徭律》408简内容，发现有两处不同，一是同居的老父母的标准不同，秦律是“免老”，汉时则为“睆老”；二是癃病的对象不同，秦律仅限定于同居的母亲，汉律扩大为父母。（陈迪）

肆160～162

释文

·傅律[1]曰：隶臣以庶人为妻，若群司寇[2]、隶臣妻怀子，其夫免若冗以免[3]，已㨃（拜）免[4]，子乃产，皆如其已1256/肆160免吏

① 何有祖：《利用岳麓秦简校释〈二年律令〉一则》，载简帛网，http://www.bsm.org.cn/show_article.php?id=2498，首发于2016年3月26日。

(事)[5]之子∟;女子怀夫子而有辠(罪)耐隶妾以上,狱已断而产子,子为隶臣妾,其狱未断而产子,子各1268/肆161 如其夫吏(事)子;收人怀夫子以收,已赎为庶人,后产子,子为庶人。1275/肆162

注释

[1]傅律:有关傅籍的法律规定,秦汉律皆有。

[2]群司寇:指各类司寇。参见岳麓肆简075注释[5]"群亡人"。

[3]冗以免:通过长期服役的方式来免除刑徒身份。[①] 冗,与"更"相对,表示长期,睡虎地秦简《秦律十八种》50~51载:"婴儿之毋(无)母者各半石;虽有母而与其母冗居公者,亦禀之,禾月半石。"或认为(岳麓秦简整理小组),指冗边以免除徒隶身份。[②]

[4]拜免:特指上文"其夫免若冗以免"两种情形的实现。[③]这里指接受恩免。拜,指拜谢之意。《仪礼·乡饮酒礼》载:"宾服乡服以拜赐。"郑玄注"拜赐,谢恩惠也"。或认为(岳麓秦简整理小组),指以所拜之爵抵当刑罚,免其刑徒身份。[④]

[5]吏(事):指身份。[⑤] 本条中特指被免除徒隶的身份。事,《说文》载:"职也"。睡虎地秦简《封诊式》6载:"可定名事里"。

语译

《傅律》规定:隶臣娶庶人为妻,如果各类司寇、隶臣的妻子怀孕,她的丈夫被赦免或通过长期服役的方式而被免除徒隶身份,妻子的

---

① 参见秦代出土文字史料の研究班「嶽麓書院所藏簡《秦律令(壹)》譯注稿(その2)」、京都『東方学報』巻93、2018年、頁59。

② 参见陈松长主编:《岳麓书院藏秦简(肆)》,上海辞书出版社2015年版,第167页。

③ 参见陈伟:《岳麓秦简肆校商(贰)》,载武汉大学简帛网,http://www.bsm.org.cn/show_article.php?id=2504,首发于2016年3月28日。

④ 参见陈松长主编:《岳麓书院藏秦简(肆)》,上海辞书出版社2015年版,第167页。

⑤ 参见陈伟:《岳麓秦简肆校商(贰)》,载武汉大学简帛网,http://www.bsm.org.cn/show_article.php?id=2504,首发于2016年3月28日。

丈夫已经被免除徒隶身份后,子女才出生的,都按照丈夫已经被免除徒隶身份来认定其子女;女子怀孕之后犯有当处耐隶妾以上的罪,案件已经被判决之后生产的,其子女身份为隶臣妾,案件尚未判决的时候生产的,子女的身份分别依据其丈夫身份来认定;女子怀孕之后被收,生产时已经赎为庶人,子女认定为庶人。

解读

法条分析

本条主要在讨论司寇、隶臣以上刑罚的徒隶的后代应当如何认定身份的问题,律文共分为三种情况:(1)隶臣、司寇的妻子怀孕,其夫已被免除徒隶身份后子女才出生的,按照其夫被免除后的身份来认定;(2)妻子怀孕之后犯有耐隶妾以上罪的,子女身份按照出生时是否已判决来认定;(3)女子在被收时怀孕,但产子时已恢复庶人身份,其子女直接认定为庶人。

根据律文内容可知,对徒隶子女身份的认定,通常采用子女出生时父母的身份来确定,而非依据尚未出生时父母的身份。

值得注意的是,从本条律文及其他相关简牍内容可知,父母任何一方有徒隶身份,可能都会导致其子身份为徒隶。[①] 睡虎地秦简《法律答问》174 载:“女子为隶臣妻,有子焉,今隶臣死,女子北其子,以为非隶臣子殹(也),问女子论可(何)也?”可知,如果丈夫为隶臣的话,其子身份“隶臣子”可能同样是一种受限制的身份。而张家山汉简《二年律令》188 载“民为奴妻而有子,子畀奴主”,尽管规定对象是私人奴隶,但作为隶臣之子可能有类似的身份认定。(乔志鑫)

---

① 京大读书班已指出此点,“决定子女身份的原因并不限于其父的身份”。参见秦代出土文字史料の研究班「嶽麓書院所藏簡《秦律令(壹)》譯注稿(その2)」、京都『東方学報』卷 93、2018 年、頁 61。

肆163~164

释文

·仓律[1]曰:县官县料[2]、出入[3]必平[4],禀禾[5]美恶相杂∟。大输[6],令、丞[7]视[8],令史、官啬夫视平∟;稍禀[9],令令史视平。不1251/肆163从令,赀一甲。1254/肆164

注释

[1]仓律:有关仓储管理的法律规定。秦汉律皆有。

[2]县料:称量计数。县,称量,《汉书·刑法志》注引服虔云:“称也。”料,计数,《国语·晋语》注:“数也。”①

[3]出入:输出、输入。秦律对仓输入或输出物品时均有严格的程序规定。睡虎地秦简《秦律十八种》28载:“入禾稼、刍稾,辄为廥籍,上内史。·刍稾各万石一积,咸阳二万一积,其出入、增积及效如禾。 仓。”

[4]平:确保准确。

[5]禀禾:发放谷物。禀,发放,睡虎地秦简《秦律十八种》49载“隶臣妾其从事公,隶臣月禾二石,隶妾一石半;其不从事,勿禀。”秦律又有“禀人”,专门管理谷物的收藏与出纳。

[6]大输:输出输入的钱财物品价值重大。②

[7]令、丞:县令、县丞。京大读书班认为,“令丞”当连读,表示“命令丞”,与后文“令令史”结构相同。③ 详解读。

---

① 参见张家山汉墓竹简整理小组编著:《张家山汉墓竹简[二四七号墓]》(释文修订本),文物出版社2006年版,第56页。

② 参见陈松长主编:《岳麓书院藏秦简(肆)》,上海辞书出版社2015年版,第168页注释99。

③ 参见秦代出土文字史料の研究班「嶽麓書院所藏簡《秦律令(壹)》譯注稿(その2)」、京都『東方学報』卷93、2018年、頁62。

[8]视:前往调查监督。[①] 里耶秦简 8-880 载:“□令史圂视。”下文所见“视平”,本条中特指使账物相符。详解读。

[9]稍稟:表示持续发放之意。稍,《说文》载:“出物有渐也”。

语译

《仓律》规定:县官府称量计数、输出输入物品时一定要确保准确,发放谷物要把好的、坏的相混杂。输送价值较大的物品时,县令、县丞予以监督,令史、官啬夫监督使其账物相符;日常的发放,命令令史监督使其账物相符。不从令的,处赀一甲。

解读

一、视、平、视平、监的辨析

《里耶秦简牍校释》认为“视平,或省作‘视’,或省作‘平’”,[②]从目前所公布的里耶秦简内容来看,多见令史或令佐“视平”的记载,“某官视”的记载仅见于里耶秦简 8-880 所载“□令史圂视”与 9-202+9-3238 所载“□令佐壬视”两例,“某官平”也仅见于里耶秦简 8-217 所载“令史悍平”,从主体来看,“视平”与“视”“平”的主体并无不同,与本条所示显然有异。鲁家亮就根据岳麓秦简本条指出“视”与“视平”之间适用主体有所差异,里耶秦简中的“视”“平”是否为“视平”的省写,尚难断定。[③] 甚是。

张春龙、大川俊隆、籾山明指出“监”与“视平”同义,应该是指对授受粟米的监视。[④] 张弛则认为,“视平”仅见于粮食的出付,“监”则

① 参见秦代出土文字史料の研究班「嶽麓書院所藏簡《秦律令(壹)》譯注稿(その2)」、京都『東方学報』卷93、2018 年、頁62。

② 参见陈伟主编:《里耶秦简牍校释》(第1卷),武汉大学出版社 2012 年版,第40页。

③ 参见鲁家亮:《里耶秦简中的“监”与“视平”》,中国简帛学国际论坛 2017 会议论文,2017 年10月9~12日于武汉。

④ 参见张春龙、[日]大川俊隆、[日]籾山明:《里耶秦简刻齿简研究——兼论岳麓秦简〈数〉中的未解读简》,载《文物》2015 年第3期。

见于对各类物资的出付场合。[1] 在里耶秦简中,“视平”与“监”均有大量记录,二者应有所差异,是否能直接从所出付物资的种类进行区分?目前来看是有疑问的。里耶秦简 8－1551 载:

粟米二斗。廿七年十二月丁酉,仓武、佐辰、稟人陵出以稟小隶臣益。Ⅰ

令史戎夫监。Ⅱ

又里耶秦简 8－2247 载:

粟米三石七斗少半斗。卅二年八月乙巳朔壬戌,贰春乡守福、佐敢、稟人杕出以稟隶臣周十月、六月廿六日食。令史兼视平。敢手。

这两条简文的出稟记录均为粟米,却使用了不同的词汇“监”与“视平”,让人颇难理解。而从是否需要称量的角度来区分“监”与“视平”的尝试来看,上述两则简文的记载同样也予以了否定。黄浩波在谈及简 8－1551 时,认为“粟米二斗”难以理解为数日稟食,用二斗除以睡虎地秦简《秦律十八种》49～52 中所见的小城旦日稟食标准四又六分之一升,结果并不是整数,而理解为月稟食标准则又过少。[2] 鲁家亮在此基础上提出,这里的出稟记录可能是小隶臣益向官府购买粮食的反映,仓只是负责发放粮食,所以体现在本简上也可以说是粮食的损耗,但由于其行为本身是官府的“卖买”行为,因此文书中使用的是“监”而非“视平”。[3] 岳麓秦简肆 341～342 载:

① 参见张弛:《〈里耶秦简(壹)〉文书学研究》,武汉大学 2016 年硕士学位论文。

② 参见黄浩波:《〈里耶秦简(壹)〉所见稟食记录》,载陈伟主编:《简帛》(第 11 辑),上海古籍出版社 2015 年版,第 117～140 页。

③ 参见鲁家亮:《里耶秦简中的“监”与“视平”》,中国简帛学国际论坛 2017 年会议论文,2017 年 10 月 9～12 日于武汉。

卖买、息子、所以为耗息物及它当卖买者,令相监,毋(无)律令。

这里列明了四种需要监督的行为,即买卖交易、人口或动物的繁衍、物资的增减以及其他买卖交易等,这些行为所产生的官府文书记录一般为"监"。[①]

在"监"与"视平"的关系上,我们认同鲁家亮的观点,即在秦的文书行政中,"监"与"视平"所适用的场合不完全一致,"视平"主要用于官府需要称量物资的时候,而"监"的含义更加宽泛,甚至在某些情况下还包含了"视平"的意味。但是,是否能说这种细微的差异逐渐不被重视,甚至最终合一,至少在里耶秦简的记录中我们并未看到。而上述里耶秦简 8 - 1551 的记录是否就是小隶臣益向官府购买粮食的记录,也存有疑问。据黄浩波的研究,"《里耶秦简(壹)》所见刑徒的月稟食标准(以三十日计)为……隶臣、婴儿的月稟食标准仍与《仓律》相符;隶妾、舂、小城旦(隶臣)的月稟食标准则均比《仓律》减少二斗半斗"。[②] 里耶秦简 9 - 440 + 9 - 595 载:

径廥粟米一石二斗少半半升。卅一年正月丁丑,仓守武、史感、稟人堂出稟使小隶臣徐。Ⅰ令史 视平。感手。Ⅱ

同样是对小隶臣出稟的记录,其中共出稟"一石二斗少半半升",也即一石二斗六分之一升。据黄浩波的研究,小隶臣或小城旦在里耶秦简中的出稟标准是每月一石二斗半斗,即一石二斗五升。其中相差四升六分之五升。而里耶秦简中所载的小城旦每日稟食标准为

---

① 参见鲁家亮:《里耶秦简中的"监"与"视平"》,中国简帛学国际论坛 2017 年会议论文,2017 年 10 月 9 ~ 12 日于武汉。简文亦参考了鲁家亮文中的观点。

② 参见黄浩波:《〈里耶秦简(壹)〉所见稟食记录》,载陈伟主编:《简帛》(第 11 辑),上海古籍出版社 2015 年版,第 117 ~ 140 页。

四升六分之一升,与前面的四升六分之五升同样不能构成相等或倍数关系。因此,秦时是否存在绝对以日来计算的稟食标准?譬如劳作半日的,可能并不是按照整日的稟食标准来出付的。同理,上述里耶秦简8-1551可能也是这样出稟的记录。当然这也只是一种推测,具体可能尚待更多材料的论证。

二、“令丞”辨析

本条简文中的“大输令丞视”中的“令丞”二字如何理解目前在学界尚有争议,鲁家亮与京大读书班均认为,这里的“大输令丞视”当解读为“大输时,命令县丞视”,[①]京大读书班的一个重要理由是这里理解为“命令”是与后文的“令令史视平”相对应的,但与此同时,他们也认为“大输”作为一项重要情形是否只让丞来予以监督是让人难以确定的,因此也提出“令丞”也有读为“令、丞”的可能性。我们认为,从秦汉简牍所见辞例来看,仍应读为“令、丞”为妥。

1. 入禾仓,万石一积而比黎之为户。县啬夫若丞及仓、乡相杂以印之……(睡虎地秦简《秦律十八种》21)

2. □□□□□不备,令其故吏与新吏杂先索出之。其故吏弗欲,勿强。其毋(无)故吏者,令有秩之吏、令史主,与仓□杂出之,索而论不备。杂者勿更;更之而不备,令令、丞与赏(偿)不备。 仓(睡虎地秦简《秦律十八种》31~32)

3. 官府受钱者,千钱一畚,以丞、令印印。不盈千者,亦封印之。钱善不善,杂实之。出钱,献封丞、令,乃发用之。百姓市用钱,美恶杂之,勿敢异。 金布(睡虎地秦简《秦律十八种》64~65)

---

① 参见鲁家亮:《里耶秦简中的“监”与“视平”》,中国简帛学国际论坛2017年会议论文,2017年10月9~12日于武汉;秦代出土文字史料の研究班「嶽麓書院所藏簡《秦律令(壹)》譯注稿(その2)」、京都『東方学報』卷93、2018年、頁62。

材料 1 是有关将收取的田租纳入仓中的规定,县令、县丞、仓、乡等要一起封缄。材料 2 是有关一起出仓的人员如果中途有所更换,最终出现仓中之物不足数的情况,则令、丞要承担相应的责任。材料 3是有关官府在收取钱时,要用县丞、县令的印予以封印。3 组材料均体现了在涉及大规模官府财物进出时,县令、县丞均要承担责任。反观本简中的"大输",正如京大读书班所猜测的,单以"丞"来监督是不够的。又,"令、丞"作"县令、县丞"讲在秦汉简牍中是极为常见的,如岳麓秦简伍 314 载:

·令曰:县官治狱者,令、丞谨承事,有(又)为囚(系)者簍籍,署所以(系)日月,自擅以数案课狱史,治者以智(知)其……

这里的"令丞谨承事"与本简的"令丞视"的结构是相似的。据陈伟先生观点,岳麓秦简伍 314 这段简文之意当指县令、县丞要对狱史中负责经办案件的人进行考课。[1] 此说甚确。与里耶秦简 8 - 141 + 8 - 668 所载"卅年十一月庚申朔丙子,发弩守涓敢言之:廷下御史书曰县□治狱及覆狱者,或一人独讯囚,啬夫长、丞、正、监非能与□□殴,不三不便。书到尉言。·今已到,敢言之"对读,可知县令(里耶秦简中常记为"县啬夫")、县丞确有参与治狱的职责,亦可证简 314 此处之"令"当指县令。而岳麓秦简伍简 181 所载"告道故塞徼外蛮夷来为间及来盗略人、以城邑反及舍者,令、丞必身听其告辤(辞)"、简 323 - 325 所载"县令狱史诊病者令、丞前"等也与此类似,其中的"令"均作"县令"解。

由上,我们认为,本处简文中的"大输令丞时"中的"令"应作"县令"讲,而非"命令"之意。

---

① 参见陈伟:《〈岳麓书院藏秦简(伍)〉校读(续二)》,载简帛网,http://www.bsm.org.cn/show_article.php? id = 3011,首发于 2018 年 3 月 11 日。

三、法条分析

本条律文主要是对县官府称量、输入输出物品时的规定,除了要确保账物相符,物品价值不同的,所负责的官吏级别也不同。如果价值较大,县令、县丞要亲自监督,如果是日常的定量发放,只需要令史予以监督即可。里耶秦简中有大量的“出稟”记录,其简文末常见“令史某视平”,偶见“令佐某视平”,应当正是本条律文“稍稟,令令史视平”的实际执行记录,可相互参看。(乔志鑫)

肆 165～166

释文

·仓律曰:毋(无)以隶妾为吏仆、养、官【守】府∟[1]。隶臣少,不足以给仆、养,以居赀责(债)给之。及且[2]令以隶妾为吏仆、1370/肆165养、官守府,有隶臣,辄伐〈代〉之∟。仓厨[3]守府如故。1382/肆166

注释

[1]官【守】府:原简脱“守”字,岳麓秦简整理小组补。① 官守府即县下属各职能机构的守府,朱红林指出又称“守官府”,见于岳麓秦简肆271、睡虎地秦简《秦律十八种》简150及《法律答问》简133。②“守府”指看守府藏的事役或其人员,③又称“守府门”“门守府”。里耶秦简8－756载:“令曰:吏仆、养、走、工、组织、守府门、㔸匠及它急事不可令田。”又里耶秦简9－1972载:“□廷狱门守府□”,朱红林指

---

① 参见陈松长主编:《岳麓书院藏秦简(肆)》,上海辞书出版社2015年版,第168页注释102。

② 参见朱红林:《岳麓书院藏秦简(肆)补注六》,载姚远主编:《出土文献与法律史研究》(第7辑),法律出版社2018年版,第45页。

③ “守府”在秦汉时别有一义,为“郡守府”“太守府”的简称,如里耶秦简8－772载“洞庭守府”,张家山汉简《奏谳书》125载“御史书以廿七年二月壬辰到南郡守府,即下”,居延汉简16·10载:“如守府治所书、律令。”参见陈伟主编:《里耶秦简牍校释》(第1卷),武汉大学出版社2012年版,第45页注释17。

出其中的“守府”可承担文书递送任务。[①] 岳麓秦简整理小组注“守府”为“看守官府的仆役”,[②]可参看。

[2]且:姑且、暂且。《史记·伍子胥列传》载:“民劳,未可,且待之。”[③]

[3]仓厨:仓下属的厨部门,“仓厨守府”即“守仓厨府”。[④] 里耶秦简9-345载“仓暉付仓厨□疵”,9-1128载“仓厨捕鼠十”。

语译

《仓律》规定:不要让隶妾充任官吏的仆、养、官守府。隶臣数量过少,不足以充任仆、养的,让居赀债者充任。以及暂时命令由隶妾充任官吏的仆、养、官守府时,一旦有可用的隶臣,就要立即代替隶妾。仓厨守府的规定与从前一样。

解读

一、法条分析

本条由一款基本规定和二款补充规定构成:

(一)基本规定:“无以隶妾为吏仆、养、官守府。隶臣少,不足以给仆、养,以居赀债给之。”

本款规定官吏的“仆”“养”“官守府”这三类事役禁止由隶妾充任,一般应由隶臣充任,若隶臣不足,则以居赀债者充任。[⑤] 同类规定还有:

---

① 参见朱红林:《岳麓书院藏秦简(肆)补注六》,载姚远主编:《出土文献与法律史研究》(第7辑),法律出版社2018年版,第45页。

② 陈松长主编:《岳麓书院藏秦简(肆)》,上海辞书出版社2015年版,第168页注释102。

③ 陈松长主编:《岳麓书院藏秦简(肆)》,上海辞书出版社2015年版,第168页注释103。

④ 参见朱红林:《岳麓书院藏秦简(肆)补注六》,载姚远主编:《出土文献与法律史研究》(第7辑),法律出版社2018年版,第46页。

⑤ 周海锋指出,根据里耶秦简可知隶臣和隶妾所从事工种之差异,有些事务只能由隶臣担任,如吏养、养牛、吏走、廷走、廷守府、守囚等,这是对本条规定不能以隶妾充任“仆、养、守府”的遵守。参见周海锋:《秦律令研究》,湖南大学2016年博士学位论文。

1. ·令曰:毋(无)以隶妾及女子居赀赎者为吏仆、养、老〈走〉、守府,及毋(无)敢以女子为葆(保)庸,令炊养官府、寺舍。不从令,赀二甲,废;丞、令、令史、官啬夫弗得,赀二甲。

·内史仓曹令弟(第)乙六(岳麓秦简伍 255~256)

2. 司寇勿以为仆、养、守官府及除有为殹(也)。有上令除之,必复请之。

司空(《秦律十八种》150,又载岳麓秦简肆 271~273)

3. 隶臣有巧可以为工者,勿以为人仆、养。

均(《秦律十八种》113)

材料 1"内史仓曹令第乙六"的禁止性规定在本款的基础上有所扩充:(1)禁止对象增加了"女子居赀赎者";(2)禁止承担的事役增加了"为保庸,令炊养官府、寺舍",可见该令或是对本款的补充规定。两相对照,可知这类禁止性规定的立法目的在于防止官吏侵害为其提供服务的女性,因为在此场合下,双方地位悬殊而距离接近,容易发生侵害行为,受侵害女性也不易反抗、告发。可作为旁证的是,"徒养"可由女性来充任,[①]就是因为"徒"不具有"吏"那样的地位和权力。或认为其立法目的是更大地发掘女性的劳动价值,[②]可参看。

材料 2"司空"、材料 3"均"的立法目的则与此截然不同。如上所述,本款表明官吏的仆、养、官守府一般应由隶臣来充任,而司寇的地位高于隶臣,这应是他们不承担此类事役的缘由所在。"隶臣有巧可以为工者"不得为仆、养,则应是为了避免浪费他们的专门技能。

---

① 里耶秦简 8-145 有隶妾"四人徒养"和小春"一人徒养"的记载,表明女性是可以充任徒养的。"'徒养'是为徒烹炊者,'吏养'是为吏烹炊者。"参见陈伟主编:《里耶秦简牍校释》(第 1 卷),武汉大学出版社 2012 年版,第 87 页注释 11。

② 谢坤:《读岳麓秦简〈内史仓曹令〉札记》,载简帛网,http://www.bsm.org.cn/show_article.php?id=3002,首发于 2018 年 3 月 10 日。

值得注意的是,本款存在未能实现其立法目的的漏洞,即规定“以居赀债给之”,而居赀债者中存在女性。[①] 这一漏洞,在上引材料1中以明确“女子居赀赎者”的方式得到了填补,但该令标目为“内史”,说明其适用于内史辖区,是否具有全国范围内的效力尚未可知。

另外,朱红林根据岳麓秦简肆262~263所载“徒隶不足以给仆、养,以居赀债者给之,令出受钱,毋(无)过日八钱”指出,居赀债者在充当仆、养期间,按照每天不过八钱的收入抵偿其债务。[②]

(二)补充规定:“及且令以隶妾为吏仆、养、官守府,有隶臣,辄代之。”

本款表明某些情况下仍可以隶妾暂时充任三类事役,一旦有可用的隶臣,则立即以之取代隶妾。既然充任三类事役的人的顺位是“隶臣——居赀债者——隶妾”,则以隶妾暂时充任的情况应即前二类人的数量都不足。

(三)补充规定:“仓厨守府如故。”

本款规定仓下属的厨官的守府仍适用本条生效之前的规范。本条主旨在于禁止隶妾担任三类事役,仓厨的守府既然不受本条约束,则意味着仍可由隶妾来担任,这或可说明女性仓厨守府被侵害的可能性不高,其具体原因有待探明。

二、本条为何为“仓律”

除最后一款“仓厨守府如故”外,本条的主要内容与仓并无直接关联,那么本条为何标目“仓律”呢?有学者指出仓是隶臣妾的管理

① 除岳麓秦简伍255~256外,尚有《秦律十八种》141云“居赀赎责(债)毄(系)城旦舂者,勿责衣食;其与城旦舂作者,衣食之如城旦舂”,146云“居赀赎责(债)当与城旦舂作者”。居赀赎债者既可能“系城旦舂”“与城旦舂作”,则其中必有女性。

② 参见朱红林:《岳麓书院藏秦简(肆)补注六》,载姚远主编:《出土文献与法律史研究》(第7辑),法律出版社2018年版,第45页。

机构,故包括本条在内的与隶臣妾有关的律文可归入《仓律》,如谢坤认为:"里耶秦简的相关资料进一步说明,秦仓不仅负责发放禀食、饲养牲畜、借贷财物等具体事务,还是管理刑徒的重要机构。"①王勇也认为:"关于隶臣妾的条文出现在睡虎地秦简和岳麓秦简《仓律》中,正是仓负责管理隶臣妾的法律体现。"②其说立论于里耶秦简中的多则"徒簿"都有"受仓隶臣""受仓隶妾"的记载。还有学者指出仓是"仆""养"的控制者,如沈刚认为:"各个行政机构根据人员数量配备吏仆。国家通过廪衣食等制度来实现对仆、养的控制。"③里耶秦简8-130+8-190+8-193所引的规定"诸徒隶当为吏仆、养者皆属仓"是其最为直接的证据。推此而论,则事关"仆""养"也是本条归入《仓律》的原因所在。总而言之,本条的律篇归属无论是出于"隶臣妾",还是"仆、养",都能体现我们在前文所归纳的"首句原则"和"职掌机构原则"。(邬勖)

肆167~168

释文

·司空律[1]曰:城旦舂衣赤衣[2],冒[3]赤毡[4],枸椟杕之⌞。诸当衣赤衣者,其衣物毋(无)小大及表里,尽赤之;其衣1375/肆167裘者,赤其里□反衣[5]之。仗城旦[6]勿将司。舂城旦出繇(徭)者,毋(无)敢【之市】及留【舍阓[7]外,当】行【市】中【者,回,勿行】[8]。1412/肆168

注释

[1]司空律:与"司空"机构的职能有关的律。秦的"司空"是县

① 谢坤:《岳麓秦简涉仓诸律所见秦仓制考述》,载《中国农史》2016年第6期。
② 王勇:《里耶秦简所见秦迁陵县粮食支出机构的权责》,载《中国农史》2018年第4期。
③ 沈刚:《秦简中的"吏仆"与"吏养"》,载《人文杂志》2016年第1期。

道下属机构,“有啬夫、佐、史等官吏,掌管城旦舂、鬼薪白粲及隶臣妾系城旦、隶妾系舂、隶臣妾居赀等刑徒”,[①]主要负责工程事务。

[2]衣赤衣:穿着红色的衣服。睡虎地秦简《秦律十八种》135载:“城旦舂衣赤衣。”岳麓秦简叁161~162载:“求城旦赤衣操,……以二钱买不智(知)可(何)官城旦敝赤帬襦。”《新序·善谋》载:“至始皇,赤衣塞路,群盗满山。”《汉书·吾丘寿王传》中“赤衣”作“赭衣”。

[3]冒:头上覆盖。[②]

[4]毡:毡子。冒赤毡:戴红色毡子。[③]

[5]反衣:将衣服的里面向外翻而穿着。[④] 陈伟引张舜徽说,指出古人穿皮衣,毛在外而皮在内,反之则为《新序·杂事二》之所谓“反裘”,“其衣裘者,赤其里□反衣之”,“反”前一字或是“而”,如此规定当是因为毛面不便染色的缘故。[⑤] 岳麓秦简整理小组释为“仗,衣”,读为“□仗,衣之”,今从周海锋改释。[⑥]

[6]仗城旦:一般认为指年老的城旦,[⑦]或认为指被断足的城

① 武汉大学简帛研究中心等编:《秦简牍合集:释文注释修订本(壹、贰)》,武汉大学出版社2016年版,第107页注释9。

② 参见睡虎地秦简整理小组编:《睡虎地秦墓竹简》,文物出版社1990年版,释文第54页。

③ 参见陈松长主编:《岳麓书院藏秦简(肆)》,上海辞书出版社2015年版,第168页注释104。

④ 参见周海锋:《秦律令研究》,湖南大学2016年博士学位论文。

⑤ 参见陈伟:《秦简牍校读及所见制度考察》,武汉大学出版社2017年版,第183~184页。

⑥ 参见陈伟:《岳麓秦简肆校商(贰)》,载简帛网,http://www.bsm.org.cn/show_article.php?id=2504,首发于2016年3月28日;周海锋:《秦律令研究》,湖南大学2016年博士学位论文。

⑦ 参见睡虎地秦简整理小组:《睡虎地秦墓竹简》,文物出版社1990年版,释文第54页。

旦。[①] 又作“杖城旦”“丈城旦”,睡虎地秦简《秦律十八种》147 载“仗城旦勿将司”,里耶秦简 8 -686 +8 -973 载:“廿九年八月乙酉,库守悍作徒薄(簿):受司空城旦四人、丈城旦一人、舂五人,受仓隶臣一人”。[②] 可见丈城旦与城旦并举,但同样隶属于司空,也看不出其劳役是否有别。

[7]阛:市场院墙的大门。《说文·门部》载:“阛,市外门也。”何四维认为“舍阛”一词,指市场建筑的外门,[③]可参看。

[8]【之市】及留【舍阛外,当】行【市】中【者,回,勿行】:此句文字多漫漶残泐,无法释出者均根据睡虎地秦简《秦律十八种》148 补出。岳麓秦简整理小组据《秦律十八种》148 补“勿行”,余字均释出,[④]可参看。

语译

司空律规定:城旦舂穿着红色的衣服,头上覆盖红色的毡子,手足戴桎梏,足胫套铁钳。各类应穿着红色衣服的人,其衣物无论大、小和面子、里子,全部染成红色;其中穿着皮衣的人,将皮衣的里子染成红色,而使之反穿皮衣。仗城旦不要监管。舂和城旦外出服徭役的,不得前往市场及在市场大门外停留或住宿,须从市场中行路的,要折返,不要经过市场。

---

① 参见张世超、张玉春:《〈睡虎地秦墓竹简〉校注简记》,载《古籍整理研究学刊》1985 年第 4 期。

② 除此条外,里耶秦简中的“杖城旦”还可见:8 -801 载“卅年十月辛亥,启陵乡守高□受司空仗城旦二人”,8 -686 +8 -973 载“廿九年八月乙酉,库守悍作徒薄(簿):受司空城旦四人、丈城旦一人、舂五人,受仓隶臣一人”,8 -1143 +8 -1631 载“卅年八月贰春乡作徒薄(簿):城旦、鬼薪积九十人,仗城旦积卅人”,8 -1278 +8 -1757 载“卅一年四月癸未朔癸卯,启陵乡守逐作徒薄:受仓大隶妾三人,受司空仗城旦一人”,8 -1279 载“【卅】年八月丙戌朔癸卯□□城旦、鬼薪三人。□仗城旦一人□”,9 -1759 +9 -819 载“受司空城□仗(丈)城旦一人”。

③ A. F. P. HULSEWE, *Remnants of Ch' in Law*, E. J. BRILL, Leiden, 1985, p. 72.

④ 参见陈松长主编:《岳麓书院藏秦简(肆)》,上海辞书出版社 2015 年版,第 123 页。

解读

一、法条分析

本条内容大体包含于睡虎地秦简《秦律十八种》第147～149“司空”条(以下简称“‘司空’条”)中,部分内容二者可互见有无。总体来看,本条由彼此关联不甚密切的四款规定构成,如下:

(一)“城旦舂衣赤衣,冒赤毡,枸椟杕之。”

这是对城旦舂服装和械具的规定。城旦舂须全身穿着红色衣物,用作其身份的外观标志,并须加上齐备的械具即“枸椟”和“杕”。相比之下,鬼薪白粲、隶臣妾、司寇等徒隶均无如此规定。不过,根据《秦律十八种》第134～135条,“鬼薪白粲,羣下吏毋耐者,人奴妾”这三种人“居赎赀债于城旦”,也要和城旦舂一样着赤衣、戴械具。[①]

(二)“诸当衣赤衣者,其衣物毋(无)小大及表里,尽赤之;其衣裘者,赤其里□反衣之。”

不见于“司空”条的此款规定进一步细化了对“诸当衣赤衣者”的服装要求。“诸当衣赤衣者”除前款的城旦舂外,还应有《秦律十八种》第134～135条所讲的“鬼薪白粲,羣下吏毋耐者,人奴妾居赎赀责(债)于城旦”,当然还可能有其他种类的人。案岳麓秦简伍220云“诸当衣赤衣、冒擅(毡)、枸椟杕”,表述方式相同,但描述更细致,所指对象的范围也更窄。

(三)“仗城旦勿将司。”

此款特别规定仗城旦不受监管,其待遇与牧马时的泰厩城旦相

---

① 徐世虹认为“冒赤毡”是城旦舂和鬼薪白粲在囚服上的唯一区别。参见徐世虹:《秦及汉初律中的城旦刑》,载张中秋编:《中华法系国际学术研讨会文集》,中国政法大学出版社2007年版,第196～211页。今案:鬼薪白粲应着赤衣似未见明确规定。睡虎地秦简《秦律十八种》第134～135条载“鬼薪白粲,群下吏毋耐者,人奴妾居赎赀责(债)于城旦,皆赤其衣,枸椟欙杕,将司之”,可理解为“鬼薪白粲居债于城旦”者,方须着赤衣。

同(岳麓秦简肆49),区别于须被监管的普通城旦舂。此款在“司空”条中作“仗城旦勿将司;其名将司者,将司之”,多出了一个补充规定:“其名将司者,将司之。”所谓“名”指明文规定,此用法又见《二年律令》90所载“有罪当耐,其法不名耐者”,166所载“诸亡自出,减之无名者”,216所载“诸使而传不名取卒甲兵禾稼志者”。

(四)“舂城旦出繇(徭)者,毋(无)敢之市及留舍阓外,当行市中者,回,勿行。”

此款规定舂和城旦外出(离开通常的劳作地)服徭役时,不能进入市场,不能在市场大门外停留、住宿。推敲其立法目的,或因为市场人员密集且流动频繁,又多有雇佣劳动的机会,利于城旦舂的逃亡、隐匿和生存,试看以下几条材料:

1. 甲故士五(伍),居某里,乃四月中盗牛,去亡以命。丙坐贼人□命。自昼甲见丙阴市庸中,而捕以来自出。(睡虎地秦简《封诊式·□捕》)

2. 即收讯人竖子及贾市者舍人、人臣仆、仆隶臣、贵大人臣不敬悳(德),它县人来流庸,疑为盗贼者。(张家山汉简《奏谳书》206)

3. 讯⿱魏日:⿱魏日亡,安取钱以补袍及买鞞刀?⿱魏日曰:庸取钱。(岳麓秦简叁159)

4. 参去,属其后相曰:“以齐狱、市为寄,慎勿扰也。”后相曰:“治无大于此者乎?”参曰:“不然。夫狱、市者,所以并容也,今君扰之,奸人安所容也?吾是以先之。”(《史记·曹相国世家》)

这就是逃犯、盗贼、奸人托身市场或通过雇佣劳动以隐匿、生存之例。

二、与睡虎地秦简"司空"条的比较

如前所述,本条的内容基本被包含在《秦律十八种》第147~149("司空")条中。周海锋、朱红林比较了两者的异同,并从秦律的编纂、抄写、流传等角度对此作了探讨,得出了一些重要认识。

周海锋认为:(1)对照本条的"司空律曰",可知"司空"条末尾所标注的"司空"二字就是"司空律"的简称。(2)本条与"司空"条大体相同,而岳麓秦简律令抄纂于统一后,睡虎地秦简律令则产生于秦王政之前至秦始皇三十年之间,可见秦律的效力有一定的稳固性、持续性。(3)在"司空"条等睡虎地秦简律令中多次出现的"枸椟欙杕",在包括本条在内的岳麓秦简律令中两次出现,均作"枸椟杕",显然不能用书手漏抄来解释,可知秦律在主体稳固的同时也会作局部修订。(4)本条与"司空"条的钞本性质十分明显,"诸当衣赤衣者"一段与"其名将司者,将司之"一段有无互见,二段文字均是补充性规定,可假设是抄录者根据自己的理解,将某些没有必要摘录的文字加以省略。节录者根据个人喜好摘抄律条,造成不同钞本的形态有差异。[①]

朱红林则认为:同样的内容,睡虎地秦简比岳麓秦简更明白易懂,或许是因为它是吏学教本,所以要简明扼要、通俗易懂,而岳麓秦简更多地保留了官府源文件的特点,因此其表述更显严密规范。当然,二者的不同也可能是因为秦政府对法律作了修订、补充或精简。[②](邬勖)

① 参见周海锋:《秦律令研究》,湖南大学2016年博士学位论文;周海锋:《从岳麓书院藏〈司空律〉看秦律文本的编纂与流变情况》,载李学勤主编:《出土文献》(第10辑),中西书局2017年版,第150~152页。

② 参见朱红林:《岳麓书院藏秦简(肆)补注六》,载姚远主编:《出土文献与法律史研究》(第7辑),法律出版社2018年版,第47~48页。

肆 169 ~ 170

释文

·内史杂律[1]曰:刍稾廥[2]、仓[3]、库[4]实官积[5],垣高毋(无)下丈四尺,□[6]啬(墙)财(裁)[7]为候[8],晦[9]令人宿候。二人备火,财(裁)为池[10]1413/肆169□水;官[11]中不可为池者,财(裁)为池官旁。1297/肆170

注释

[1]内史杂律:与内史职能相关的各类法律规定,睡虎地秦简出现有"内史杂"。或以为《内史杂》可能是对与内史有关的法令的摘抄汇总,并非正式的律篇之名。[①]

[2]刍稾廥:储藏刍稾的专用仓库。《广雅·释宫》载:"廥,仓也。"里耶秦简中见有"径廥""丙廥",都是秦时仓库的名目。[②] 廥既可用于储藏"粟米"等谷物粮食(见里耶秦简 8-56 载"径廥粟米二石"),又可储藏刍藁等饲草禾秆等草料(如本简所见)。睡虎地秦简《秦律十八种》29~30 载:"禾、刍稾积䋜(索)出日,上赢不备县廷。出之未䋜(索)而已备者,言县廷,廷令长吏杂封其廥,与出之,辄上数廷。"

[3]仓:此处专指储藏粮食的仓库。睡虎地秦简《秦律十八种》21 有:"入禾仓,万石一积而比黎之为户。"又可理解为管理粮食储藏、发放的官署机构。[③]

[4]库:储藏兵器场所,亦可指相应的管理机构。睡虎地秦简

① 参见中国政法大学中国法制史基础史料研读会:《睡虎地秦简法律文书集释(五):〈秦律十八种〉(〈效〉——〈属邦〉)、〈效〉》,载徐世虹主编:《中国古代法律文献研究》(第10辑),社会科学文献出版社 2016 年版,第 61 页。

② 参见陈伟主编:《里耶秦简牍校释》(第 1 卷),武汉大学出版社 2012 年版,第 42 页。

③ 参见陈伟主编:《里耶秦简牍校释》(第 1 卷),武汉大学出版社 2012 年版,第 1 页。

《秦律杂抄》15 载:“稟卒兵,不完缮,丞、库啬夫、吏赀二甲,法(废)。”里耶秦简 8 - 493 有“库兵计。”当是保管储藏兵器机构的相关账簿。

[5]实官积:此处指粮食、草料、军事物资等机构的保管储藏。“实官”包括了前述的“廥、仓、库”等机构。[①]“实”不仅指“谷物”,其他财货亦可称为“实”。[②] 积:堆。[③]《说文》载:“积,聚也。”睡虎地秦简有“万石一积”“二万石一积”“十万石一积”,秦律以“积”作为粮食、草料、军事物资等的储藏方式。

[6]□:据图版,此字较为模糊。整理者原释为“瓦”,盖瓦之义。[④] 瓦墙,可理解为墙上加瓦。暂从岳麓秦简整理小组意见。另有陈伟释为“它”,[⑤]与后文连读为“它墙财(裁)为候”,可备一说。

[7]财(裁),财,与裁同。《汉书·成帝纪》载:“财振贷。”颜师古注曰:“财与裁同,谓量其等差而振贷之。”张家山汉简《奏谳书》133 载“上书言财(裁)新黔首罪”。此处可以理解为在墙上裁量修建岗哨。

[8]候:岗哨。《银雀山汉墓竹简·孙膑兵法》载:“去守五里置

---

① 可参见陈伟:《岳麓秦简肆校商(贰)》,载简帛网,http://www. bsm. org. cn/show_article. php? id = 2504,首发于 2016 年 3 月 28 日;朱红林:《〈岳麓书院藏秦简(肆)〉补注六》,载姚远主编:《出土文献与法律史研究》(第 7 辑),法律出版社 2018 年版,第 53 页。

② 参见武汉大学简帛研究中心等编:《秦简牍合集 释文注释修订本(壹、贰)》,武汉大学出版社 2016 年版,第 128 页。

③ 参见陈松长主编:《岳麓书院藏秦简(肆)》,上海辞书出版社 2015 年版,第 168 页。

④ 参见陈松长主编:《岳麓书院藏秦简(肆)》,上海辞书出版社 2015 年版,第 168 页。

⑤ 参见陈伟:《岳麓秦简肆校商(贰)》,载简帛网,http://www. bsm. org. cn/show_article. php? id = 2504,首发于 2016 年 3 月 28 日。

候。”[①]当指墙上岗哨、岗亭一类的警备设施。[②]

[9]晦:夜晚。《越绝书》载:“昼书不倦,晦诵竟旦。”[③]

[10]财(裁)为池:陈伟认为此处缺字为“池”。[④] 结合下简“财(裁)为池官旁”内容,从陈伟意见。

[11]官:整理者释文为“宫”,据图版改,下“池官”之“官”亦同。[⑤]

语译

《内史杂律》规定:刍藁廥、仓、库等储藏机构以堆积的方式储存物资,其墙垣不要低于一丈四尺,墙上盖瓦,修筑岗哨,夜里命人在岗哨值班宿卫。两人防火,(在官府中)修建水池以蓄水(?);不能在以上机构中建造水池的,则在其旁边修建水池。

解读

法条分析

本条《内史杂律》的规定主要涉及物资储藏的安全管理,就仓库院墙建筑高度标准、防盗警戒以及防火设施设置三个方面提出了具体的要求。对于本简内容的断读与理解参照了陈伟、朱红林两位学

① 参见陈松长主编:《岳麓书院藏秦简(肆)》,上海辞书出版社2015年版,第168页注释112。

② 参见陈伟:《岳麓秦简肆校商(贰)》,载简帛网,http://www.bsm.org.cn/show_article.php?id=2504,首发于2016年3月28日。

③ 参见陈松长主编:《岳麓书院藏秦简(肆)》,上海辞书出版社2015年版,第168页。

④ 参见陈伟:《岳麓秦简肆校商(贰)》,载简帛网,http://www.bsm.org.cn/show_article.php?id=2504,首发于2016年3月28日。

⑤ 雷海龙、陈伟已经指出此处整理者的释读错误。参见陈伟:《岳麓秦简肆校商(贰)》,载简帛网,http://www.bsm.org.cn/show_article.php?id=2504,首发于2016年3月28日。

者的观点。[①] 首先就是对于储藏官府谷物、兵器等物资的仓库建筑,要求其墙垣不得低于一丈四尺。其次,修建岗哨,晚上安排相关人员卫宿警戒,保障这些官府物资的安全。最后,涉及防火的规定,要求必须在上述储藏物资的机构中建造可用以灭火消防的水池。(陈迪)

肆 171 ~ 172

释文

·内史杂律曰:诸官县料者,各有衡石羸(累)[1]、斗甬(桶)[2],期足计,其官毋叚(假)黔首;不用者,平[3]之如用者。以铁午(杵)[4]$_{1296/肆171}$閜(扃)[5]甬(桶)口。皆壹用方櫭(概)[6],櫭(概)勿得用槃(盘)及圜(圆)櫭(概)。[7]$_{1237/肆172}$

注释

[1]衡石羸(累):衡器的权。衡石,指以石为单位的衡器,即以秦汉时一百二十斤为计量单位的秤。《史记·秦始皇本纪》载"上至以衡石量书",《集解》云"石百二十斤",《正义》云:"衡,秤衡也。言表笺奏请,秤取一石。"羸(累),即权,汉铜权铭文常自名为累。[②] 或以为衡与石累断读,石累,即以石为重量的权。1963 年曾出土"高奴禾石铜权",现藏陕西省博物馆。[③] 此时校正的不仅是权,还有衡。

[2]斗甬(桶):当时以斗为单位的容器。见《吕氏春秋·仲春纪》及《史记·商君列传》。秦汉时以十斗为桶,一说六斗为桶,详见

① 参见陈伟:《岳麓秦简肆校商(贰)》,载简帛网,http://www.bsm.org.cn/show_article.php? id=2504,首发于 2016 年 3 月 28 日;朱红林:《〈岳麓书院藏秦简(肆)〉补注六》,载姚远主编:《出土文献与法律史研究》(第 7 辑),法律出版社 2018 年版,第 53 页。

② 参见睡虎地秦墓竹简整理小组编:《睡虎地秦墓竹简》,文物出版社 1990 年版,释文第 44 页。

③ 参见国家计量总局主编:《中国古代度量衡图集》,文物出版社 1981 年版,第 112 ~ 113 页。

段玉裁《说文解字注》。[①]

[3]平:校正。睡虎地秦简《秦律十八种》作"正",此避嬴政名讳而改。[②]

[4]铁午(杵):形状如杵的铁器,用以关闭固定桶盖的工具。详解读。

[5]閜(扃):关闭,《说文》云"扃,外闭之关也",即从外面关闭的门闩,可引申出动词关闭,《淮南子·俶真训》:"处小隘而不塞,横扃天地之间而不窕。"高诱注:"扃,犹闭也。"[③]详解读。

[6]槩(概):即"概",称量谷物时用来刮平斗斛的器具。《礼记·月令》载:"正权概。"[④]《韩非子·外储说左上》载:"概者,平量也。" 说文篆书写作"槩",《玉篇》载:"槩,平斗斛。"量谷物时刮平斗斛的小木板,在制造和校正斗斛标准量器时,以概为平准工具;且在检定度量衡时,也要校正概的平直度,可见概作为平准量器的重要性,不只是小刮板而已。[⑤]

[7]槩(概)勿得用槃(盘)及圜(圆)槩(概):此处可理解律文强调不得以盘与圆概代替方概。另有岳麓秦简整理小组认为此处漏抄"方"字,断句为"【方】槩(概)勿得,用槃(盘)及圜(圆)槩(概)",可理解为如果没有方概,则可使用盘与圆概代替,可备一说。

语译

内史杂律规定:官府进行称量时,都应有衡石的权、斗桶,以期这

---

① 参见睡虎地秦墓竹简整理小组编:《睡虎地秦墓竹简》,文物出版社1990年版,释文第44页。

② 参见陈松长主编:《岳麓书院藏秦简(肆)》,上海辞书出版社2015年版,第168页。

③ 参见何宁:《淮南子集释》,中华书局1998年版,第150页。俞樾认为是所谓杠鼎横木。

④ 参见陈松长主编:《岳麓书院藏秦简(肆)》,上海辞书出版社2015年版,第168页。

⑤ 参见朱红林:《〈岳麓书院藏秦简(肆)〉补注七》,载霍存福主编:《法律文化论丛》(第10辑),知识产权出版社2019年版,第200页。

些器具足够计量之用。这些官府不要借给百姓;当时不使用的器具,也要如同使用的一样校准。用铁杵箍紧斗桶的桶口,均统一使用方概,没有方概的情况下,可使用盘或圆概。

解读

一、"期足计,其官"的断读

目前所见有三种断读:第一种为岳麓秦简整理小组的断读:"期足,计其官。"当源自睡虎地秦简《秦律十八种》194 的断读,"期足",可理解为"以足够为度"。"计其官"翻译为"这些器具应在官府中量用"。第二种则是戴世君的理解:其断读为"期足计其官",其解释为满了期限,要将权、斗桶交给有关官府加以检测、校正。[①] 第三种则见于何四维的《秦律遗文》,其断读为"期足计,其官毋假黔首",即相应的权、斗桶等标准器具以期达到满足计量之用,其官属下读,作"毋假"的主语。

笔者认为以何四维的断读意见为佳。戴世君以为"期足"相当于睡虎地秦简《秦律十八种》中所见《工律》条,即"县及工室听官为正衡石累、斗桶、升,毋过岁一"之"毋过岁一"。然另有《秦律十八种》63 载:"畜鸡离仓。用犬者,畜犬期足。猪、鸡之息子不用者,买(卖)之,别计其钱。"以及 129 载:"官有金钱者自为买脂、胶,毋(无)金钱者乃月为言脂、胶,期踐(足)。为铁攻(工),以攻公大车。"似不能作超过期限理解。另外,如以岳麓秦简整理小组的"计其官"作为一句,须在官府中使用似乎无须再次强调。故综合而言暂从何四维意见。

二、"以铁午(杵)閫(扃)甬(桶)口"的理解

此处较难理解,岳麓秦简整理小组的注释较为含混,如下:

① 参见戴世君:《云梦秦律注释商兑(续)》,载简帛网,http://www.bsm.org.cn/show_article.php?id=822,首发于2008年4月26日。

铁午(杵):形状如杵铁器。𨳡(扃):本指门闩、门环。此用作动词,与籀意思相近。[1]

“扃”作动词很好理解,但如何理解“扃”的用法,岳麓秦简整理小组却并未详细说明。这里有必要对“扃”的字义以及具体实践操作过程进行进一步的分析。

我们认为“扃”可理解为关闭的意思。《说文》云“扃,外闭之关也”,即从外面关闭的门闩,后世注家多以此理解“扃”,如王筠《说文句读》载:“扃与木部楗,盖内外相对,皆关闭之器,在门内者谓之楗,在门外者谓之扃。”自然扃可引申出关闭的意思,如《淮南子·俶真训》载:“处小隘而不塞,横扃天地之间而不窕。”高诱注:“扃,犹闭也。”

而在《礼记》《仪礼》中关于“扃”的记载就更多,在两周礼仪场合中普遍出现,常与鼎、鼏连用,合称“扃鼎”,即作为鼎盖关闭固定之用的工具。[2] 后来在考古发掘中出土了扃鼎的实物(见图1):

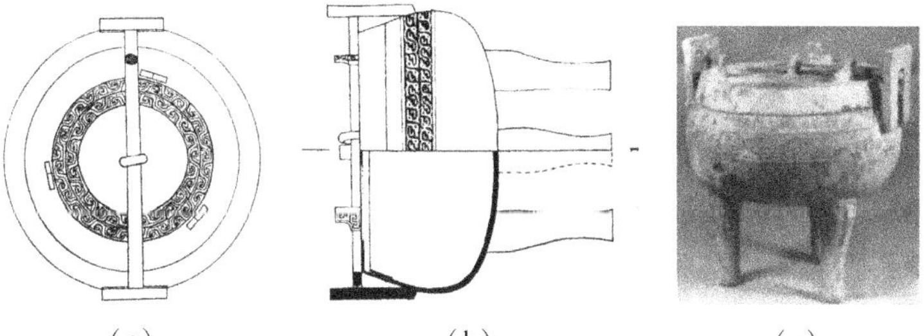

(a)　(b)　(c)

图1　舒城出土青铜器照片与示意图

资料来源:殷涤非:《安徽舒城出土的铜器》,载《考古》1964年第10期。

图1为1959年在安徽舒城出土的一件鼎,发掘简报介绍,该鼎

---

① 参见陈松长主编:《岳麓书院藏秦简(肆)》,上海辞书出版社2015年版,第168页注释116、117。

② 详见李鹏为:《“锁”字源流及相关问题研究》,载文化遗产研究与保护技术教育部重点实验室等编:《西部考古》(第15辑),科学出版社2018年版,第50~69页。

内盛鱼骨,通耳高 25.5、器高 22.3、口径 20.5 厘米,有盖,盖中半环钮,盖周三扁形钮,横穿盖钮以贯鼎耳为一铜铉,铉厚 0.9 厘米,宽 1.3 厘米。[1] 结合传世文献的相关记载,报告中的铜铉应该就是所谓的鼎扃。

通过以上分析,我们认为所谓以"铁杵扃桶口"即类似图 1 中所见,用铁杵为扃封闭不用的斗桶,与之相配合的应该还有桶盖。

另外提一下,如图 2 所示,则必然还有类似固定鼎扃的鼎耳。熊长云曾介绍了安阳博物馆所藏的一件秦代诏书铭文残器,此器质地为青铜,器身为长条形,向内弯曲,断为两截。器身一侧有一方形穿孔。经测量,原器弧面总长 18.5 厘米,宽 3.5 厘米,厚 0.1 厘米:[2]

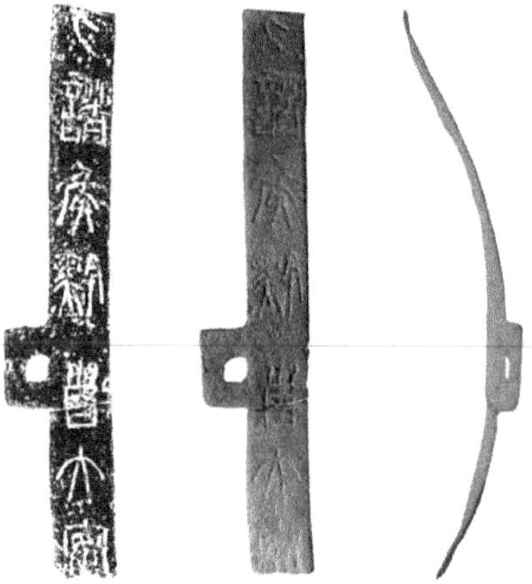

(a)　　　　(b)　　　　(c)

(a)拓本;(b)实物俯视图;(c)实物侧视角。

图 2　秦代诏书铭文残器图版及铭文

资料来源:熊长云:《秦诏铜箍残件与秦桶量之复原——兼论桶量与斛量之更替》,载《故宫博物院院刊》2017 年第 3 期。

---

① 殷滌非:《安徽舒城出土的铜器》,载《考古》1964 年第 10 期。

② 参见熊长云:《秦诏铜箍残件与秦桶量之复原——兼论桶量与斛量之更替》,载《故宫博物院院刊》2017 年第 3 期,以下秦诏书残片图片亦转引自该文。

根据残留铭文推测即著名的秦诏书:

> 廿六年,皇帝尽并兼天下诸侯,黔首大安,立号为皇帝,乃诏丞相状、绾,法度量则,不壹歉疑者,皆明壹之。

熊长云结合残存诏书内容确认两字间隔以及每字大小,结合完整诏书内容推测复原之后的铜箍约118 厘米,复原如图3 所示。我们大致赞同其长度与内容,对其孔的数量与用途存有另外的看法。作者认为方形穿孔的目的是将记载诏书的铜箍固定在秦桶上,结合对称性认为六孔为宜,我们则认为这个方孔似乎可用以横穿铁杵,可与扃相联系,用以固定桶扃。当然,此处也是一种推测。

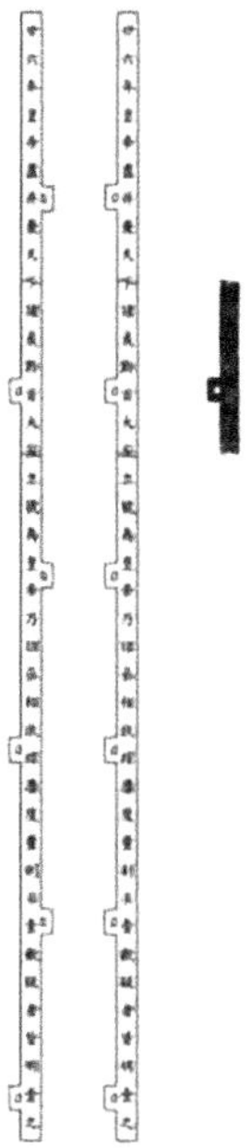

图3　复原之后的铜箍

资料来源:熊长云:《秦诏铜箍残件与秦桶量之复原——兼论桶量与斛量之更替》,载《故宫博物院院刊》2017 年第3 期。

三、"槩(概)"的含义与用法蠡测

最后,岳麓秦简整理小组认为"方"字后缺重文符号,后句断读为:"皆壹用方槩(概),【方】槩(概)毋得,用槃(盘)及圜(圆)槩(概)。"可理解为例外规定,即只有在方概不存的情况下,可补充使用盘与圆概,我们则有另外不同的理解,在不补重文符号的情况下进行重新断读,具体为:"皆壹用方槩(概)。槩(概)毋得用槃(盘)及圜(圆)槩(概)。"即必须使用方形木概,不得使用盘以及圆形木概。此种理解与岳麓秦简整理小组从内容上看属于完全相反的意思,前者完全取消了使用盘与圆概的可能性,并以

明文规定加以强调。后者的理解则是盘与圆概可作为没有方概时的补充工具。为此有必要再讨论一下“概”的具体特征。

概,一般写作“槩”,《说文》载:“槩,杚斗斛。”段玉裁《说文解字注》:“月令:正权槩。郑、高皆云:槩,平斗斛者。用之平斗斛亦曰概。”《汉书》颜师古注同,则概当是作为刮平斗斛的工具,即木质刮板。《辞源》载:“平斛斗之木也,后世俗称‘斗趟子’。”另外,从月令记载看当时强调要校正概的平直度,可见其作用不仅在于刮平斗斛,同时也是校正斗斛的平准工具。①

图4 现代农村中使用的概与斗

资料来源:潘伟:《中国传统农器古今图谱》,广西师范大学出版社2015年版,第389页。

那么槩到底如何使用呢?艾学璞等人发现了一套民国时期的标准量器铜斗,在其包装箱内发现了一块长273毫米、宽227.2毫米、厚16.2毫米的硬质木板,其一侧边长和高呈60度的斜面,很像现在的计量工具“刀口尺”。木板背面,沿两长边分别粘贴宽89毫米和

① 对于概的讨论参见朱红林:《〈岳麓书院藏秦简(肆)〉补注七》,载霍存福主编:《法律文化论丛》(第10辑),知识产权出版社2019年版,第196页;潘伟:《中国传统农器古今图谱》,广西师范大学出版社2015年版,第388页。

42 毫米,厚为 4 毫米的两条长方形薄板。这一木板被认为就是所谓的“概”,见图 4。[①] 艾学璞等人分别按照文献记载的概的功能进行了试验。

第一种就是“平量”的功能,艾学璞等人试验的时候先后采用了两种方法(见图 5):

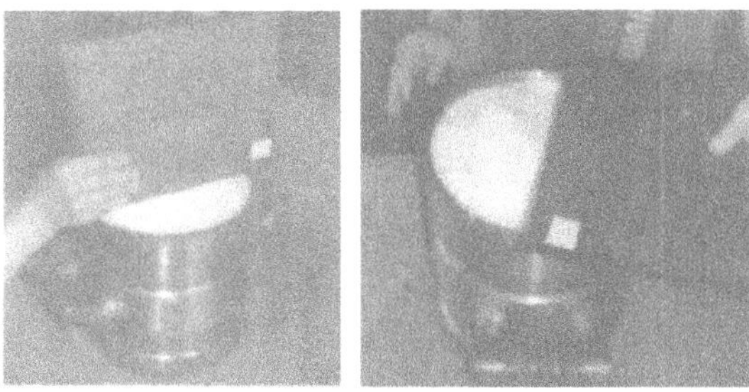

(a)　(b)

图 5　对概“平量”功能的实验

资料来源:艾学璞等:《对“槩”的研究与探讨》,载《中国计量》2006 年第 9 期。

第一种是以斜面成夹角,沿着斗口滑动[见图 5(a)],第二种是将概水平放置,缓慢平移[见图 5(b)]。

概的第二种重要功能就是校正量器,即通过利用板的直线度和平面度,检验量器口沿的平面度。该文中艾学璞等人也对这一功能进行了试验,即通过凹槽空隙观察斗口上沿边与“概板”之间的结合情况,即所谓“用光隙估读”查看是否有透光现象,经过查看发现基本没有透光。然后,又转动“概板”观察与斗口上沿边密合(见图 6),同样也未见有透光。说明被测量器上口沿是一个圆平面。

① 参见艾学璞等:《对“槩”的研究与探讨》,载《中国计量》2006 年第 9 期。图 4 ~ 图 6 均转引自该文。

图 6　概“校正量器”功能的实验

资料来源:艾学璞等:《对“槩”的研究与探讨》,载《中国计量》2006 年第 9 期。

另外值得一提的是,艾学璞等人在同一包装箱内还发现了圆形厚玻璃板,直径 265 毫米(比铜斗外壁直径 250 毫米,大 15 毫米),厚 6 毫米,推测是测量铜斗上沿口圆度的。我们认为这个或许就是律文提到的圆概。圆概可以作为校准工具,但因其形制原因,如果是刮平桶口的话,我们认为没有方概来得方便。

当然,需要指出,图 5 和图 6 反映的试验对象是一套民国时期的桶与概,而目前未见秦概实物,仅能就后世概与桶推测秦概的用途与使用方法。(陈迪)

肆 173 ~ 174

释文

·田律曰:毋令租者[1]自收入租[2],入租、貣(贷)者[3]不给[4],令它官[5]吏助之。不如令,官啬夫、吏赀各二甲,丞、令、令史弗得 1224/肆173 及入租、貣(贷)不给,不令它官吏助之,赀各一甲。J45/肆174

注释

[1]租者:征收田租的负责者。① 龙岗秦简 150/137/137/196 + 177/154/154/残 8③载:“租者且出以律,告典、田典,典、田典令黔首

① 参见张金光:《秦制研究》,上海古籍出版社 2004 年版,第 196 页。

皆智(知)之,及写律予租☒。"[①]

[2]入租:应缴纳的田租。"入租""入刍稾"是当时缴纳田赋的习语。租、刍稾是秦及汉初田赋的两种基本类型,参见岳麓秦简肆106注释[2]。里耶秦简9-1231载:"☒【陵】乡黔首入租□八石□□。"

[3]入租、貣(贷)者:应缴纳的田租、借贷之物。与后文"入租、贷"的理解并无区别,相似结构可见睡虎地秦简《秦律十八种》64载:"官府受钱者,千钱一畚,以丞、令印印。"贷,特指借贷国家之物,岳麓秦简肆386载:"刍稾积五岁以上者以贷,黔首欲贷者,到收刍稾时而责(债)之。"华东政法大学出土法律文献研读班另有意见认为,"入租、貣(贷)者"指征收租、贷的人,[②]亦可备为一说。

[4]给:足。《说文》:"给,相足也",《吕氏春秋·开春论》:"官费又恐不给,请弛期更日"。

[5]它官:其他官署。睡虎地秦简《秦律十八种》159~160载:"啬夫之送见它官者,不得除其故官佐、吏以之新官。"

语译

《田律》规定:不要让负责征收田租的人独自收取田租,应当缴纳的田租、借贷之物不能足额缴纳的,命令其他官署的官吏协助征缴。不服从规定的,官啬夫、吏各处赀二甲,县丞、县令、令史没有发觉收取田租的过程中未设监者以及黔首缴纳田租、所借贷之物未足额的,却没有命令其他官署的吏协助征缴,县丞、县令、令史各处赀一甲。

---

① 武汉大学简帛研究中心等编:《秦简牍合集　释文注释修订本(叁)》,武汉大学出版社2016年版,第79页。

② 2019年11月23日,邬勖在华东政法大学出土法律文献研读班中提出此观点,认为"入租、贷者不给"即收取田租、借贷之物的官吏人数不足。

解读

一、对秦时征收田租程序的理解

本条主要涉及田租的征收问题,除此之外,睡虎地秦简、龙岗秦简中亦见有收租的相关规定:

> 租者、监者诈受所租、所【监】□□□☒ 144A/128A/128A/218A(龙岗秦简)
>
> 租者且出以律,告典、田典,典、田典令黔首皆智(知)之,及 150/137/137/196 写律予租☒ 177/154/154/残 8③(龙岗秦简)[①]
>
> 部佐匿者(诸)民田,者(诸)民弗智(知),当论不当?部佐为匿田,且可(何)为?已租者(诸)民,弗言,为匿田;未租,不论○○为匿田。(睡虎地秦简《法律答问》157)

由上述龙岗秦简 144A/128A/128A/218A 与岳麓秦简肆 172 可知,秦时征收田租之时,须由专门的征租之人与监督之人负责。又据上述龙岗秦简第二则简文可知,即便是县廷派出征租之人,同样不是具体执行征收田租的人,他仅向典、田典公示据以收租的律文,然后由典、田典负责具体征收事宜。结合上述睡虎地秦简《法律答问》157 的规定,部佐有时会出现"已租诸民,弗言"即已经向辖下的百姓征收了田租却没有记录或告知的情形,可知部佐会出现在征收田租过程中的某个环节,而具体向辖下百姓直接征收由"典、田典"负责,因此我们推测可能乡、部佐在通常情况下会成为征收田租的"租者"而存在。

岳麓秦简肆 212~213 载:"置吏律曰:有辠以䙴(迁)者及赎耐

① 参见武汉大学简帛研究中心等编:《秦简牍合集　释文注释修订本(叁)》,武汉大学出版社 2016 年版,第 79 页。

以上居官有辠以废者,虏、收人、人奴、群耐子、免者、赎子,辄傅其计籍。其有除以为冗佐、佐吏、县匠、牢监、牡马、簪裹者,毋许,及不得为租。"规定了"不得为租"的群体,属于禁止担任"租者"的规定。本条可能即是部佐不能成为"租者"的例外情况之一。

据上,我们推测秦时征收田租的具体环节如下:

县廷征收田租之时,由各乡、部佐担任负责征收田租之人,而于此之外,同时设置"监者"以监督"租者"的行为是否合乎法律规定。(如果没有设置"监者",那么除了官啬夫、吏要受到处罚之外,县令、县丞和令史如果没有察觉设置有缺,也要受到处罚。)乡、部佐收到指令之后,向辖下的典、田典公布征租的律令,并由典、田典向百姓征收田租。(如果乡、部佐没有收足,那么县令、县丞和令史要命令其他官署的吏协助征缴,如果没有下此令的话,县丞、县令和令史同样要受到处罚。)

亦可见秦时整个征收田租过程中的各个环节均有法律规定予以限制,体现了严格的程序公正性。同时,在保证程序上的严格合法之外,对田租的足额征收也给予了保证。但是,如果无法收足田租的情况之下,让其他官署协助征缴的规定也体现了官吏在征租时的强硬,更有助于保证田租在宽限期内的足额征收。

二、法条分析

本条共分为两款,主要适用的对象是官府中的官吏。第一款是主规定,强调征收田租时不能由租者单独征收,对于简文中的租、贷事项黔首不能足额缴纳的,要让其他官署的吏协助征缴。结合龙岗秦简 144A/128A/128A/218A "租者、监者诈受所租……"的规定,可知征收田租时一般设有专门负责征收的人以及负责监督的人,二者同时负责田租的征收工作。

在以往的研究中,多将"令它官吏助之"理解为"命令其他官吏或负责的官吏代为缴足"。[①] 朱红林则理解为"命令其他部门的官吏相助收租债"。[②] 我们认为,朱红林的观点更为合理。理由如下:

这款规定可与岳麓秦简肆 106～108"·田律曰:租禾稼、顷刍稾尽一岁不觱(毕)入;及诸貣(贷)它县官者,书到其县官,盈卅日弗入;及有逋不入者,赀其人及官啬夫、吏主者各一甲,丞、令、令史各一盾。逋其入而死、亡、有辠,毋(无)后,不可得者,有(又)令官啬夫、吏代偿"对读。在对比的过程中,主要有两点予以指出:(1)在缴纳租、刍稾的问题上,黔首有一年的宽限期,而如果是借贷自其他县官府之物,在追缴文书到达本县时也有 30 日的宽限期。而按照本条规定,如果征收租、贷的过程中,一旦无法足额收取,其他官署的吏就要代偿,与岳麓秦简肆 106～108 所言之宽限期有所冲突。(2)如果逃避缴纳者因死亡、逃亡或有罪,没有继承人,而导致不能追缴所欠财物的,要求官啬夫和吏代为偿还。由此可知,只有当租、贷客观无法追缴的情况下,才会出现"官啬夫、吏"代偿的情况,且由具体负责征收的"官啬夫、吏"代偿,也比所谓的"其他官署的吏"在逻辑上更为合理。

由上,我们认为,将"令它官吏助之"理解为"命令其他官署的吏予以协助征缴"更为合理,而这个协助征缴的期限,参考岳麓秦简肆 106～108 的规定可知为 1 年。

第二款是处罚性规定,是对第一款规定的补充。如果在征收田租时,仅设置了负责征收的人而未设"监者",主管此事的官啬夫、吏

---

① 参见朱德贵:《岳麓秦简所见田税问题探讨》,载《税务研究》2017 年第 5 期;慕容浩:《新出简牍所见秦与汉初的田租制度及相关问题》,载《社会科学研究》2017 年第 2 期;杨博:《"簿籍"与"取程":北大藏秦简〈田书〉性质再探》,载《农业考古》2018 年第 4 期等。

② 参见朱红林:《〈岳麓书院藏秦简(肆)〉补注(七)》,载霍存福主编:《法律文化论丛》(第 10 辑),知识产权出版社 2019 年版,第 201 页。

要处赀二甲,县丞、县令、令史未曾发觉的,处赀一甲;如果田租、贷自国家之物不能足额缴纳的,县令、县丞、令史不命令其他官署协助征缴的,也要处赀一甲。

由上可知,县令、县丞、令史三者对"租、贷"事务负有完全责任,无论是征收程序上,还是征收的结果上,其间出现任何的纰漏,均要承担相应责任,体现了秦对田租征收的重视。(乔志鑫)

肆 175 ~ 176

释文

·内史杂律曰:黔首室、侍(寺)舍[1]有与廥、仓、库实官补[2]属[3]者,绝[4]之,毋下六丈。它垣属焉者,独高其侍〈置〉[5],不$_{1266/175}$从律者,赀二甲。$_{1274/176}$

注释

[1]侍(寺)舍:官舍。[①] 张家山汉简《二年律令》4 载:"贼燔寺舍、民室屋庐舍、积冣(聚),黥为城旦舂。"

[2]补:修也。《史记·六国年表》载:"补庞,城籍姑。"司马贞索引载"补者,修也";睡虎地秦简《秦律十八种》117 载:"·县葆禁苑、公马牛苑,兴徒以斩(堑)垣离(篱)散及补缮之。"

[3]属:连接。[②]《汉书·沟洫志》载:"近黎阳南故大金堤,从河西西北行,至西山南头,乃折东,与东山相属。"

[4]绝:隔开、隔断。《广雅·释诂》载:"绝,断也。"[③]

[5]侍:可能是"置"的借字。《睡虎地秦简·内史杂律》载:"有

① 参见陈松长主编:《岳麓书院藏秦简(肆)》,上海辞书出版社 2015 年版,第 169 页注释 119。

② 参见陈松长主编:《岳麓书院藏秦简(肆)》,上海辞书出版社 2015 年版,第 169 页注释 121。

③ 参见陈松长主编:《岳麓书院藏秦简(肆)》,上海辞书出版社 2015 年版,第 169 页注释 122。

实官高其垣墙。它垣属焉者,独高其置、刍廥及仓茅盖者。”[①]本条可能指储存物资的地方。陈伟读为“庤”,《说文》载:“储置屋下也。”《玉篇·广部》载:“储也。”[②]

语译

《内史杂律》规定:百姓的房屋、官舍有与廥、仓、库等储藏机构因为修缮而相连的,要将它们隔断,距离不得少于六丈。其他墙垣与之相连的,要单独加高储藏物资的地方,不服从律文规定的,处赀二甲。

解读

法条分析

本条律文同样主要涉及官府储藏机构的安全管理,规定百姓的房屋以及官舍要与储藏机构保持六丈以上的距离,而除此之外的墙垣与储藏机构相连的,则要加高储藏物资之处的高度。如果违反律文规定的,要予以处罚。

本条与岳麓秦简肆 169 ~ 170“·内史杂律曰:刍稾廥、仓、库实官积,垣高毋下丈四尺,它蘠(墙)财(裁)为候,晦令人宿候。二人备火,财(裁)为池□水;官中不可为池者,财(裁)为池官旁”,共同构成了官府储藏机构的物资安全的规定,且内容与睡虎地秦简《秦律十八种》195 ~ 196 内容具有相似性,其内容如下:

> 有实官,高其垣墙。它垣属焉者,独高其置刍廥及仓茅盖者。令人勿紤(近)舍。非其官人殹(也),毋敢舍焉。善宿卫,闭门辄靡其旁火,慎守唯敬(儆)。有不从令而亡、有败、失火,官吏有重罪,大啬夫、丞任之。内

---

① 参见陈松长主编:《岳麓书院藏秦简(肆)》,上海辞书出版社 2015 年版,第 169 页注释 123。

② 参见陈伟:《岳麓秦简肆校商(贰)》,载简帛网,http://www.bsm.org.cn/show_article.php?id=2504,首发于 2016 年 3 月 28 日。

根据岳麓秦简肆169～170及175～176内容,可确认当时睡虎地秦简整理小组将此归为“内史杂”当是正确的意见。该条内容涉及实官墙垣的加高、防盗、防火等保障官有物资安全的规定,其规定的内容与岳麓秦简肆169～170及175～176内容近似,朱红林在比较简文内容后认为岳麓秦简所见律文更加规范与全面,而睡虎地秦简则是对岳麓秦简肆169～170、175～176简的概括。[①]（乔志鑫）

肆177～180

释文

·奔敬(警)律[1]曰:先儯[2]黔首当奔敬(警)者,为五寸符[3],人一,右在[4]【县道】[5],左在黔首,黔首佩之。节(即)奔敬(警)[6]∟,诸挟符者皆奔敬(警)故1252/肆177徼外盗[7]彻所[8],合符[9]焉,以譔(撰)伍[10]之。黔首老弱及𤵸(癃)病不可令奔敬(警)者,牒书[11]署其故,勿予符;其故徼县道[12],1253/肆178各令[13]守城邑害所[14],豫先分[15],善署[16]之,财(裁)[17]为置将吏[18],而皆令先智(知)所主[19],节(即)奔敬(警),各亟走所主[20],将吏善辨(办)治[21]1369/肆179之;老弱𤵸(癃)病不足以守∟,豫遣重卒[22],期足[23]以益守,令先智(知)所主。1383/肆180

注释

[1]奔敬(警)律:规制奔警事务的律。“敬”读为“警”,[②]指军事上的紧急情况,“奔警”即响应紧急军情的紧急动员。张家山汉简《奏谳书》137载:“及屯卒、奔敬(警)卒已罢去、移徙,遝之皆未

---

① 参见朱红林:《〈岳麓书院藏秦简(肆)〉补注六》,载姚远主编:《出土文献与法律史研究》(第7辑),法律出版社2018年版,第55页。

② 参见陈松长主编:《岳麓书院藏秦简(肆)》,上海辞书出版社2015年版,第169页注释124。

来。"[①]陈伟认为"奔警"与文献常见的"奔命"相近。[②] 岳麓秦简整理小组注:"奔警,闻警奔走。这一组奔警律涉及听闻军事警报以后吏将黔首编为军队,并指挥其奔走至相关地域展开军事行动的规定。"[③]详见"解读"。

[2]僯:选择。[④] 岳麓秦简整理小组释为"粼",今从郭永秉改释。[⑤] 僯为遴之或体,《说文·辵部》载:"遴,行难也,从辵粦声。《易》曰:'以往遴。'僯,或从人。"段玉裁注:"引申为遴选,选人必重难也。"

[3]符:一种分成两份的凭证,使用时双方各持一份,通过合而为一的方式进行验证。《说文·竹部》载:"符,信也。汉制以竹,长六寸,分而相合。"本条"五寸符"是一种形制、性质、功能均较特殊的符,详见"解读"部分。

---

① 《二年律令与奏谳书》从蔡万进将"敬"上一字释为"备"。今从郭永秉、陈伟改释。郭永秉:《"奔警律"补说》,载郭永秉:《古文字与古文献论集》,上海古籍出版社2011年版,第292~295页;陈伟:《张家山奏谳书案例十八释读一则》,载简帛网,http://www.bsm.org.cn/show_article.php? id=1922,首发于2013年10月5日。

② 参见陈伟:《"奔警律"小考》,载简帛网,http://www.bsm.org.cn/show_article.php? id=1036,首发于2009年4月22日;陈伟:《岳麓书院秦简考校》,载《文物》2009年第10期。

③ 参见陈松长主编:《岳麓书院藏秦简(肆)》,上海辞书出版社2015年版,第169页注释124。

④ 陈伟先生释此字为"粼",读为"遴",训为"简选"。参见陈伟:《"奔警律"小考》,载简帛网,http://www.bsm.org.cn/show_article.php? id=1036,首发于2009年4月22日;陈伟:《岳麓书院秦简考校》,载《文物》2009年第10期。

⑤ 此字即睡虎地秦简《秦律杂抄》10中整理者释为"粼"的字,郭永秉指出其将"人"旁写在右侧,与一般的写法不同,同一字形亦见于张家山汉简《奏谳书》152、马王堆帛书《老子》及《战国纵横家书》。参见郭永秉(网名:大丙):《岳麓秦简"奔敬律"补例》,载复旦大学出土文献与古文字研究中心,http://www.gwz.fudan.edu.cn/Web/Show/771,首发于2009年4月27日。

[4]在:保存。岳麓秦简整理小组引《说文·土部》载:“在,存也。”①

[5]【县道】:参照秦虎符铭,“右在”下明显有脱漏,今据下文“其故徼县道”补“县道”二字。岳麓秦简整理小组补为“县官”,曹旅宁补为“将”,陈伟认为可补“县廷”“其廷”“廷”“尉”。②

[6]节(即)奔敬(警):当执行奔警事务时。“即”用作表示法律规范的假定条件的标志词,如睡虎地秦简《效律》1 载:“节(即)官啬夫免而效,不备,代者与居吏坐之。”岳麓秦简整理小组属上读为“黔首佩之即奔警”,③今从陈伟断读。④

[7]故徼外盗:来自秦国国境外的入侵者。又见岳麓秦简肆 197、215,岳麓秦简伍 317~318。“故徼”指秦国国界,参见岳麓秦简肆 081 注释[1]。岳麓秦简整理小组认为故徼外盗“指故六国的反盗”,又根据岳麓秦简肆 197《行书律》,指出秦廷特别重视故徼外盗,⑤可参看。

[8]彻所:穿越的地方,此处指入侵者穿越秦国国界的地方。《说文·支部》载:“彻,通也。”岳麓秦简整理小组训“彻”为“治”,认

---

① 参见陈松长主编:《岳麓书院藏秦简(肆)》,上海辞书出版社 2015 年版,第 169 页注释 125。

② 参见曹旅宁:《岳麓书院新藏秦简丛考》,载《华东政法大学学报》2009 年第 6 期;陈松长主编:《岳麓书院藏秦简(肆)》,上海辞书出版社 2015 年版,第 169 页注释 126;陈伟:《秦简牍校读及所见制度考察》,武汉大学出版社 2017 年版,第 292 页。

③ 参见陈松长:《岳麓书院所藏秦简综述》,载《文物》2009 年第 3 期。

④ 参见陈伟:《“奔警律”小考》,载简帛网,http://www.bsm.org.cn/show_article.php?id=1036,首发于 2009 年 4 月 22 日;陈伟:《岳麓书院秦简考校》,载《文物》2009 年第 10 期。

⑤ 参见陈松长主编:《岳麓书院藏秦简(肆)》,上海辞书出版社 2015 年版,第 169 页注释 127。

为："彻所，即治所，此处指主治反盗的官署。"①陈伟训"彻"为"达"，认为"达所"指故徼外盗所到的地方，犹《二年律令》140～141"亟诣盗贼发及之所"的"之所"，②可参看。

[9]合符：将符的二份合而为一，以为验证。此处指统率奔警卒的官吏将手中的右符与黔首所佩的左符进行合一验证。

[10]譔（撰）伍：集合为伍。譔读为"撰"，《文选·谢庄〈宋孝武宣贵妃诔〉》载："敢撰德于旗旒。"吕向注："撰，集也。""撰伍"或即《尉缭子·束伍令》所言"束伍之令：五人为伍，共一符，收于将吏之所"，亦即岳麓秦简叁"绾等畏耎还走案"所载的"伍束符"。岳麓秦简整理小组读"譔"为"选"，训为"选择"，指出："伍之，将黔首编为五人之伍，见《张家山汉简·二年律令·捕律》：'吏将徒，追求盗贼，必伍之。'"③可参看。

[11]牒书：用简牍书写。④ 牒指简札，《说文·片部》载："牒，札也。"《史记·孟荀列传》载："善守御为节用。"《索隐》载："牒，小木札也。"

[12]各令：分别命令。岳麓秦简整理小组认为"'令'字下有删字符，或为重文符号"，因而读为"各令，令"。⑤ 今审图版，该所谓符号或只是残留的墨迹。

[13]故徼县道：或即岳麓秦简肆132～134条中的"缘故徼县

① 参见陈松长主编：《岳麓书院藏秦简（肆）》，上海辞书出版社2015年版，第169页注释128。

② 参见陈伟：《秦简牍校读及所见制度考察》，武汉大学出版社2017年版，第293页。

③ 参见陈松长主编：《岳麓书院藏秦简（肆）》，上海辞书出版社2015年版，第169页注释129。

④ 参见朱汉民、陈松长主编：《岳麓书院藏秦简（叁）》，上海辞书出版社2013年版，第193页。

⑤ 参见陈松长主编：《岳麓书院藏秦简（肆）》，上海辞书出版社2015年版，第169页注释130。

道”,指秦国边境上的县道。

[14]害所:要害之地。《史记·秦始皇本纪》:“良将劲弩守要害之处。”[①]

[15]分:分组编制。《墨子·号令》:“吏从卒四人以上有分者,大将必与为信符。”

[16]署:签署,引申为安排、部署。岳麓秦简整理小组注引《说文》:“署,部署。”[②]

[17]财(裁):通“裁”,裁度。[③]

[18]将吏:统率卒徒的中低级官吏。《尉缭子·兵令下》载:“卒后将吏而至大将所一日,父母妻子尽同罪。”

[19]皆令先知所主:让(黔首)预先都知道他们所要负责的事务。[④] 朱红林认为:“先知所主,奔命者要预先知道他所要奔赴队伍的主管将吏。”[⑤]可参看。

[20]各亟走所主:分别快速前往自己所负责事务之处。岳麓秦简整理小组属下连读为“所主将吏”,今从陈伟断读。[⑥]

[21]辨(办)治:此处指办理、治理,典籍中引申指良好的治理。《汉书·张敞传》载:“敞笑曰:‘审如掾言,武必辨治梁矣。’武既到官,其治有迹,亦能吏也。”整理者释“辨”为“办”,今据图版改释。朱

---

① 参见陈松长主编:《岳麓书院藏秦简(肆)》,上海辞书出版社2015年版,第169页注释131。

② 参见陈松长主编:《岳麓书院藏秦简(肆)》,上海辞书出版社2015年版,第169页注释132。

③ 参见陈松长主编:《岳麓书院藏秦简(肆)》,上海辞书出版社2015年版,第169页注释133。

④ 参见陈伟指出,本条出现的三处“所主”大概都指分工负责的岗位、职事,甚确。参见陈伟:《秦简牍校读及所见制度考察》,武汉大学出版社2017年版,第294页。

⑤ 参见朱红林:《岳麓书院藏秦简(肆)补注七》,载霍存福主编:《法律文化论丛》(第10辑),知识产权出版社2019年版,第207页。

⑥ 参见陈伟:《秦简牍校读及所见制度考察》,武汉大学出版社2017年版,第293页。

红林解“辨治”为“辨别情况进行处理。多指处理事务有条理”。[①] 可参看。

［22］重卒：疑指负责辎重的卒。掌辎重之卒多在后方，故可临时调配给城邑守备力量。《汉书·陈汤传》载：“颇寇盗后重。”颜师古注：“重，谓辎重也。”岳麓秦简整理小组注：“重：多。《左传·成公二年》：‘重器备。’杜预注：‘重，犹多也。’”[②]陈伟认为重卒“大概是指体质、装备等适宜守御的士兵”，[③]可参看。

［23］期足：预计足够。参见岳麓秦简肆 109～110 条注释［4］。岳麓秦简整理小组认为：“期足：数量足。参见《田律》简 1277 注。”[④]陈伟认为“期”当训为“必”，“期足”意为确保足够，[⑤]可参看。

语译

《奔警律》规定：预先遴选好应当参与奔警的黔首，制作五寸的符，每名黔首要有一套符，右符保存在县道，左符保存在黔首，黔首将符佩戴。一旦开始奔警，各持符者都要奔警到境外入侵者所越境的地方，将左、右符合一验证，并据此将黔首编集为伍。黔首年老、年幼、有残疾而不能奔警的，在简牍上书写记录其缘故，不要发放符；若其县道处在国境上，则分别让他们守卫城邑的要害处，预先分组，妥善地安排部署，视实际情况为他们设置将吏，让他们都要预先知道自己所负责的事务，一旦开始奔警，就要分别赶到自己所负责事务的地

① 参见朱红林：《岳麓书院藏秦简（肆）补注七》，载霍存福主编：《法律文化论丛》（第 10 辑），知识产权出版社 2019 年版，第 207 页。

② 参见陈松长主编：《岳麓书院藏秦简（肆）》，上海辞书出版社 2015 年版，第 169 页注释 135。

③ 参见陈伟：《秦简牍校读及所见制度考察》，武汉大学出版社 2017 年版，第 293～294 页。

④ 参见陈松长主编：《岳麓书院藏秦简（肆）》，上海辞书出版社 2015 年版，第 169 页注释 136。

⑤ 参见陈伟：《秦简牍校读及所见制度考察》，武汉大学出版社 2017 年版，第 294 页。

方,将吏要妥善地办理其相关事务。年老、年幼、残疾的黔首不足以守卫的,要预先留下运输辎重的卒,预计足够加强守卫,并让他们预先知道自己所负责的事务。

解读

一、本条的编联

岳麓秦简整理小组在岳麓秦简肆 180 和 181 之间拟出一支缺简。刘明哲、朱红林则在岳麓秦简肆 180 下直接接续岳麓秦简肆 181,不拟缺简,认为本条由岳麓秦简肆 177 ~ 181 构成。[①] 今案,岳麓秦简肆 181 是关于"兴"即征发徭役或兵役的规定,看不出与本条有直接关联。

二、"奔警"与"奔命"

"奔警"不见于传世文献。陈伟先生最早从词义和制度两方面将本条的"奔警"与典籍中汉代的"奔命"联系起来:

> 《韩非子·外储说左上》:"楚厉王有警,为鼓以与百姓为戍。"陈奇猷注:"凡危急之消息曰警。""警"在古书中也有写作"儆"的。《后汉书·郭伋传》:"是时朝廷多举伋可为大司空,帝以并部尚有卢芳之儆,且匈奴未安,欲使久于其事,故不召。"李贤注:"儆,急也。"
>
> 古文献有"奔命"一词。《汉书·昭帝纪》记云:"益州廉头、姑缯、牂柯谈指、同并二十四邑皆反。遣水衡都尉吕破胡募吏民及发犍为、蜀郡奔命击益州,大破之。"颜师古注引应劭曰:"旧时郡国皆有材官骑士以赴急难,今夷反,常兵不足以讨之,故权选取精勇。闻命奔走,故谓之奔命。"又引李斐曰:"平居发者二十

① 参见刘明哲:《〈岳麓书院藏秦简(肆)〉集释》,吉林大学 2018 年硕士学位论文;朱红林:《岳麓书院藏秦简(肆)补注七》,载霍存福主编:《法律文化论丛》(第 10 辑),知识产权出版社 2019 年版,第 204 页。

以上至五十为甲卒,今者五十以上六十以下为奔命。奔命,言急也。"看李斐对"奔命"的解释,"奔警"应与之相当。

……在睡虎地秦简《为吏之道》后面,抄有一条《魏奔命律》,是讲遣"假门逆旅、赘婿后父"从军方面的对待。秦《奔警律》与魏《奔命律》也许存在某种关联。①

因"警"有"急"义,而"奔命"也被解释为"急",故陈伟主张"奔警"与"奔命"有密切的关系。他后来又补充道:

在云梦睡虎地77号汉墓出土的律典中,有"奔命律",与"奔敬(警)律"律名相当,内容也相关,都是对在紧急状况下快速驰救的规定。②

这是重申"奔警"与"奔命"在名称和内容上都相近。

曹旅宁一方面认为"奔警"当为《丙吉传》"奔命警备事"的简称,另一方面又借用应劭对"奔命"的解释"闻命奔走",而将"奔警"解释为"闻警奔走",认为奔警和奔命意义相近,"指有紧急军情发生,地方遴选黔首,紧急驰援的场景"。③ 今案,"奔命警备事"和"闻警奔走"这二种解释本身互相抵触;另外,《丙吉传》原文作"此驭吏边郡人,习知边塞发奔命警备事,尝出,适见驿骑持赤白囊,边郡发奔命书驰来至",可见"发奔命警备事"应是"发奔命"和"警备"二事的合称,用来解释"奔警"似有未安。

再来观察汉代的"奔命"制度。应劭认为"奔命"是当材官骑士亦即"常兵"(郡国兵)不足以应付局面时,临时选取的"精勇"力量;

---

① 参见陈伟:《岳麓书院藏秦简考校》,载《文物》2009年第10期。

② 参见陈伟:《论岳麓秦简法律文献的史料价值》,载《武汉大学学报》(哲学社会科学版)2019年第2期。

③ 参见曹旅宁:《岳麓书院新藏秦简丛考》,载《华东政法大学学报》2009年第6期。

李斐则认为正常情况下征发的二十岁至五十岁的力量称为“甲卒”,紧急情况下征发的五十岁以上六十岁以下的力量则为“奔命”,其说似乎本自《王莽传》的“(王莽)自择除关西人为校尉军吏,将关东甲卒,发奔命以击义焉”。可见,除了将“奔命”界定为超出常制所额外征发的力量这一共同点外,应劭和李斐对“奔命”的力量来源和性质的解释截然相反,显然汉末人已经不大清楚“奔命”制度的详情了,这与典籍中的“奔命”实践最晚不晚于东汉前期的情况是相符的。

对典籍中的“奔命”作一梳理,可得出几点认识:

第一,“奔命”是超出常制的额外力量,且具有规定的征发对象。从《昭帝纪》的“募吏民及发犍为、蜀郡奔命”,《王莽传》的“勒车骑,因发奔命”和“将关东甲卒,发奔命”来看,“奔命”既与郡国兵(车骑、甲卒)界限分明,也区别于自愿应募而无定制的“募吏民”。又居延汉简 EPT56 · 38 载:

> 发吏卒奔命给珠崖军屯,有罪及亡命者赦除其罪诏书,书到,言所下。

这显然是宣元二朝珠崖郡屡叛时期的记录。可见“吏卒奔命”中含有“有罪及亡命者”,近于“七科谪”中的“吏有罪一,亡命二”,可见“奔命”与“谪发”的对象有部分重叠,而“谪发”也是一种超出常制但也有定制的额外征发力量。

第二,“奔命”的征发机关级别较高,范围和规模也往往非常可观。上引居延汉简中的“奔命”是诏书所征发,范围很可能遍及全国,又《汉书 · 西南夷传》载:“水衡都尉发蜀郡、犍为奔命万余人击牂柯。”又《后汉书 · 刘玄列传》载:“地皇二年,荆州牧某发奔命二万人攻之。”《邓寇列传》载:“光武自蓟至信都,使禹发奔命,得数千人。”《宋均列传》载:“诏使均乘传发江夏奔命三千人往救之。”可见一郡之“奔命”可达数千人,一州则可至二万之众。

从以上认识出发,似可作出判断:“奔命”应征发自郡国兵(户籍上列为材官、骑士、轻车、楼船之人)以外的人,包括县吏、戍卒和百姓,其征发显然将严重妨害日常行政甚至工农业生产,因此只能作为应急之举。里耶秦简8-537+519+439、9-452、9-1114都是“奔命”部队的将吏制作的文书,将吏的身份都是校长、县尉等县吏,说明秦时的“奔命”可能同样是从县吏卒和百姓中征发而来的。

若上说不误,则“奔警”确实与“奔命”性质相近,二者都是军事应急之举,都是超出“常兵”的征发,其部队都可离开征发地机动作战;但二者也存在显著差别:(1)“奔警”仅征发黔首,“奔命”则还征发吏卒;(2)“奔命”的征发级别高,范围大,而“奔警”似乎局限于郡县之内;(3)“奔警”只为响应紧急军情而启动,具有被动性,“奔命”则可为各种攻防需要而征发,具有主动性;(4)“奔警”的临时性更强,一旦军情解除即可“罢去”,而“奔命”则可转化为持续性的“军屯”。

参见曹旅宁先生指出:“‘奔敬’……亦即《晋书·刑法志》引《魏新律序》所讲的‘以惊事告急,与《兴律》烽燧及科(令)合者,以为《惊事律》’的‘惊事’。”[①]其说有理。“奔警”之“警”应与“惊事”为一事。《墨子·号令》载:“卒有惊事,中军急击鼓者三,城上道路里中巷街皆无得行。”孙诒让《间诂》载:“惊读为警,《文选·叹逝赋》李注云:‘警,犹惊也。’苏云:‘言猝有警急之报’。”可见“警”“惊”同词,汉简中的“惊备”,[②]也应即《编年记》的“备警”和《丙吉传》的“警备”。

《墨子·号令》又云:“即有惊,举孔表;见寇,举牧表。”又《杂守》

---

① 曹旅宁:《岳麓书院新藏秦简丛考》,载《华东政法大学学报》2009年第6期。

② 例如肩水金关汉简73EJT25:151,敦煌汉简483、1248。

载:“为邮亭者,……聋灶,亭一鼓,寇烽、惊烽、乱烽,传火以次应之。”可见在《墨子》中,“惊事”要以鼓、表、烽等警报来应对,与曹魏《新律·惊事律》含有“烽燧”的规定相合,二者应有沿革关系。汉代以后,“奔警”一词逐渐湮没,但似仍存痕迹。《蔡中郎集·卷五·陈留太守胡公碑》载:“于是陈留主簿高吉、蔡轸等,咸以郡选,充备官属,来迎者三十四人,奔惊跋涉,愿承清化。”将迎接太守的活动称为“奔惊”,似是对“奔警”制度的修辞性的化用。

总言之,“奔警”从词义来讲即为“惊事”而奔走,曹旅宁解释为“闻警奔走”,[①]也是贴切的,其性质是针对紧急军情所作的以普通百姓为征发对象的动员,“备警”“警备”大概就是“奔警”的前置程序。

三、“五寸符”的性质和功能

《说文·竹部》:“符,信也。汉制以竹,长六寸,分而相合。”案龙岗秦简14载:

六寸符皆传□□□□□□□□□□☒[②]

参考龙岗秦简5“关。关合符,及以传书阅入之,及訁□诸佩〈佩〉入司马门久(?)☒”,龙岗秦简4“詐(诈)伪假人符传及让人符传者,皆与阑入门同罪”,龙岗秦简3“传者入门,必行其所当行之道,□□【不】行其所当行☒”,龙岗秦简2“窦出入及毋(无)符传而阑入门者,斩其男子左趾,女【子】☒”,[③]对照之下,可知这类与“传”结合使用的“六寸符”应该是出入门或出入关的凭证。

出入关凭证之符多见于西北汉简,学者已指出这种符又可细分

---

① 参见曹旅宁:《岳麓书院新藏秦简丛考》,载《华东政法大学学报》2009年第6期。

② 参见中国文物考古研究所、湖北省文物考古研究所编:《龙岗秦简》,中华书局2001年版,第76页。

③ 参见中国文物考古研究所、湖北省文物考古研究所编:《龙岗秦简》,中华书局2001年版,第69~72页。

图 7
居延
65·7

为二类,[1]第一类不载出入者人名但有序号,应可反复多次使用,[2]往往自名“出入符”“出入关符”“出入六寸符(券)”等;第二类载有具体人名及其家属、葆庸、随行车马牛等信息,是“边吏家属出入关门时使用的出入凭证”,[3]由于一符一事,故难以反复使用,其往往自名“家属符”“家室出入符”等。大庭修先生已举出多个“出入六寸符”的实例,[4]李均明先生则作了更全面的搜集,[5]其一例如下:

始元七年闰月甲辰,居延与金关为出入六寸符券,齿百,从第一至千,左居官,右移金关,符合以从事。

·第八(居延 65·7)

此例长 14.6cm,合汉尺度 6.3 寸,左侧有刻齿,下端有穿孔,汇集了“出入六寸符”的典型特征。(参见图 7)至于“家属符”,其标本如居延汉简 29·1、29·2,右侧有刻齿,分别长 14.7 和 14.5cm,也符合“六寸”的规格。

除“出入符”外,杨振红又指出,汉简中的“惊候符”“领茭符”等

---

① 参见郭伟涛:《汉代的出入关符与肩水金关》,载西北师范大学历史文化学院等编:《简牍学研究》(第 7 辑),甘肃人民出版社 2018 年版,第 96~125 页。孙宁:《再论西北汉简中的“符”》,载中国社会科学院简帛研究中心等编:《简帛研究》(二〇一八·秋冬卷),广西师范大学出版社 2019 年版,第 225~226 页。

② 参见李均明:《秦汉简牍文书分类辑解》,文物出版社 2009 年版,第 434 页。

③ 李均明:《秦汉简牍文书分类辑解》,文物出版社 2009 年版,第 434 页。

④ 参见[日]大庭脩:《秦汉法制史研究》,徐世虹译,中西书局 2017 年版,第 436 页。

⑤ 参见李均明:《秦汉简牍文书分类辑解》,文物出版社 2009 年版,第 434 页。

也属于六寸符的范围。[①]

以上这些符都采用了与“券”相同的验证方式:出入之符(包括“出入六寸符”和“家属符”)和“惊候符”(81D38:38)都有刻齿,“领茭符”(79DMT14:19)则将文字中剖为两半。西北汉简中的符往往自名“符券”,应即由此而来。

但西北汉简中也多有不符合“六寸”规格的符,如 EPT44 · 21、EPT44 · 22,其文字分别为“第廿三候长迹符左”“第廿三候长迹符右”,明是符的原件,其下端皆残,残长分别为 19cm、16cm,远超汉六寸,既未存刻齿,也不剖分文字。此外,还有刻有缄绳槽的棒状符,即 EPT49 · 69 和 EPT49 · 70,二者形制相近,前者残长 13.4cm,自名“第六平旦迹符”,后者残长 25.6cm,记“弛刑朝文出迹持出入”,[②]或是执行清晨外出“徼迹”任务的吏卒所持的出入之符,可能与同一探方的多例“第六迹梼”存在功能匹配,其规格也远超六寸。

本条的“五寸符”形制既异于“六寸符”,功能也有所不同。其功能可归纳为三方面:(1)赋予黔首奔警义务的行政告知书,体现为“诸挟符者皆奔敬(警)故徼外盗彻所”,黔首若被授予“五寸符”,即承担了奔警的义务;(2)验证奔警者身份的凭证,即所谓“合符焉”,凡所携带的左符能与县道掌握的右符相合者,均可验证为当奔警黔首本人;(3)编制行伍的依据,即所谓“以谍(撰)伍之”,军吏可根据自己所掌握的右符方便快捷地将黔首编制为“伍”,此或即岳麓秦简叁“绾等畏耎还走案”所记的“伍束符”。《尉缭子 · 束伍令》云:“五

① 参见杨振红:《秦汉时期“符”的尺寸及其演变——兼论岳麓秦简肆〈奔警律〉的年代》,载中国社会科学院简帛研究中心等编:《简帛研究》(二〇一八 · 秋冬卷),广西师范大学出版社 2019 年版,第 180 页。

② 参见甘肃省文物考古研究所等:《居延新简:甲渠候官》(上),中华书局 1994 年版,第 63 页。

人为伍,共一符,收于将吏之所。”似指每个“伍”要作一个伍符,交由将吏保管,这种伍符的制作也建立在“伍束符”即将五名黔首的五寸符集束起来的基础上。

这里还可注意“五寸符”与秦汉兵符的差异。大庭修先生指出《史记索隐》引《汉旧仪》有“铜虎符发兵,长六寸”之说,[①]但与传世的秦汉铜虎符相去甚远。兵符的实质是一种授权文书,授予县征发甲士、郡征发军队的权力,如杜虎符铭文规定:“凡兴士,被甲用兵五十人以上,必会君符乃敢行之。”[②]虽然兵符也是左右二份、合二为一的形制,但在性质和功能上与“五寸符”并无相似之处。

有学者认为“五寸符”是“黔首所佩的显示身份、充作通行证的可分合的符节”,[③]或在奔警时“所颁发的一种临时的通关符券”,[④]实际是套用“六寸符”的出入关凭证的功能来解释“五寸符”,而这种功能在本条中并未得到体现。杨振红认为本条的“五寸符”是秦政廿六年统一前的制度,龙岗秦简的“六寸符”则是统一后改制的结果,汉代的“六寸符”则是汉承秦制的反映;又认为《六韬》载“请粮益兵之符,长五寸”,本条的“五寸符”也属于益兵之符,两者可能存在关联,[⑤]则可备一说。

四、法条分析

本条由“奔警”和“老弱癃病”二款构成,以下撮述其大意。

---

① 参见[日]大庭脩:《秦汉法制史研究》,徐世虹译,中西书局2017年版,第436页。

② 关于虎符铭的句读和理解,参见邬勖:《秦地方司法诸问题研究》,华东政法大学2014年博士学位论文。

③ 参见曹旅宁:《岳麓书院新藏秦简丛考》,载《华东政法大学学报》2009年第6期。

④ 参见刘明哲:《〈岳麓书院藏秦简(肆)〉集释》,吉林大学2018年硕士学位论文。

⑤ 参见杨振红:《秦汉时期“符”的尺寸及其演变——兼论岳麓秦简肆〈奔警律〉的年代》,载中国社会科学院简帛研究中心等编:《简帛研究》(二〇一八·秋冬卷),广西师范大学出版社2019年版,第181~182页。

(一)“奔警”款

先粼(遴)黔首当奔敬(警)者,为五寸符,人一,右在【县道】,左在黔首,黔首佩之。节(即)奔敬(警),诸挟符者皆奔敬(警)故徼外盗彻所,合符焉,以譔(撰)伍之。

本款规定奔警事务的安排:县道要预先(指平时)遴选出应当奔警的黔首,为每个人制作一套“五寸符”,左符发放给黔首个人佩戴,右符由县道保管。当奔警时,携带五寸符的黔首要各自赶到境外入侵者穿越国境的地方,[①]县道派出的将吏要用右符与赶到的人的左符进行合符验证,再使用符将黔首编制成“伍”,奔警工作至此完成。

(二)“老弱癃病”款

黔首老弱及瘁(癃)病不可令奔敬(警)者,牒书署其故,勿予符;其故徼县道,各令守城邑害所,豫先分,善署之,财(裁)为置将吏,而皆令先智(知)所主,节(即)奔敬(警),各亟走所主,将吏善辨(办)治之;老弱瘁(癃)病不足以守,豫遗重卒,期足以益守,令先智(知)所主。

本款规定不具备奔警资质的老弱癃病黔首在奔警时的安排:边境县道的老弱癃病要承担“守城邑害所”即守卫城邑要害之处的职责,且还要设置将吏来统领,相比奔警黔首,他们的差别仅在于不须离开城邑而已。(邬勖)

缺简~肆181~缺简

释文

(缺简)有兴而用之,毋更置。其有死、亡[1]者,时补之。从兴

① 陈松长认为:“这奔警的方式自然是徒步奔走,且应是各自单独奔走的。”参见陈松长:《岳麓秦简〈奔警律〉及相关问题浅论》,载《湖南大学学报》(社会科学版)2017年第5期。

有缺,县补之。有卒(倅)[2]者,勿置。有不胜任[3]者,赀尉史、士[4]1376/肆181(缺简)

注释

[1]死、亡:即死亡与逃亡。或认为“死亡”作一个词理解。①

[2]卒:或以为通“倅”。《周礼·夏官·戎仆》载:“戎仆掌驭戎车,掌王倅车之政。”郑玄注:“倅,副也。”②一说读如本字,兵卒之义,《荀子·议兵》载:“聚则成卒。”杨倞注:“卒,卒伍。”

[3]不胜任:不足以承担,秦律中常用语,睡虎地秦简《秦律答问》载:“驀马五尺八寸以上,不胜任,奔摰(縶)不如令,县司马赀二甲,令、丞各一甲。”③后成为秦汉时官员不称职的专门用语,免官的理由之一,如《汉书·百官公卿表》记载:“光禄大夫琅邪张谭仲叔为京兆尹,四年不胜任免。”张家山汉简《二年律令》210载:“有任以为吏,其所任不廉、不胜任以免,亦免任者。”

[4]士:岳麓秦简整理小组认为下应接“吏”字,④可从。岳麓秦简中“尉史、士吏”连用多见,如岳麓秦简肆147~148简:“繇(徭)律曰:兴繇(徭)及车牛及兴繇(徭)而不当者,及擅倳(使)人属弟子、人复复子、小敖童、弩,乡啬夫吏主者,赀各二甲,尉、尉史、士吏、丞、令、令史见及或告而弗劾,与同辠(罪)。弗见莫告,赀各一甲。”

语译

……有征发而被征用的,不要重新任命。其中有死或逃亡的,随时补足。接到征召命令而出现空缺的,县里补足空额。如有副手(可

① 参见睡虎地秦墓竹简整理小组编:《睡虎地秦墓竹简》,文物出版社1990年版,释文注释第39页。

② 参见陈松长主编:《岳麓书院藏秦简(肆)》,上海辞书出版社2015年版,第169页。

③ 参见睡虎地秦墓竹简整理小组编:《睡虎地秦墓竹简》,文物出版社1990年版,释文注释第81页。

④ 参见陈松长主编:《岳麓书院藏秦简(肆)》,上海辞书出版社2015年版,第169页。

接替的),则无须任命。如发现有无法胜任的,尉史,士吏处赀……

解读

法条分析

本简前后均当有缺简,本简现存内容似规定了国家征发下某些职务的任免、补充以及不胜任情况下的处理办法。

从内容上看,此处任免的前提是“有兴”,即有军事征发,[①]亦见于睡虎地秦简《秦律杂抄》1~2“除吏律”的规定,该条律文涉及任命留守啬夫、假佐的条件以及违法后果,其前提条件与此相同:“有兴,除守啬夫、假佐居守者上造以上,不从令赀二甲。”两者内容均涉及任免的问题,故我们认为也可能存在一定的联系。另外,岳麓秦简整理小组认为本条也可能与《奔敬(警)律》《置吏律》相关,同时,因为内容涉及军事征发,自然可能也与《兴律》存在联系。

至于本条简文所反映的律条归属到底如何,以及与《除吏律》《置吏律》《奔敬(警)律》《兴律》之间关系如何,乃至进一步需要探讨的《置吏律》《除吏律》本身篇名以及相互关系,均须待更多的文献资料予以证实。(陈迪)

肆 182~183

释文

·戍律曰:下爵欲代上爵、上爵代下爵、及毋(无)爵[1]欲代有爵者戍,皆许之。以弱代者[2]及不同县而相代,勿许。1414-1/肆182【不当相代】[3]而擅相代,赀二甲。虽当相代而不谒书于吏,其庸(佣)[4]代人者及取代者,赀各一甲。1298/肆183

① 参见睡虎地秦墓竹简整理小组编:《睡虎地秦墓竹简》,文物出版社1990年版,释文注释第79页。

注释

[1]毋(无)爵:指公卒和士伍等无爵位者。[①] 从广义上来说,无爵者还应包括隐官,另外秦律中经常出现所谓的"庶人"概念,在特定情形下也用以描述平民中的无爵者。[②]

[2]耆:整理者原释为"者",陈曼曼改释为"耆",[③]据图版,可从。耆,《广雅·释诂一》载:"强也。"[④]

[3]【不当相代】:四字据1297号简背反印文补。[⑤]

[4]庸(佣):此处作动词,即雇佣,如岳麓秦简肆076载:"廿年后九月戊戌以来,取罪人、群亡人以为庸,虽前死及去而后遝者,论之如律。"

语译

《戍律》规定:较低爵位者想要代替较高爵位者戍守,较高爵位者代替较低爵位者以及没有爵位者想要代替有爵位者服兵役,皆予许可。以体弱者代替强壮者,以及户籍不同县而相代替的,不得许可。不应代替而擅自代替服兵役的,处赀二甲;即使可以代替服兵役而没有向负责官吏递交书面申请,那些直接就代替者与被代替者,各处赀

① 参见陈松长主编:《岳麓书院藏秦简(肆)》,上海辞书出版社2015年版,第169页。

② "庶人"的性质有所争议,或以为其具有特殊身份,受到法律的严格控制,地位较低,其来源自被免除刑徒、奴婢的特殊身份者,可参见[韩]任仲爀:《秦汉律中的庶人》,载中国社会科学院简帛研究中心等编:《简帛研究》(二〇〇九),广西师范大学出版社2011年版,第280页;[韩]林炳德:《秦汉时期的庶人》,载中国社会科学院简帛研究中心等编:《简帛研究》(二〇〇九),广西师范大学出版社2011年版,第325~326页。或者以为"庶人"乃是当时平民百姓的泛称,如[德]陶安:《秦汉律"庶人"概念辨正》,载陈伟主编:《简帛》(第7辑),上海古籍出版社2012年版,第269页。总之,"庶人"也可用以描述无爵者。

③ 参见陈曼曼:《读〈岳麓书院藏秦简(肆)〉札记一则》,载简帛网,http://www.bsm.org.cn/show_article.php? id=3199,首发于2018年8月5日。

④ 参见睡虎地秦墓竹简整理小组编:《睡虎地秦墓竹简》,文物出版社1990年版,释文注释第52页。

⑤ 参见陈松长主编:《岳麓书院藏秦简(肆)》,上海辞书出版社2015年版,第169页。

一甲。

解读

法条分析

本条《戍律》第1款授权性规定允许不同爵位者之间相互代替服役,同时允许无爵者为有爵者代替服役。从此款规定看,除没有明确规定允许有爵者代替无爵者戍守服役之外,其余涉及不同爵位乃至有无爵位者之间代替服役法律上均予明文允许,有较大的自由度,其目的可能在于尽最大可能保证戍守征发任务的完成。

从第2款禁止性规定前半部分内容看,此种替代服役有一个隐含原则即替代者必须与被替代者之间强弱相当,这应该是秦汉时服役替代的一个基本原则,睡虎地秦简《秦律十八种》136有:"居赀赎责(债)欲代者,耆弱相当,许之。"秦律允许替代于官府居作的前提是"耆弱相当",正与本条第2款的规定所反映的原则相同。另外第2款还规定了限制性条件:替代者与被代者的户籍必须同县。

本条律文还规定了违法代替服役的情形。一般违法擅自代替戍守服役的情形,法定刑是赀二甲。最后又规定了代替服兵役的程序流程,代替服兵役必须以书面形式向负责官吏递交代替申请。如果不经以上流程而雇佣他人代替服兵役的,代替者与被代者仍要受到制裁,其罚则轻于违法代替服兵役的法定刑,均处赀一甲。(陈迪)

肆184~185

释文

·戍律曰:戍者月更[1]。君子[2]守官[3]四旬以上为除戍一更[4]∟。遣戍,同居[5]毋并行,不从律,赀二甲。戍在署,父母、妻死,1299/肆184遣归葬,告县。县令拾(给)[6]日∟。繇(徭)发,亲父母、泰父母[7]、妻、子死,遣归葬。已葬,辄聂(蹑)[8]以平其繇(徭)。1238/肆185

注释

[1]月更:按月轮换。[①]《汉书·食货志上》载:“月为更卒。”

[2]君子:特指有一定身份之人,除了可以临时代理相关事务,还负有监管职责,如睡虎地秦简《秦律杂抄》40 载“戍者城及补城,令姑(嫴)堵一岁,所城有坏者,县司空署君子将者,赀各一甲。”然其具体身份学界尚无定论,或认为指某类没有固定职位的官吏,[②]或认为指有一定爵位的人。[③]

[3]守官:临时代理官署事务。守,指临时代理。[④] 睡虎地秦简《秦律十八种》161 载:“官啬夫节(即)不存,令君子毋(无)害者若令史守官,毋令官佐、史守。”

[4]除戍一更:免除一次更戍。睡虎地秦简《秦律十八种》13 载:“为旱〈皂〉者除一更。”里耶秦简 9-490 背载:“除戍各一岁百一十八日二人。”

[5]同居:登记在同一户籍的家庭成员。[⑤] 睡虎地秦简《法律答问》22 载:“可(何)谓‘同居’? ·户为‘同居’。”

---

① 参见[日]宫宅潔:《出稟与出贷——里耶秦简所见戍卒的粮食发放制度》,载陈伟主编:《简帛》(第 17 辑),上海古籍出版社 2018 年版;朱德贵:《岳麓秦简所见〈戍律〉初探》,载《社会科学》2017 年第 10 期。

② 参见魏德胜:《云梦秦简中的官职名》,载《中国文化研究》2005 年第 2 期;李玥凝:《秦简“君子”身份再探》,载中国古文字研究会等编《古文字研究》(第 33 辑),中华书局 2020 年版,第 407~411 页。

③ 参见周海锋:《岳麓秦简〈戍律〉及相关问题研究》,载张德芳主编:《甘肃省第三届简牍学国际学术研讨会论文集》,上海辞书出版社 2017 年版,第 452~463 页;朱锦程:《〈岳麓秦简(肆)〉所见秦汉制度的演变》,载长沙简牍博物馆编:《长沙简帛研究国际学术研讨会论文集》,中西书局 2017 年版,第 455~465 页。

④ 参见高震寰:《试论秦汉简牍中“守”“假”“行”》,载王沛主编:《出土文献与法律史研究》(第 4 辑),上海人民出版社 2015 年版,第 58~79 页。

⑤ 参见[日]冨谷至:《秦汉刑罚制度研究》,柴生芳、朱恒晔译,广西师范大学出版社 2006 年版,第 156 页;刘欣宁:《秦汉律令中的同居连坐》,载王沛主编:《出土文献与法律史研究》(第 1 辑),上海人民出版社 2015 年版,第 139~170 页。

[6]拾(给):拾,通“给”,使完备。参见岳麓秦简肆 092 注释[2]“拾(给)逋事”。给日,即完成其所剩余的戍役。

[7]泰父母:即祖父母。泰,读如“大”,睡虎地秦简《法律答问》78 载:“殴大父母,黥为城旦舂。”

[8]聂(蹑):这里理解为追补之义。① 岳麓秦简肆 245 - 246:“其当行而病及不存,署于券,后有繇(徭)而聂(蹑)行之。”张家山汉简《二年律令》407 载:“·当繇(徭)戍而病盈卒岁及毄(系),勿聂。”

语译

《戍律》规定:戍卒按月轮换。君子临时代理官署事务超过四旬的,为其免除一次更戍。派遣戍役时,负责征派的官吏不得将同居者一并派出,不服从律文规定的,处赀二甲。戍卒在服役场所进行服役的期间,其父母、妻子死亡的,安排他回家予以安葬,并告知县官府。(结束之后)县官府要让他补足之前所欠缺的服役天数。正在服徭役的,亲生父母、祖父母、妻子、儿女死亡的,安排他回家予以安葬,安葬完以后,就让他补完原来的徭役天数。

解读

法条分析

本条共分为四款。第 1 款为“戍者月更”,规定了戍卒每次的服役期限是一个月。第 2 款规定,如果“君子”这类身份的人临时代理官署事务达四旬以上,就免除其一次的更戍期,由前款可知即一个月。第 3 款规定了如果派遣去服戍役,那么同一户的人中只派一人即可,如果负责官吏不服从律文规定的,要处赀二甲。第 4 款规定了服徭、戍期间,如果亲属死亡,允许服役者请假回家埋葬亲属,而丧事结束后便要返回服役地继续服役。值得一提的是,尽管戍和徭均可

① 参见陈伟:《岳麓书院秦简〈徭律〉的几个问题》,载《文物》2014 年第 9 期。

因亲属死亡而请假,两者之间对亲属的规定却有所不同,戍役仅限父母、妻子死亡时可以请假回家,而徭役中则包括亲父母、祖父母、妻子和儿女,其中有人死亡的话均可以请假回家。这也从侧面反映了徭役相较戍役而言管理相对较松,也凸显了国家对戍役的重视程度。

"遣戍,同居毋并行,不从律,赀二甲"的规定,可与睡虎地秦简《秦律杂抄》39"·戍律曰:同居毋并行,县啬夫、尉及士吏行戍不以律,赀二甲"相互参看,相较而言,睡虎地秦简对"不从律"的处罚对象规定的更加明确。

从本条来看,既有专门针对戍卒的《戍律》的内容,又有第四款后半段的"徭发"似应属于《徭律》之内容。有关徭戍,秦汉简中也时常有见,如岳麓秦简肆 251 载:"当繇(徭)戍,病不能出及作盈卒岁以上……"肆 254 载:"繇(徭)戍数发。"睡虎地秦简《秦律十八种》137 载:"居赀赎责(债)者,或欲籍(藉)人与并居之,许之,毋除繇(徭)戍。"张家山汉简《二年律令》407 载:"当繇(徭)戍而病盈卒岁及毄(系),毋聂。"等等。可见,尽管徭、戍可能分别代表着力役与兵役,但在具体的律令规定中,为行文简便而对同一情况的出现统一规定于《戍律》或《徭律》中,可能也是本条中出现"徭发"的原因所在。本条可能因简文第 1 款规定的是更戍,故而将本条列入《戍律》。(乔志鑫)

缺简～肆 186～187

释文

(缺简)而舍之,缺[1]其更,以书谢[2]于将吏[3],其疾病有瘳[4]、已葬、劾已[5]而遣往拾(给)日于署,为书以告将吏所[6]。1225/肆186疾病有瘳、已葬、劾已而敢弗遣拾(给)日,赀尉、尉史、士吏主者各二甲,丞、令、令史各一甲。J46/肆187

注释

[1]缺:空缺。岳麓秦简肆 181 载:"从兴有缺,县补之。""缺其

更”,指因故不能服本次更役,相似规定可参见肆 245 - 246 载:“其当行而病及不存,署于券,后有繇(徭)而聂(蹑)行之。”

[2]谢:请辞。《说文·言部》:“谢,辞去也。”《汉书·蒯通传》载:“妇晨去,过所善诸母,语以事而谢之。”颜师古注曰:“谢谓告辞也。”

[3]将吏:统率卒的官吏,性质为中低级军官。参见岳麓秦简肆 179 注释[17]。

[4]瘳:病愈。《说文·疒部》:“瘳,疾瘉也。”《墨子·号令》载:“视病有瘳。”

[5]劾已:指被劾引发的司法程序已完结,其与“疾病有瘳”“已葬”并列。[1] 整理者认为应理解为核验完毕。[2] 详解读。

[6]为书以告将吏所:县尉将该情况行文告知将吏所在之处。整理者则认为,此处简尾有缺,据简长来判断,应该已没有一个字的位置,但据简文内容来分析,“所”后应该是抄漏了一个“将”字,“所将”属下读。[3] 详见“解读”部分。

语译

……而舍之,因故导致空缺本次更役的,县官府要以书面形式向将吏为之请假,等他所患之病已痊愈、归家安葬完亲属、被举劾引发的司法程序已完结之后,县官府就将其派往服役场所补足之前缺少的服役天数,并行文告知负责该役卒的将吏所在之处。如果役卒所患之病已痊愈、归家安葬完亲属、被举劾引发的司法程序已完结,县

---

① 参见刘明哲:《〈岳麓书院藏秦简(肆)〉集释》,吉林大学中国史专业 2018 年硕士学位论文。

② 参见陈松长主编:《岳麓书院藏秦简(肆)》,上海辞书出版社 2015 年版,第 170 页注释 144。

③ 参见陈松长主编:《岳麓书院藏秦简(肆)》,上海辞书出版社 2015 年版,第 170 页注释 146。

官府不将他们派去补足他们的服役天数,县尉、尉史、负责的士吏分别处赀二甲,县丞、县令、令史分别处赀一甲。

解读

一、"劾已"的理解

"劾已"的理解目前学界尚存疑义。整理者将其解释为"核验完毕",朱红林则认为此处之"劾"当指诉讼,"劾已"也就是官司了结之意,又可作"已劾",指服役人员中有人有官司在身,被司法机关调走处理,案件处理完毕之后出狱仍要照常服役。[①] 从目前所见秦汉简牍中"劾"之用法,笔者更倾向于将"劾"理解为诉讼之意,但"劾已"和"已劾"仍应作两个概念理解。

"已"在词组结构的位置不同,便可能有不同的词义变化。如岳麓秦简肆015"已劾未论"即为举劾程序已开始但判决并未结束的记录,这也是为何在本简中"已"字置于"劾"后的原因所在;而"劾已"则不同,"劾"本身代表了诉讼程序本身,"已"则表示该程序的结束,如《陶汝鼐集》载"忤珰意,遂被劾,已,调永平司李",[②]又有《明史·顾寰传》载"为给事中王交所劾,已,按验不实,再镇淮安",可知本简中的"劾已"这一结构,本身表示整个举劾程序已结束之意。

当然,在秦汉简牍中的"劾"程序所引发的处罚种类繁多,有不须服徒役刑的赀罚,如岳麓秦简叁107载"赀暨一甲",也有直接将身份降为徒隶的刑罚如张家山汉简《奏谳书》65载"平当耐为隶臣"等。笔者认为本简所言之"劾已"当解释为相关的诉讼程序已结束。而随着这一诉讼程序产生的应是无关人身自由的赀罚甚至没有处罚,只是在诉讼程序期间无法参加服役,一旦诉讼程序结束其自由即被恢

---

① 参见朱红林:《〈岳麓书院藏秦简(肆)〉补注七》,载霍存福主编:《法律文化论丛》(第10辑),知识产权出版社2019年版。

② (明)陶汝鼐撰:《陶汝鼐集》,岳麓书社2008年版,第603页。

复。如果诉讼程序结束后仍需服一定期限劳役刑的,同样不适用本简的"効已"程序规定,如被判处"系城旦舂某岁"处罚的,本身有单独的条文予以规定,岳麓秦简肆 252 载"论系,除系日繇(徭)戍,以出日倳(使)之",证明确有因狱事而暂时无法服役之情形。

二、"以书谢于将吏"与"为书以告将吏所"的理解

整理者认为,"为书以告将吏所"后可能漏抄了"将"字,"所将"当属下读,与"疾病有瘳"等连读,表示所率领的吏卒所患之病已经痊愈等。这种解读有待商榷。笔者认为,"为书以告将吏所"应连读,"所"表示所在之地,"将吏所"即为将吏所在之处。

首先,将吏本身是有其特殊性的,岳麓秦简肆 178－179 载"其故徼县道,各令守城邑害所,豫先分,善署之,财(裁)为置将吏",对于位处边界的县道官,提前将士卒所要戍守的区域部署妥当,并为他们分配将吏。由此可见,在实际的执行更役过程中,将吏所负责的区域可能是临时分配的,只是单纯负责管理手下的士卒,其具体负责区域应也仅是县道官知悉,黔首知道的可能性不大。

其次,"所"用于句末,表示"所在之地"的含义,在秦简中常见如岳麓秦简肆 026 载"令人智(知)其所",073－074 载"迁者、迁者所包有罪已论,当复诣迁所"等,均为此用法。由此,笔者认为,"为书以告将吏所"之"所"字下并无漏抄现象,而是当上读,表示"将吏所在之处"。

至于为何前文为"将吏",后文为"将吏所",可能是因为将吏本身是随着戍卒一并前往戍所的,在征发之时有戍卒"缺其更",此时将吏仍未前往戍所,也就自然不需记录为"将吏所"。

除此之外,笔者还想讨论一下"以书谢于将吏"与"为书以告将吏所"的主语问题。笔者认为,这两句的主语都应是县官府而非黔首。其理由有二:

其一,由于通讯的不便,服役的黔首很难由将吏直接联系到,通常是有相应的县官府予以代为联系,而从目前的秦汉简牍记载来看,将吏也一般只与县官府进行文书往来。如岳麓秦简陆 029～030 载"其别有所繇(徭)傳(使)而毋(无)将吏,及虽有将吏,将吏毋(无)县官印及印不行县官者,其过及居所县道官、鄣部亟听告及受将吏奔牒移其县官及士吏,令求之",将吏奔牒也仅仅是交由相关的县官府及士吏来寻找该士卒,又如张家山汉简《二年律令》495 载"将吏为吏卒出入者名籍,伍人阅具,上籍副县廷",辖下吏卒的出入名录也需要上呈县官府。均体现了将吏与县官府之间的文书往来。

其二,由前述岳麓秦简肆 184～185 载"戍在署,父母、妻死,遣归葬,告县。县令拾(给)日",具体的补足服役期限的安排是由县道官作出的,恰可与本简中的"遣往拾(给)日"相对应,因此其主语亦应为县官府。而作为"遣往给日于署"的凭证,自然也是需要县官府来官方作出最为合理,如为黔首,则于理不合。因此,笔者认为"以书谢于将吏"与"为书以告将吏"的主语均应为县官府。

三、法条分析

本条内容之前有缺简,目前可见内容主要分为两款,第 1 款规定,服役人员因故空缺本次更役的,负责征发戍役的县尉要向将吏行文请假,等服役人员事情结束之后重新遣送其将役期补满;可与上条岳麓秦简肆 184～185 形成互补规定,该条是针对服役人员在服役期间发生变故的规定,而本款则是在服役期尚未开始就因事而不能参与本次更役的情况。第 2 款主要是针对官吏的处罚性规定,如果之前更卒请假的事由已经结束,却不让其补完之前的役期,县级的相关官吏均要受到处罚。

从本款罚则性规定来看,未曾见直接对将吏的处罚,而是对"尉、尉史、士吏主者"等进行处罚,可能将吏是由戍所的所在县官府"尉、尉史、士吏”等具体指派,仅负责接收请假文书或统计、制作出入名籍,如张家山汉简《二年律令》495载“将吏为吏卒出入者名籍,伍人阅具,上籍副县廷”,而文书审核及命令仍由县尉等负责。因此,此时县尉等成为直接责任人而要被予以处罚。岳麓秦简肆184~185载“戍在署,父母、妻死,遣归葬,告县。县令拾(给)日”,同样是对戍卒因事要暂时离开戍所,此时所“告”的对象便是县官府,而令“给日”的主体同样是县官府。与本条将吏违反律条时县官府中的尉、尉史、士吏直接受罚,县令、县丞等被连带处罚的原则有暗合之处。

另外,本条内容涵盖了戍卒因“葬、病、劾”等事无法参与服役的规定,似乎是几则律条的整合总结。如岳麓秦简肆184~185规定了因“葬亲属”事而暂离:“戍在署,父母、妻死,遣归葬。告县,县令拾日。繇(徭)发,亲父母、泰父母、妻、子死,遣归葬。已葬,辄聂(蹑)以平其繇(徭)。”岳麓秦简肆245~246“其当行而病及不存,署于券,后有繇(徭)而聂(蹑)行之”、岳麓秦简肆251~252“当繇(徭)戍,病不能出及作盈卒岁以上,为除其病岁繇(徭),勿聂(蹑)……”等条文对“病”进行了规定,而岳麓秦简肆252“论系,除系日繇(徭)戍,以出日傳(使)之”则规定了因“狱事”而暂时无法服役的情况。(乔志鑫)

肆188~190

释文

·戍律曰:城[1]塞[2]陛鄣[3]多[4]□(决)坏[5]不修,徒隶少,不足治,以闲时岁一兴大夫以下至弟子、复子无复不复各旬,1267/肆188以缮之。尽旬不足以索(索)[6]缮之,言不足用积徒数属所尉。毋(无)敢令公士、公卒、士五为它事,必与缮城塞。1273/肆189岁上舂城旦、居赀续〈赎〉[7]、隶臣妾缮治城塞数、用徒数,及黔首所缮[8]、用徒数于属所尉[9],与计偕。其力[10]足1248/肆190以为而弗为,及力不足而弗言者,赀县丞、令、令史、尉、尉史、士吏各二甲。离城[11]、乡啬夫坐城不治,如城、尉[12]。1249/肆191

注释

[1]城:城墙,此处应特指县邑的城墙,与全条末句的“离城”相对。朱德贵认为“城塞”一词,指某城之塞,如“寇陇西、金城塞”“复寇金城塞”“出平城塞”等,①可参看。

[2]塞:边境上的墙堑防御设施,如“长城”即是。《左传·僖公二十年》载:“凡启塞从时。”杜预注:“城郭墙堑谓之塞。”里耶秦简8-461“更名木方”载:“边塞曰故塞,毋(无)塞曰故徼。”睡虎地秦简《秦律杂抄》41载“令戍者勉补缮城,署勿令为它事;已补,乃令增塞埤塞”,同样将“城”“塞”并举。

[3]陛鄣:城墙的护城坡。② “陛”为用于士卒登城的内侧缓坡,“鄣”为用于御敌的外侧陡坡。③ 岳麓秦简整理小组注引《说文》“升高阶”解“陛”,又认为“鄣”同“障”,即张家山汉简《二年律令》“城邑亭障”之“障”;④何有祖改释“鄣”为“郭”,认为“郭”“陛”同见亦见睡虎地秦简《为吏之道》:“城郭官府,门户关龠(钥),除陛甬道”,⑤均可参看。

① 参见朱德贵:《岳麓秦简所见〈戍律〉初探》,载《社会科学》2017年第10期。

② 此说为王沛教授在读书会上提出。

③ 护城坡是在“城墙本身内、外侧覆土以保护城墙本身,同时给城墙内、外侧增加一定倾斜度的堆土。堆土虽然具有一定的坚固性,但并不像城墙本身那样坚固。正因为其容易崩毁,所以现在保留下来的实物不太多”。参见[日]佐原康夫:《春秋战国时代的城郭》,赵丛苍摘译,载《文博》1989年第6期。施元龙等根据考古资料绘制的史前至战国一些城墙的断面图,对此类结构作了直观的描绘,参见工程兵工程学院《中国筑城史研究》课题组主编:《中国筑城史》,军事谊文出版社1999年版,第41页。

④ 参见陈松长主编:《岳麓书院藏秦简(肆)》,上海辞书出版社2015年版,第170页注释147。

⑤ 参见何有祖:《读岳麓秦简肆札记(二)》,载简帛网,http://www.bsm.org.cn/show_article.php?id=2496,首发于2016年3月25日。

[4]多:此处意为“往往”“常常”,秦汉立法诏令常以“多”阐述立法缘由。《汉书·文帝纪》载文帝二年诏:“今列侯多居长安,邑远,吏卒给输费苦,而列侯亦无繇教训其民。其令列侯之国。”

[5]彘(决)坏:毁损,睡虎地秦简《秦律十八种》简118载:“卒岁而或彘(决)坏。”①

[6]索(索):尽、空。睡虎地秦简《秦律十八种》简22载:“皆辄出,余之索而更为发户。”②“索”“索”古今字。《左传·襄公八年》载:“悉索敝赋。”杜预注:“索,尽也。”

[7]居赀续〈赎〉:居赀赎责(债)之省。③

[8]黔首所缮:与下“数”字相承,指黔首所缮治城塞的数量,与上文“舂城旦、居赀续(赎)、隶臣妾缮治城塞数”相对应。整理者与下连读为“黔首所缮用徒数”,④可参看。

[9]属所尉:所隶属地方的郡尉,详“解读”。沈刚理解为县尉,⑤朱红林认为意为“所属的城尉”,⑥均可参看。

[10]力:此处特指劳动力。

[11]离城:乡邑的城墙。秦汉时乡往往与县相对而称为“离乡”“离邑”。岳麓秦简整理小组注认为指别离于郡治或县治的城塞,相

---

① 参见陈松长主编:《岳麓书院藏秦简(肆)》,上海辞书出版社2015年版,第170页注释148。

② 参见陈松长主编:《岳麓书院藏秦简(肆)》,上海辞书出版社2015年版,第170页注释151。

③ 参见陈松长主编:《岳麓书院藏秦简(肆)》,上海辞书出版社2015年版,第170页注释152。

④ 参见陈松长主编:《岳麓书院藏秦简(肆)》,上海辞书出版社2015年版,第131页。

⑤ 参见沈刚:《秦县令、丞、尉问题发微》,载中国文化遗产研究院编:《出土文献研究》(第17辑),中西书局2018年版,第201页。

⑥ 参见朱红林:《岳麓书院藏秦简(肆)补注(七)》,载霍存福主编:《法律文化论存》(第10辑),知识产权出版社2019年版,第218页。

对后文“城”而言,离城不置尉,由其所在乡之啬夫掌治城之事,故称“离城乡啬夫”,[1]可参看。

[12]离城、乡啬夫坐城不治,如城、尉:离城的规定应与城一样,乡啬夫因离城得不到缮治而受处罚的规定应与县尉一样,详见“解读”部分。岳麓秦简整理小组注将“城尉”视为职名,解为“掌治城塞的尉,似为文献所见县都亭之尉”,[2]可参看。

语译

《戍律》规定:城墙和边塞墙的护城坡往往毁损而得不到修缮,徒隶数量少,不足以整治的,选择(农事)不繁忙时一年征发一次大夫以下到弟子、复子的黔首,无论他们是否已被复免,各征发一旬(十天),以修缮城墙和边塞墙。历经一旬仍不足以全部修缮的,要将所须劳动力人次的缺额报告给所隶属地的尉,不得命令公士、公卒、士伍从事其他事务,一定要参与修缮城墙和边塞墙。每年将城旦舂、居赀赎债、隶臣妾所修缮的城墙和边塞墙的数量、所用劳动力人次,以及黔首所修缮的城墙和边塞墙的数量、所用劳动力人次报告给所隶属地的尉,与上计一并进行。县内的人力足以执行此事而不执行的,以及人力不足以执行而不报告的,该县的县丞、县令、令史、县尉、尉史、士吏要各处赀二甲。乡邑城墙的规定应与县邑城墙一样,乡啬夫因乡邑城墙得不到修缮而受处罚的规定应与县尉一样。

解读

一、“属所尉”的理解

本条规定要将修缮城塞的相关数据报告给“属所尉”。这个“属

① 参见陈松长主编:《岳麓书院藏秦简(肆)》,上海辞书出版社2015年版,第170页注释153。

② 参见陈松长主编:《岳麓书院藏秦简(肆)》,上海辞书出版社2015年版,第170页注释154。

所尉”,如注[9]所述,或理解为“城尉”,或理解为县尉。从本条的文意来看,应作级别高于县的尉来理解较妥。

第一,本条已明确了未执行“言不足用积徒数属所尉”时的罚则:“力不足而弗言者,赀县丞、令、令史、尉、尉史、士吏各二甲”,其责任者亦即“言不足用积徒数”的主体,是县令、县丞、县尉及其属吏,那么接受其“言”的“属所尉”自然就不能再是县尉。

第二,“属所”意为隶属地,既然“言不足用积徒数”的主体是县,那么其“属所”就应指县所隶属的地方,“属所尉”的级别自然应较县尉更高。而且,本条规定每年向“属所尉”报告相关数据时要“与计偕”,即与上计材料一并递送,汉代实行从县道到郡国、郡国到中央的两级计制,①在已实行郡县二级制的岳麓秦简的时代,其上计层级也不应与汉代有异,这也反映“属所尉”应是郡级的尉。即便秦也如汉一样设有“城尉”之职,但其级别低于郡尉,不大可能构成一个上计层级,应可从“属所尉”中排除出去。

综合以上两方面考虑,本条的“属所尉”最可能是指郡尉。秦汉时一郡可设多个郡尉,如《汉书·樊哙传》载“后攻圉都尉、东郡守尉于成武”,所谓“圉都尉”即设在圉县之都尉,②故以县命名,以别于其他都尉。马王堆汉墓帛书《箭道封域图》载箭道境内有“周都尉”和“徐都尉”的驻军,汉代史籍中一郡设两到三个都尉之例很多,③这在西北汉简也有直接反映。本条的立法者应正是考虑到这一点,为避免发生混乱,而特别将县上报缮治城塞数据的对象明确为其“属所

① 参见严耕望:《中国地方行政制度史·甲部·秦汉地方行政制度》,“中研院”历史语言研究所1997年版,第258页。

② 参见(清)王鸣盛:《十七史商榷·卷十四·守尉改名》,上海书店出版社2005年版,第103页。

③ 参见安作璋、熊铁基:《秦汉官制史稿》(下册),齐鲁书社1985年版,第88~89页。

尉”。

从行政功能来讲,“言不足用积徒数属所尉”的目的是便于尉进行跨县的劳动力调配。据睡虎地秦简《秦律杂抄》第40～42条,筑城和补城工作的首要承担者是“戍者”,孙言诚根据西北汉简指出,汉代的戍卒处于都尉的管辖下,[①]而里耶秦简9－1等文书则反映,关中的阳陵县向戍守于洞庭郡的本县百姓索债时,要向洞庭郡尉移书,可见秦代的戍卒同样是受郡尉管辖的,这也是为什么当修缮城塞的劳动力不足时,要向郡尉上报缺额数据的原因之一。

二、“城、尉”的断读和理解

本条的末句,岳麓秦简整理小组断读为:“离城乡啬夫坐城不治,如城尉。”其注云:“离城,指别离于郡治或县治的城塞,相对后文‘城’而言。离城不置尉,由其所在乡之啬夫掌治城之事,称‘离城乡啬夫’。”“城尉:掌治城塞的尉,似为文献所见县都亭之尉。《史记·李将军列传》:‘还至霸陵亭,霸陵尉醉,呵止广。……止广宿亭下。’”[②]简言之,郡治或县治的城塞设有“城尉”一职,且可能就是县都亭之尉,别离在外的城塞则由所在乡的乡啬夫负责治城。

今案,都亭设尉之制无闻,岳麓秦简整理小组注对《李将军列传》的理解似可商榷。秦代材料中尚未出现“城尉”一职,我们对该职的了解主要来自汉简:

1.县有塞、城尉者,秩各减其郡尉百石。道尉秩二百石。□□□□秩□□□□□□□秩□□□□□□秩百廿石。□[③](《二年

① 参见孙言诚:《秦汉的戍卒》,载《文史哲》1988年第5期。

② 参见陈松长主编:《岳麓书院藏秦简(肆)》,上海辞书出版社2015年版,第170页注释153。

③ 释文引自彭浩、陈伟、[日]工藤元男主编:《二年律令与奏谳书——张家山二四七号汉墓出土法律文献释读》,上海古籍出版社2007年版,第292页。

律令》469)

2. 城尉一人秩二百石　　　官佐十人☐

塞尉三人秩各二百石　　候史廿人☐A

☐☐☐丞宪☐☐☒B(居延199·11)

3. 闰月丁巳,张掖肩水城尉谊以近次兼行都尉事下候、城尉:承书从事下当

用者,如诏书。/守卒史义。(居延10·29)

4. 二具皆曲梁。　　元凤六年六月壬寅朔己巳,仓石候长婴齐受守城尉毋害。(居延216·3)

5. 驰诣肩水候官、城尉。(居延19·3)

6. 元始五年九月吏奉赋钱☐☐

未得五年十二月十二日以来奉

☐☐☐☐☐　四匹　　居摄元年十二月【守城尉】☐【赋】☐(居延280·16)

7. 檄到,禹等诣城尉官☐(居延306·25)

8. 守城尉广国病书(居延512·3)

9. 始建国三年五月庚寅朔壬辰,肩水守城尉萌移肩水金关吏所葆名,如牒。书到,出入,【如】律令。(74EJF3:155)[①]

薛英群、何双全、李永良认为:"城尉:官名。据简文,候官所在地称鄣,都尉府所在地称城。城尉,即主管城官事务之官职。为都尉属官,位在候下,但可兼行都尉事。"[②]这应是立足于居延汉简所作的判断。《二年律令》469则提供了法定"城尉"建置和秩级规则,惜乎该

① 释文引自甘肃省文物考古研究所编:《居延新简释粹》,兰州大学出版社1988年版,第71页。

② 释文引自甘肃省文物考古研究所编:《居延新简释粹》,兰州大学出版社1988年版,第71页。

简左半残缺,“秩”以下各字仅存右旁。从居延汉简中既有“居延塞尉”这样以县命名的塞尉,也有以“甲渠”“肩水”“殄北”“橐他”“卅井”等鄣(“候官”)命名的塞尉来看,塞尉有建置在县下和鄣下的两类,《二年律令》469之所谓“县有塞、城尉者”“道尉秩二百石”,[①]应指建置在县道下的塞尉、城尉。若按照整理者释文来理解,则县下塞尉、城尉各低于其郡尉百石,道下塞尉、城尉则一律秩二百石。但众所周知,郡尉秩二千石(见《二年律令》、尹湾汉简《东海郡吏员簿》、《汉书·百官表》),则县下塞尉、城尉应秩千九百石,这不但与前引材料2所载的塞尉、城尉秩二百石相去甚远,比之二百石的道下塞尉和城尉、六百石的郡丞和郡尉丞甚至千石的大县县令,反差也同样剧烈。因此,我们怀疑这个仅存右旁“邑”的所谓“郡尉”的“郡”字,或许本为“部”字。“部尉”应指县中塞尉、城尉所隶属之部的尉,一般来说应就是该县的县尉,案《二年律令》中县尉秩四百石或三百石,如此则正可与前引材料2中的塞尉、城尉秩二百石相合。

综合以上的讨论,可知汉代的“城尉”分为设在县道下的和设在鄣下的两类,前者隶属于县尉,后者则是都尉辖下的边塞系统的组成部分,可能是鄣候的下级。“城尉”的“城”,应也不限于都尉府所在的“城”,而是包括各类县道邑和边塞的城墙在内,城尉的职掌应以这些城墙的驻防为主。假如此说不误,则岳麓秦简整理小组注将“城尉”解为郡治或县治的城塞所设置的“掌治城”的官职,可能也是不够全面的。

按照岳麓秦简整理小组注,“离城乡啬夫”治城失职的责任应准用“城尉”的规定,那么“城尉”治城失职的责任就应有明文规定,否

① 廖伯源认为:“属道之塞尉、城尉,秩位最低,仅二百石。”是将此“道尉”理解为道中的塞尉和城尉,甚确。参见廖伯源:《汉初县吏之秩阶及其任命》,载《社会科学战线》2003年第3期。

则“离城乡啬夫”的责任规定将完全无所依托。但通览本条全文,其所明确的治城失职责任人都是县令、丞、尉等县吏,而无一笔及于“城尉”。内容相近的睡虎地秦简《秦律杂抄》第40~42条也明确了县尉筑造、修补城塞的责任,同样不涉及“城尉”。这样看来,将“城尉”理解为“掌治城”的官职,是无法与本条的语境相适应的。

笔者认为,本条末句实应断读为:“离城、乡啬夫坐城不治,如城、尉。”这个“离”的含义应同于“离邑”“离乡”的“离”,所谓“离城”应即乡邑的城墙,与之相对,上文的“城”应指县邑亦即都邑的城墙。全句应为“离城如城”“乡啬夫坐城不治如尉”这两句话的合并省略形式,意思是:“乡邑城墙的规定,与县邑城墙的一样;乡啬夫因不缮治乡邑城墙而受处罚的规定,与县尉一样”。该句是对前文的补充规定:缮治乡邑城墙的责任,应准用关于缮治县邑城墙的规定。

三、本条与睡虎地秦简《秦律杂抄》第40~42条的关系

睡虎地秦简《秦律杂抄》第40~42条的规范内容与本条颇有相近之处,其全文如下:

> 戍者城及补城,令姑(嫴)堵一岁,所城有坏者,县司空署君子将者,赀各一甲;县司空佐主将者,赀一盾。令戍者勉补缮城,署勿令为它事;已补,乃令增塞埤塞。县尉时循视其攻(功)及所为,敢令为它事,使者赀二甲。

朱德贵根据该条文字和文意与本条的相似性,指出该条应归入《戍律》中,又综合这两条,认为“戍卒”“舂城旦、居赀赎、隶臣妾”“黔首”构成了“缮治城塞”的三类人员,而城塞的修筑和维护主要由“县丞、令、令史、尉、尉史、士吏”及其下辖机构负责,“属所尉”则掌握簿书登记和考核工作,县廷机构下的县司空则具体负责“城及补城”

工作。[1]

今案,此二条虽然内容相近,但差异同样不容忽视。将两者比较如表1所示:

表1 岳麓秦简肆188~191与《秦律杂抄》第40~42条比较

简号	劳役内容	劳动力	劳动力所属机构	劳动力统率机构	劳动力使用限制
岳麓秦简肆188~191	缮治城、塞	徒隶、黔首	县司空(城旦舂、居赀赎)、仓(隶臣妾)、县令丞尉(黔首)	不明	徒隶:无。黔首:闲时、岁一兴、各旬
《秦律杂抄》第40~42条	城、补城、补缮城、增塞、埤塞	戍者	县尉	县司空	无

简言之,两者的劳役内容有交集但不相同,而在劳动力构成、统率机构方面,其差别是显著的,不能视为适用于同一事项的规范。

令人费解的是,本条与戍者无涉,却题为《戍律》,而《秦律杂抄》第40~42条只涉及戍者这一种劳动力类型,却未见《戍律》标目,其缘由何在呢?对这个问题,朱德贵关于《秦律杂抄》第40~42条也应属于《戍律》之说极具启发意义,可基于此说推测,本条与《秦律杂抄》第40~42条或原属同一条文,后者是全条的首段,规定城墙的筑造("城")和补完修缮("补城""补缮城")、塞的增筑("增塞")和扩建("埤塞"),以来自县外的戍者为劳动力;本条继之而起,规定城、塞的修缮维护("缮治城塞"),使用本县的黔首和徒隶为劳动力,两者规定的是前后阶段不同的两类事项。但因为首句所述为"戍者",故按照"首句原则"而将全条归入《戍律》中。(邬勖)

① 参见朱德贵:《岳麓秦简所见〈戍律〉初探》,载《社会科学》2017年第10期。

马王堆帛书“物则有形”图补释

王　沛[*]

在黄老学说中,连接道与法的中介是“刑(形)名”,正如帛书《黄帝书》所言:“刑名已立,声号已建,则无所逃迹匿正矣。”[①]能做这件事的人,就是执道者或理想中的圣王。执道者体察道,并将其转化为刑名的过程,在马王堆出土帛书“物则有形”图中有充分反映。此图出土于马王堆三号汉墓,最早由陈松长先生公布于《马王堆帛书“物则有形”图初探》,[②]其后曹峰、董珊、陈剑等先生均撰文考证,而董珊先生根据陈松长先生与陈剑先生的加缀,绘制出复原图(见图1),该成果收录在《长沙马王堆汉墓简帛集成》中,尤其具有重要的学术价值。[③] 和帛书《黄帝书》一样,“物则有形”图与规则、法度乃至于政令

---

* 王沛,华东政法大学法律古籍整理研究所所长,教授。本文受国家社科基金重大项目“甲、金、简牍法制史料汇纂通考及数据库建设”(项目批准号为20& ZD180)、国家社科基金一般项目“新出土资料视野下的早期中国法律成文化问题研究”(项目批准号为20BFX022)资助。

① 参见裘锡圭主编:《长沙马王堆汉墓简帛集成》(肆),中华书局2014年版,第127页。

② 参见陈松长:《马王堆帛书“物则有形”图初探》,载《文物》2006年第6期。

③ 参见曹峰:《马王堆帛书“物则有形”图圆圈内文字新解》,载张光裕、黄德宽主编:《古文字学论稿》,安徽大学出版社2008年版,第421~428页;董珊:《马王堆“物则有形”图与道家“应物”学说》,载《文史》2012年第2期,中华书局2012年版;裘锡圭主编:《长沙马王堆汉墓简帛集成》(肆),中华书局2014年版,第217~220页。陈剑先生的观点见前述董珊文中。

的法理意义诠释密切相关。本文在各位学者研究的基础上,从法律思想史角度对此资料继续加以讨论。

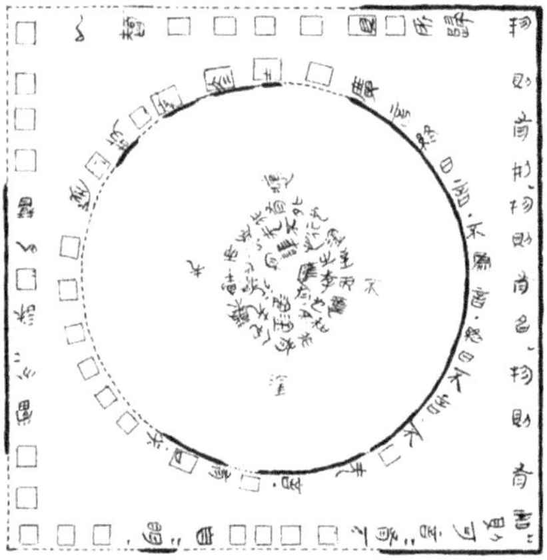

图1　"物则有形"图摹本(董珊摹)

资料来源:裘锡圭主编:《长沙马王堆汉墓简帛集成》(肆),中华书局2014年版,第217页。

"物则有形"图由外方框、内圆圈、圆心三个层次组成,陈松长认为这种构图与式盘相同,圆环代表天,方框代表地,是非常正确的。图中的文字,则是执道者通天地之道,准确、无私地表述刑名的描述。帛书《黄帝书·论》中说:"帝王者,执此道也。是以守天地之极,执六柄以令天下,审三名以为万事□……达于名实【相】应,尽知情伪而不惑,然后帝王之道成。"[①]这段话揭示出执道之帝王与天地之极、法令名实之间的关系,对理解"物则有形"图而言,极具启发性。

"物则有形"图的核心,就是圆心文字。圆心文字从中而外,顺时针旋转书写,其外侧的四字"不淦无应"("不"字为董珊补),概括了圆心文字的思想。圆心文字如下:

① 裘锡圭主编:《长沙马王堆汉墓简帛集成》(肆),中华书局2014年版,第141页。

> 应于淦(感),行于谁(推),心之李(理)也。不淦(感)无应。谁(推)无不行。淦(感)至而应和,非有入也;蔡(察)解而忘,非有外也。

“感”大致是指“深得其妙,有应于心者”。[①]“应于感”,同于《管子·心术》所说的“感而后应”,即深得其妙后对万事万物所作的正确应接,照帛书《黄帝书·顺道》的话说,就是“万物群至,我无不能应”。[②]“推”为推动,“行”为实行,“行于推”可理解为“推而后行”,即推动的举措随之实行。“心之理也”,即心术的道理。“不感无应”是说若内心未感知其妙,则不会对万事万物有正确的应接。“推无不行”是说推动的举措无不贯彻实行,这与刑名学主张的循名责实思想相一致。[③]

“感至而应和,非有入也”,是说内心感得其妙并有正确的应和,是不受主客观因素入侵干扰的结果。要排除那些入侵因素,即“非有入也”。帛书《黄帝书·顺道》说审名察刑时,要“能一乎?能止乎?能自择(释)而遵理乎”,讲的就是这个道理。[④]“非有入也”与“自知”的概念密切相关。从帛书《黄帝书·五正》来看,君主体察天道、发布政令,始于自身之认知——“自知”。[⑤]只有自身认知到中正的法度,方可施行于外人,此即“始在于身,中有正度,后及外人”。[⑥]若要“自知”,就要排除固执、私欲,就像帛书《黄帝书·道法》所说的

---

① 参见《管子·小称》“匠人有以感斤欘,故绳可得料也。羿有以感弓矢,故彀可得中也。造父有以感辔筴,故遫兽可及,远道可致”之注,参见黎翔凤:《管子校注》(中),中华书局2004年版,第604页。

② 参见裘锡圭主编:《长沙马王堆汉墓简帛集成》(肆),中华书局2014年版,第172页。

③ 当然,“推无不行”是建立在“应于感”的基础上。

④ 参见裘锡圭主编:《长沙马王堆汉墓简帛集成》(肆),中华书局2014年版,第172页。

⑤ 参见裘锡圭主编:《长沙马王堆汉墓简帛集成》(肆),中华书局2014年版,第155页。

⑥ 参见裘锡圭主编:《长沙马王堆汉墓简帛集成》(肆),中华书局2014年版,第155页。

“无执也,无处也,无为也,无私也”,都是“非有入也”的体现。[1] “自知”而获得的法度在《黄帝书·五正》亦被称为“内刑”——内在法度规范。“应于感”“行于推”,意味着执道者或圣王要将“自知”而获得内在法度规范(内刑)转化为推及外人的外在法律,《黄帝书·五正》所举的寓言说黄帝为求得“内刑”,辞其国大夫,上于博望之山,谈(恬)卧三年后,其臣阉冉方说“可矣”。之后黄帝征伐蚩尤,立盟曰“反义逆时,其刑视之(蚩)尤。反义倍宗,其法死亡以穷”,[2]“其刑”“”其法”都是“内刑”的外化。

“察解而忘,非有外也”的“解”,陈松长认为或读为“懈”,可从。“忘”通亡,[3]其义为失去。所失去的,正是前文的“感”。这句话是从反面来说的:如果执道者因稽察懈怠而失其“感”,原因还是在其自身,非由外部因素所导致。圆心文字外的“不感无应”四字再次重点强调,若不能体悟天道之妙,就不会有正确的应接。在这段话中,“感”是“应”“推”“行”的逻辑起点。

接下来看青色圆圈外环绕的文字,其内容是:

> 终日言·,不为言·。终日不言·,不【为】无言·。□有□·,必□□□□□□惰□故□□□□□广言。

青色圆圈象征天,圆圈外环绕的文字是讲执道者探求天道后,将其外化,施之于人的过程。要施之于人,就必须使刑名相合,形成既符合道又为世人所遵循的规范(“道生法”),此过程离不开“言”。帛书《黄帝书·成法》这样说:

> 昔天地既成,正若有名,合若有刑,乃以守一名。上淦(感)

① 参见裘锡圭主编:《长沙马王堆汉墓简帛集成》(肆),中华书局2014年版,第127页。
② 参见裘锡圭主编:《长沙马王堆汉墓简帛集成》(肆),中华书局2014年版,第155页。
③ “亡”“忘”古字通,参见(清)王先慎:《韩非子集解》,中华书局1998年版,第88页。

之天，下施之四海。吾闻天下成法，故曰不多，一言而止。循名复一，民无乱纪。[1]

天地形成之时，以名正刑，刑名相合，是谓执守大道。[2] “上淦之天”的“淦”即感，其义与“物则有形”图中的“感”同。《黄帝书·成法》是说圣王感知天道后，再通过“成法”施之四海。成法不在多，关键是要符合道（也就是“一”），故“循名复一，民无乱纪”。《黄帝书·成法》后文又说“夫百言有本，前言有要，万【言】有总，皆阅一空（孔）”，百千万言都要出自道（“一孔”亦为道的代称），这才对“言”的本质要求。“物则有形”图中说“终日言，不为言”，当指那些不符于道的言，说得再多，也不算是“言”。“终日不言，不【为】无言”，再次表明言不在多的道理。虽然青色圆圈外的其余字句漫漶不清，但大体上应是阐释这个观点。

最外层的赤色方框象征地，方框内侧文字讲述天道作用于世间必须名实相符的刑名理论，其内容是：

物则有刑（形），物则有名，物则有言，言则可言，言有【所】□□□□【自】（自自）明□□□□□当分（分分）诛（谋?）□以智□□□□以智□□□□員（实?）□所归。

学者们很早就注意到这句话和《管子·心术上》中“物固有形，形固有名。名当，谓之圣人。故必知不言（之言）、无为之事，然后知道之纪”相似。[3] 从《管子·心术上》解文可知，“物固有形，形固有名”指名实相符，“物则有形”图中“物则有刑（形），物则有名”之义与

① 参见裘锡圭主编：《长沙马王堆汉墓简帛集成》（肆），中华书局2014年版，第165页。

② 参见马王堆汉墓帛书整理小组编：《马王堆汉墓帛书：经法》，文物出版社1976年版，第74页，注释5。

③ 参见黎翔凤：《管子校注》（中），中华书局2004年版，第764页。

其相同。[①]《管子·心术上》“故必知不言(之言)、无为之事”是说在确定名实的问题上,只有不妄言、不妄为,才能合理无误,进而循名责实。“物则有形”图之“物则有言,言则可言”强调落实刑名时“言”的重要性:在“道生法”中,审定刑名至为关键,而刑名是通过“言”表述出来的,正如《管子·心术下》所说,“治心在于中,治言出于口,治事加于民,故功作而民从,则百姓治矣”,[②]意味着正确的言辞出于口、正确的事务施于民,百姓才可得到治理。帛书《黄帝书·名理》所谓“处于度之【内】者,不言而信。见于度之外者,言而不可易也”,亦强调言辞在道外化为法令制度时的作用。[③]在“物则有形”图中,“言”出现的位置在青色圆圈(天)外、赤色方框(地)内,正表明其在天道与人事之间的媒介角色。“物则有形”图深刻揭示刑名理论中“言”的价值,是非常值得重视的现象。

方框后文多残缺,但所言之“当分”,其义当与前文之“名”紧密相连。帛书《黄帝书·名理》说“天下有事,必审其名。名□□循名究理之所之,是必为福,非必为灾。是非有分,以法断之;虚静谨听,以法为符”,[④]阐明了名、分、法之间的关系,可看作本图的注释。

“物则有形”图具有浓厚的规则生成论色彩。《鹖冠子·环流》在描述天道与法律的关系时说:

> ……惟圣人究道之情,唯道之法,公正以明。斗柄东指,天下皆春,斗柄南指,天下皆夏,斗柄西指,天下皆秋,斗柄北指,天下皆冬。斗柄运于上,事立于下,斗柄指一方,四塞俱成,此道之

① 参见黎翔凤:《管子校注》(中),中华书局2004年版,第771页。

② 参见黎翔凤:《管子校注》(中),中华书局2004年版,第782页。

③ 需要注意的是,“处于度之内”时,则是“不言而信”,即不需要言辞的。参见裘锡圭主编:《长沙马王堆汉墓简帛集成》(肆),中华书局2014年版,第147页。

④ 参见裘锡圭主编:《长沙马王堆汉墓简帛集成》(肆),中华书局2014年版,第147页。

> 用法也。故日月不足以言明，日月不足以言功。一之为法，以成其业，故莫不道。一之法立，万物皆来属。法贵如言，言者万物之宗也。①

这段话在阐明道、法、言的同时，还指出圣人体察天道与观察天象四时的关系。在黄老学说中，宇宙中北斗指向的不同，会引发四季周而复始地更替，这不仅是令行禁止的象征，更是法令的渊源所在：圣人就是依据四时运转、阴阳互动的原理而立法的。②“物则有形”图圆圈中心那段话之所以由内而外地旋转写出，或许意味圣人体察循环往复之天道，继而生成、制定循环往复的规则，类似于六壬或太一九宫式盘模式（如图2中的阜阳双古堆出土西汉式盘所示），旋转天盘以对地盘，则相应而生福祸凶吉。

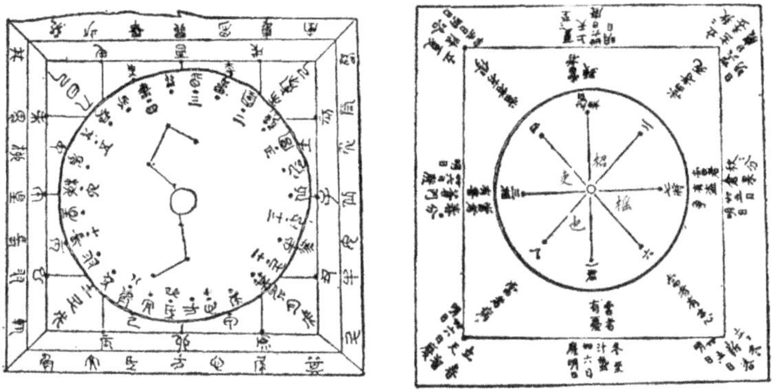

（a）　　　　　　　　　　（b）

图2　阜阳双古堆出土的西汉六壬（a）、太一九宫（b）式盘图形

资料来源：严敦杰：《式盘综述》，载《考古学报》1985年第4期，并作增补。图2（b）之天盘所记之招摇，属北辰；地盘记冬至、立春、春分、立夏、夏至、立秋、秋分、立冬等八节。解读见李学勤：《〈九宫八风〉及九宫式盘》，载李学勤：《古文献丛论》，上海远东出版社1996年版，第235～243页；程少轩：《汝阴侯墓二号式盘太一九宫运行复原》，载《出土文献》2020年第4期。

---

① 参见黄怀信：《鹖冠子汇校集注》，中华书局2004年版，第76～77页。

② 参见王沛：《黄老“法”理论源流考》，上海人民出版社2009年版，第106～120页。

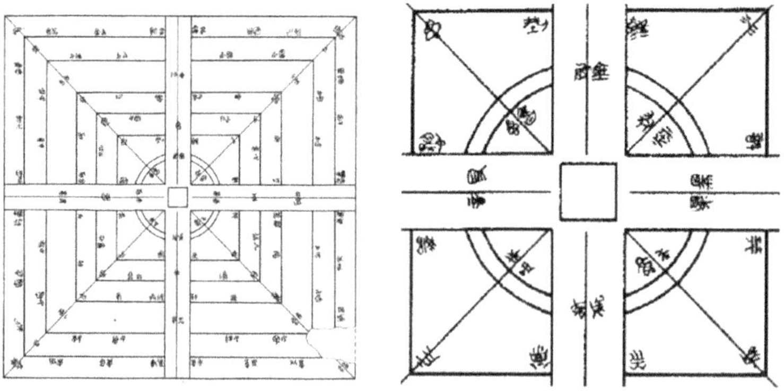

(a) (b)

图3 荆门左冢楚墓出土的漆局(a)及第五栏方框内图形摹本(b)

资料来源:湖北省文物考古研究所等编著:《荆门左冢楚墓》,文物出版社2006年版,第187页。

与其模式相近的图形,见于荆门左冢楚墓出土的漆局(见图3)。漆局所绘之天圆地方的图形中,社会规则与政事民情文字依次旋出,最内部方框(第五栏)所书写的刑、法、信、典、祥、常、义、恻等字义,或许与中心圆圈内书写的“訔德”“恶美”“德纯”“民用”等词义有衍生关系。[①] 虽然目前还不能确定左冢漆局的性质、用途与用法,但认为其与“物则有形”图有共同的背景观念,应该是没有问题的。从出土文献来看,这种背景观念由来已久且影响广泛,在研究中国法律思想史时,应引起特别的注意。

① 参见湖北省文物考古研究所等编著:《荆门左冢楚墓》,文物出版社2006年版,第179~190页。

《长沙五一广场东汉简牍(壹)(四一—八五)》释译(二)

姚　远*

凡　例

1. 本文所涉及的长沙五一广场东汉简牍(以下简称五一简)的图版及文字内容均源自长沙市文物考古研究所等编:《长沙五一广场东汉简牍》,中西书局2018年版。同期出版了(壹)(贰)两册,简称《五一(壹)》或《五一(贰)》。引用同批简牍,仅注整理编号,以便查找。

2. 本文所引《居延汉简》和《居延新简》文字内容均源自中国简牍集成编辑委员会编:《中国简牍集成》(第五册~第十二册),敦煌文艺出版社2001年版。文中简称《居延汉简》为"居延",简称《居延新简》为"新简",引文简号依《集成》简号。

3. 文中所引长沙东牌楼东汉简牍内容均源自长沙市文物考古研究所等编:《长沙东牌楼东汉简牍》,文物出版社2006年版。文中简称《东牌楼》,引文简号依《东牌楼》简号。

---

* 姚远,华东政法大学副教授。本文受国家社科基金重大项目"甲、金、简牍法制史料汇纂通考及数据库建设"(项目批准号为20&ZD180)、国家社科基金一般项目"长沙新出简牍所见东汉基层司法运作研究"(项目批准号为17BFX168)资助。

4. 文中所引张家山汉墓竹简内容均源自张家山二四七号汉墓竹简整理小组编著:《张家山汉墓竹简(二四七号墓)》(释文修订本),文物出版社 2006 年版。其中的《二年律令》和《奏谳书》在本文中加以区分,文中仅注明《二年律令》和《奏谳书》,引文简号依《张家山》简号。

5. 本文所引里耶秦简的内容均源自湖南省文物考古研究所编:《里耶秦简》(壹),文物出版社 2012 年版;湖南省文物考古研究所编:《里耶秦简》(贰),文物出版社 2017 年版。文中统一简称为"里耶秦简"。

6. 因此批简牍中有些木牍比较宽大,每行文字数量过多,在转抄的过程中,比较长的简文部分每行文字前加标注数字,以示行数,正背两面分别计数。

7. 文中释文为作者所作释文,如释文与简报或其他研究者有差异,会在文中加以说明。

8. 简牍前阿拉伯数字序号为《长沙五一广场东汉简牍》整理小组整理后的编号顺序。

41. 木牍 2010CWJ1①:25-8

【简文】

A 面:

01 ☒……叩头死罪……☒

02 ☒……☒

03 ☒……☒

B 面:

此件为木牍,长 18.9 厘米,宽 1.2 厘米,下端残断,左列残缺。木牍正反两面均有字迹,A 面可见数列字痕,B 面亦有字痕。从残留字痕所见,此牍包含了上行文书。

【按】见残字迹。

42. 木牍 2010CWJ1①:25 -9

【简文】

A 面:

01 〼……〼

02 〼□自给柱钱……月十五日〼

03 〼……〼

B 面:

01 〼……〼

02 〼勤□□惶恐叩头……〼

03 〼……〼

此件为木牍,长 13.0 厘米,宽 3.8 厘米,下端残断,左列残缺。木牍正反两面均有字迹,A 面可见数列字痕,B 面亦有字痕,从残留字痕所见,此牍包含了上行文书。

柱、勤:当为人名。

惶恐叩头:多见于上行文书中,“叩头”后一般多连用“死罪”等语。

43. 木牍 2010CWJ1①:25 -11

此件为木牍,长 23.6 厘米,宽 3.2 厘米,形制保存状态较好,有较多墨痕,整理者认为有残字迹。

【按】见残字迹。

44. 木牍 2010CWJ1①:25 -12

此件为木牍,长 21.7 厘米,宽 2.8 厘米,上下两端有残损,左右两侧有墨痕,整理者认为有残字迹。

【按】见残字迹。

45. 木牍 2010CWJ1①:25－13

此件在书中无彩版照片也无红外照片,整理者在附录一中标注为“未见字迹简牍”在附录二“尺寸对照表”中标注木牍,长 22.4 厘米,宽 2.8 厘米。

46. 木牍 2010CWJ1①:25－15

此件为木牍,长 23.0 厘米,宽 2.8 厘米,上下两端有残损,中下部有墨痕,整理者认为有残字迹。

【按】见残字迹。

47. 木牍 2010CWJ1①:25－16

此件在书中无彩版照片也无红外照片,整理者在附录一中标注为“未见字迹简牍”,在附录二“尺寸对照表”中标注木牍,长 22.8 厘米,宽 2.7 厘米。

48. 木牍 2010CWJ1①:25－17

【简文】

A 面:

▨□得▨

B 面:

▨□▨

此件为木牍残片,长 6.9 厘米,宽 1.8 厘米,木牍 A 面有字迹,B 面有浓重墨痕。

49. 竹简 2010CWJ1①:25－18

【简文】

□长(?)□责男子张建□▨

此件为竹简残片,长7.9厘米,宽0.7厘米,残损较严重。

张建:当为人名。

50. 竹简 2010CWJ1①:25-19

此件为竹简残片,长6.7厘米,宽1.1厘米,上下两端有残损,中下部有墨痕,整理者认为有残字迹。

【按】见残字迹。

51. 竹简 2010CWJ1①:25-20

此件为竹简残片,长4.5厘米,宽1.0厘米,下两端有残损,有墨痕,整理者认为有残字迹。

【按】见残字迹。

52. 木牍 2010CWJ1①:25-21

【简文】

君教诺

此件为木牍,长23厘米,宽1.4厘米。木牍右侧有纵向破损,“君教诺”三字仅余左半。其中“诺”字相较于其他二字更大,有典型的“画诺”特征。“君教诺”在五一简中出现较多。

君:请府君。

教诺:教,教书,下级向上级请教指示的文书;诺,上级机关的批示。

53. 竹简 2010CWJ1①:25-22

【简文】

☐愿求于小市卖枯鱼自给☐

此件为竹简,长13.4厘米,宽0.8厘米,下端残损。文字较为清晰。本件可断句为:

……愿来[1],于小市[2]卖枯鱼[3]自给[4]。

【注释】

[1]来:整理者释为求,从字形上看应为“来”无误。

[2]小市:形体较小或价值较低的商品的交易,相对于“大市”。《周礼·地官·质人》载:“凡卖价者质剂焉,大市以质,小市以剂。”郑玄注:“大市人民马牛之属用长券。小市兵器珍异之物用短券。”贾公彦疏:“郑以意分之为大小。就大者而言,若人民则未成龀已下,牛马未着齿已前,亦得为小者也。”《史记·汉兴以来将相名臣年表》载:“(高帝六年)立大市。”《史记·外戚世家》载:“乘舆驰至长陵,当小市西入里,里门闭,暴开门,乘典直入此里,通至金氏门外止,使武骑围其宅,为其亡走,身自往取不得也。”

另,大市,又指代中午时专门为普通老百姓所设立的市。相对的有“朝市”“夕市”。《周礼·地官》载:“大市日昃而市,百族为主。朝市朝时而市,商贾为主。夕市夕时而市,贩夫贩妇为主。”

“小市”“大市”这一用法至南北朝时亦有使用,含义略有调整,如《通典·杂税》载:“淮水北有大市,自余小市十余所。”《景定建康志·卷16·疆域志二》引《宫苑记》载:建康“有小市、牛马市、谷市、蚬市、纱市等十一所,皆边淮列肆”。

[3]枯鱼:即干鱼,鱼干。《庄子·外物篇》载:“吾得斗升之水然活耳,君乃言此,曾不如早索我于枯鱼之肆。”与之相对有“鲜鱼”,如五一 CWJ1①:95 -1 载:“郭亭部市不处姓名男子鲜鱼以作炙(浆)。”五一广场简中有大量市鱼的记录,这是由于长沙郡临湘县水系丰富,鱼不仅是一种美味佳肴,更可以助粮食,《后汉书·鲜卑传》载:“闻倭人善网捕,于是东击倭人国,得千余家,徙置秦水上,令捕鱼以助粮食。”

[4]自给:依靠自己生产,满足自己需要。《史记·循吏列傳》载:“以嗜鱼,故不受也。今为相,能自给鱼,今受鱼而免,谁复给我鱼

者?吾故不受也。"《二年律令》载:"丞相上鲁御史书,请鲁郎中自给马骑,得买马关中。"(《二年律令》简522)

【语译】

……愿来,在小市场卖鱼干供养自己。

54. 竹简2010CWJ1①:25-23

【简文】

左户曹史麟白民自言辞如牒请记告安民□

此件为竹简,长13厘米,宽0.8厘米,下部残断,文字较为清晰,从内容看可能是户曹直符书的一部分。可断句为:

左户曹史麟[1]白[2]:民自言[3],辞[4]如牒[5]。请记告[6]安民[7]……

【注释】

[1]左户曹史麟:麟,人名。户曹:"主民户、祠祀、农桑。"就其本职掌而言与司法没有关系。但在五一广场东汉简选释32、72两件木牍中可以发现,户曹史因为担任直符史,故而在值班期间有主动纠举犯罪并接受百姓告劾的职权。本件从内容上看也是担任值班期间有自诉类案件,因此记录了这份文书。

[2]白:下级对上级机关的禀告。

[3]自言:事件的当事人、关联人或见证人,主动向官府陈述、检举、揭发、辞讼等行为。有时有司法诉讼属性,如本件。亦有可能不含有司法属性,如《汉书·匈奴传下》载:"单于自言愿婿汉氏以自亲。"在司法诉讼程序中,"自言"行为成为启动诉讼的重要原因之一。含义近似于当代"控告"。与"自告"有区别,"自告"意为案件当事人自诉行为。自言行为的提起者有可能不是当事人,如《汉书·张安世传》载:"郎淫官婢,婢兄自言,安世曰:'奴以恚怒,诬污衣冠。'

告署适奴。"此案的直接受害人是官婢,向张安世提起诉讼的却是她的兄长。《汉书·鲍宣传》载:"诸生会者千余人。朝日,遮丞相孔光自言,丞相车不得行,又守阙上书。"这里揭发鲍宣冤情的显然是诸生而非鲍宣本人。

[4]辞:此处指自言的内容。

[5]牒:文书、证件。

[6]记告:告:即告语。在文书中使用,多为记录上级对下级的下行文书。马其昶:《〈古文辞类纂〉标注序》载:"曾文正公更约为三门十一类,曰论着,曰告语,曰记载。"另,《经史百家杂钞》"告语"门下分"诏令、奏议、书牍、哀祭"。

简牍中常见告类文书有"府告""官告"等,"告"与"记"常前后联系,共同使用,如五一选释中J1③:285A载:"府告兼贼曹史汤、临湘言:……记到,汤、县各实核……"这种连用中"告"多为下级机关对上级机关的下行文书的复录,而"记到"多为下级机关记录针对上级机关的文书要求的处理结果。

李均明认为此类文书当为"记",且为"府记"①。查阅居延汉简的府记,②其基本文书结构比较清晰,首部有"府告"字样,"告"之后应是告的对象。后文中有"记"、"记到"字样。除"府记"外,"官记"的结构也基本是"官告" + "记到"。因此对此类文书称之为"告语"亦可。

记,记书,此处指记之为书。本简中"记"与"告"连用,这种情况在两汉简牍中较少见,五一广场另有:木牍2010CWJ1③:164载:"□廷掾合议,请记告右部贼捕掾□□等实核。"

---

① 此分类见李均明:《秦汉简牍文书分类辑解》,文物出版社2009年版,第109页。

② 具体请参见新简EPF22.151B,EPF22.459。

另外,从大量出土文献资料所见,“告”之后一般下连告的对象,如“贼曹史”“右部贼捕掾”等职官名称。结构应为:府告/官告/记告+职官名称:所告内容。+记/记到……。如:

“三月壬申,官告第四候长成等:府记:省卒四十二人,遣士吏就将领之,适□。”①

“府告居延、甲渠、卅井、殄北障候:方有警备。记到,数循行,教敕吏卒明烽火,谨候望,有所闻见,亟言有教。

建武三年六月戊辰起府。”(新简 EPF22.459)

[7]安民:由于本简残断,结合简 2010CWJ1①:25 -26,并考虑上文“记告”结构,猜测可能应为“安民史”。从两汉史料及出土文献资料中皆不见“安民史”,但《三国志·吴书》载:“孙綝字子通,与峻同祖。綝父绰为安民都尉。”其中可见“安民都尉”官职名称,但无详细执掌。从职官名称上看,“安民”应当以安抚百姓、稳定治安为核心任务。

此外,五一简中有很多文献资料中少见的官职名称,如“趣租史”“丈田史”[此二者见于《五一(贰)》429 +430]等,从官职名称上就可以清晰知道工作职权,但相关记录在两汉书前表后记中皆不得见。这些官职名称在命名过程中并未用基层吏员的职官命名模式,即:所属机构+具体职务级别。如贼曹史、户曹史等。此类情况有两种可能情况:其一,临时性职务命名,汉郡县皆有“待事掾”,其工作职权相对更加机动,在农忙或有紧急情况的时刻,临时赋予一个职务名称。其二,给基层吏员另外安加一个带有“史”命名的临时性官职,在具体地方管理行为中,一方面可以威吓百姓,另一方面也便于工作的推展。“趣租史”“丈田史”以及“安民史”等很有可能是此类情况。从

---

① 谢桂华等:《居延汉简释文合校》,文物出版社 1987 年版,第 105 页,简 59.32,59.33。

名称上这些职官工作内容与基层日常行政管理密切相关,无论是催要租税,重新丈量田地,或安抚民心等,都有一定的工作难度,仅仅依靠基层百姓经常打交道、熟悉的力田、长爵、小史、亭长等人,工作进展可能较为缓慢,给予这些人一个新的临时性头衔或安排一些新的人手临时充当某一职务,能够有效震慑百姓。因事而设,事毕裁撤。

【语译】

左户曹史麟禀告:有百姓控告,控告内容已经记录,请记之为书并告安民史……

55. 竹简 2010CWJ1①:25-24

【简文】

▨定陶男子王方客来复屠牛□□□▨

此件为竹简,长 13.2 厘米,宽 0.6 厘米下部残断较为严重。可断句为:

▨定陶男子王方,客来复屠牛□□□▨

【注释】

定陶:济阴郡定陶县,现山东菏泽地区。

【语译】

定陶的男子王方,有客人来,又去宰牛……

56. 竹简 2010CWJ1①:25-25

【简文】

陈留考城县男子□□自□……自给▨

此件为竹简,长 22.3 厘米,宽 0.6 厘米,残损较为严重。

陈留:即陈留郡,武帝置,洛阳东五百三十里。郡下有考城县,旧称菑,汉章帝更名为考城县。

57. 竹简 2010CWJ1①:25 -26

【简文】

府告　安民史竟民自言☑

此件为竹简,长 13.3 厘米,宽 0.7 厘米,下端残断,“告”与“安”两字之间有较大距离。断句为:

府告　安民史竟:民自言……

【注释】

府告:见上文记告注释。府,府衙,因缺少上下文,难以确认是县府或郡府。

安民史:职官名称,见上文注释。

竟:人名,安民史的名字。

58. 竹简 2010CWJ1①:25 -27

此件为竹简残片,长 6.6 厘米,宽 0.7 厘米,下两端有残损,下端有明显字迹。

【按】见残字迹。

59. 竹简 2010CWJ1①:25 -28

【简文】

☑□猬与叔共为奸☑

此件为竹简,长 6.4 厘米,宽 0.7 厘米,上下两端皆有残断。从内容看可能是司法爰书的一部分。

猬:人名。

60. 竹简 2010CWJ1①:25 -29

【简文】

☑……□□□屠□□书今厩□牛已到□☑

此件为竹简,在《五一(壹)》的“附录二:简牍编号及尺寸对照表”中记录尺寸为长1.2厘米,宽0.7厘米。结合图版所见尺寸记录可能有出入,原简实际尺寸应当更长。上下两端皆有残断。从内容看可能与(壹)55竹简2010CWJ1①:25-24有关联。

61. 竹简 2010CWJ1①:25-30

【简文】

记白草□☐

此件为竹简,长4.2厘米,宽0.9厘米。下端残断严重。

记:记录。此处结合“白”,理解为与告相互呼应的记录类文书,

白:禀告。《玉篇》载:“告语也”。《正字通·白部》载:“白,下告上曰禀白,同辈述事陈义亦曰白。”“详死罪白:掾马玄前共安定亭令详推男子蔡蒲……”(《东牌楼》003B)[1]另外,《东牌楼》中出现大量用于书信开头或末尾的“死罪白”,“惶恐白”,“顿首白”等字样。

草:草成,草就,文书之草稿。

62. 竹简 2010CWJ1①:25-31

此件在书中无彩版照片也无红外照片,整理者在附录一中标注为“未见字迹简牍”在附录二“尺寸对照表”中标注竹简,长9.2厘米,宽0.8厘米。从尺寸看可能为残简。

63. □ 2010CWJ1①:25-32

此件在书中无彩版照片也无红外照片,整理者在附录一中标注为“未见字迹简牍”在附录二“尺寸对照表”中标注楬,长13.8厘米,宽3.5厘米。

① 长沙市文物考古研究所、中国文物研究所:《长沙东牌楼东汉简牍》,文物出版社2006年版,第72页。

64. □ 2010CWJ1①:26

【简文】

A 面:

□□屠牛本事

B 面:

【按】见残字迹。

此件为楬,长 13.8 厘米,宽 3.5 厘米。从内容看可能与(壹)55 竹简 2010CWJ1①:25 -24、60 竹简 2010CWJ1①:25 -29 有关联。从内容上看,前简牍中所涉及的屠牛行为可能引起纠纷。

本:根本,此处应当释为最初的。事:史也。本事:此处应为源文件,原始卷宗之意。

65. 木牍 2010CWJ1①:27

【简文】

01……召□□以……所毋□男子……

02……□□□言考问举□□□

03……当调赦为正=……

04……廿七……

05……为五十五……九缯□凡十四訾

此件为木牍,长 23.7 厘米,宽 3.3 厘米,有五列文字,上部较为模糊,仅下部有少量文字可以释读,内容较难断句释读,以下择选其中核心语词释读。

考问:按问,即刑讯。考:按也,同拷。《后汉书·马严传》载:"今益州刺史朱酺、扬州刺史倪说、凉州刺史尹业等,每行考事,辄有物故。"

缯:丝织品。五一简中有关缯的记载较多,在(贰)702 竹简

2010CWJ1③:263－52 中记载了缯的市场价格:"府书曰:男子赵寿,辞□□钱七万一千不解止,男子惢初舍寿,以钱市缯五匹。"

訾:通"资""赀",财货,资产。

66. 封检 2010CWJ1①:77

【简文】

外部贼曹掾□叩头死罪

白　事

此件为封检,长 12.0 厘米,宽 3.9 厘米,纵两列文字,下端有封检槽,"白"与"事"两字间距较大。上字迹较为模糊。

贼曹掾:贼曹:主盗贼事。根据五一简的记录整理可见,贼曹的工作包括但不局限于:"追逐""收捕""考问""具服" 等,归纳来说,贼曹主要涉及逮捕和审问犯人的工作,同时也包括了对其他当事人和证人的征召、逐捕和考竟等。《后汉书·百官志》载:郡下"皆置诸曹掾、史"。一般的曹掾结构为,曹下可设"掾",亦可设"史",合称掾史。如主管人员下有佐吏,既有掾又有史,一般掾级别略高于史。五一简所见的贼曹,不仅有曹掾、史,而且长沙郡贼曹下有数位史:"左贼史""右贼史"等。同时郡治的贼曹有可能依照分片划区原则,各自辖理一定地域,并负责地域内的盗贼事。史之下又分各部"左部贼捕掾""右贼捕掾""北部贼捕掾"等,各自管辖郡的北部等地。此外五一简中又见"劝农贼捕掾"(壹木两行 2010CWJ1②:123),此职官属于兼任性质,而兼任的原因可能是人手不足,可能是职务的便利性等。贼捕掾需要经常在地方巡行,熟悉地方治安和环境,他们可以在春夏为劝农掾、在秋冬为贼捕掾。

此处的"外部贼曹掾"较为费解,在《五一(壹)》71 封检 2010CWJ1①:83－1 中亦有"外部贼曹掾"。猜测可能与前述的"北部贼捕掾"的结构相类似,管理贼曹所属行政区域以外的地方治安情况。

67. 封检 2010CWJ1①:78

【简文】

01 ▨□封安陆长印诣如署

02 临湘属长沙郡以邮行

03 永初五年七月廿三日己巳起

此件为封检,长 15.7 厘米,宽 7.4 厘米,右上角略有残损。封检下端三分之一处为封检槽,上部凹陷部分纵行三列文字,字体皆不同,中间一列字体最为宽大。

封:此处指密封、封缄。此件简牍在物理形态上下部有约 2×2 厘米的方形凹槽,系封缄后封泥处。

以邮行:文件的传递方式通过邮亭传递文书。类似的用法有"驿马行"(《东牌楼》1 号简)。"驿马",传驿之马。当时邮亭与传驿并置,而有所分工:邮亭主管郡县以内交通,传驿主管郡县以外交通。《续汉书·舆服上》导从卒条"驿马三十里一置"臣昭案云:"东晋犹有邮、驿共置,承受旁郡县文书。有邮有驿,行传以相付。县置屋二区。有承驿吏,皆条所受书,每月言上郡州。"即披露二者有此分工。邮行多以步行传递。此封检相关的木牍是从临湘县廷发出,以"邮行"方式传递的文书。

68. □ 2010CWJ1①:79

【简文】

A 面:

延平元年二月

这守[等][本][事]

B 面:

这守等本[事]

此件为木楬,长 11.9 厘米,宽 3.2 厘米。木楬从中心左列残断,上端有穿孔。原释文 A 面"这守"后三字释为"□□□"。根据 B 面文字以及木楬的属性,将所缺三字补上。

这类木楬又可以称为"本事楬"。"本事",本:根本,此处应当释为最初的。事:史也。本事:此处应为源文件,原始卷宗之意。"本事楬"上端穿孔系上绳子,吊在相关源文件中,便于查找。

69. 封检 2010CWJ1①:80

此件为封检,长 14.9 厘米,宽 2.1 厘米。纵向残断为两截,下端有封检沟槽。凹面有明显墨痕。

【按】见残字迹。

70. □ 2010CWJ1①:81

【简文】

A 面:

谢寿本事在此中

B 面:

谢寿本事在此中

此件为"本事楬",长 13.8 厘米,宽 3.5 厘米。上端有穿孔。

谢寿:人名。

71. 封检 2010CWJ1①:83 -1

【简文】

A 面:

01 外部贼曹掾良叩头死罪

02 白事

【按】封检背面亦见字迹,但不清晰。

此件为封检,长 12.0 厘米,宽 3.7 厘米。封检正面下端有封泥槽,凹面有两列文字,背面有墨痕。本件内容与前文中 66 号简内容近似。

72. 木牍 2010CWJ1①:83 -2

【简文】

A 面:

01 ▨审校报掾□

02 ▨不审校□奏报未

B 面:

01 ▨……面不

02 ▨……泛□□

此件为木牍,长 11.0 厘米,宽 3.7 厘米。上端残断,纵两列文字。

审校:审,实。校,验。实核。

报:回报,禀告。

73. 木牍 2010CWJ1①:83 -3

此件为木牍残片,长 9.9 厘米,宽 0.8 厘米,木牍右侧纵向残损,左半有明显字迹。

【按】见左半残字迹。

74. 木牍 2010CWJ1①:83 - 4

【简文】

诣如署

此件为木牍,长 12.0 厘米,宽 0.7 厘米,木牍纵向残断。上端有一列文字。

诣:前往、到。《玉篇 · 言部》载:"诣,往也,到也。"署,公署,官署。按照规定寄送到官署。这个语言在文书传递的过程中起到指令作用,类似用法在《东牌楼》中亦有:"东部劝农邮亭掾周安言事,诣如署,光和六年正月廿四日乙亥申时□驷□亭。"[①]

75. 木牍 2010CWJ1①:83 - 5

此件在书中无彩版照片也无红外照片,整理者在附录一中标注为"未见字迹简牍"在附录二"尺寸对照表"中标注木牍,长 5.3 厘米,宽 2.2 厘米。从尺寸上看应上下有残损。

76. 木牍 2010CWJ1①:83 - 6

此件在书中无彩版照片也无红外照片,整理者在附录一中标注为"未见字迹简牍"在附录二"尺寸对照表"中标注木牍,长 17.8 厘米,宽 0.9 厘米。从尺寸上看可能纵向有残损。

77. 木牍 2010CWJ1①:83 - 7

此件在书中无彩版照片也无红外照片,整理者在附录一中标注为"未见字迹简牍"在附录二"尺寸对照表"中标注木牍,长 17.3 厘米,宽 1.9 厘米。

78. 木牍 2010CWJ1①:83 - 8

此件在书中无彩版照片也无红外照片,整理者在附录一中标注

---

① 长沙市文物考古研究所、中国文物研究所:《长沙东牌楼东汉简牍》,文物出版社 2006 年版,第 71 页。

为"未见字迹简牍"在附录二"尺寸对照表"中标注木牍,长 11.8 厘米,宽 0.5 厘米。从尺寸上看可能纵向有残损。

79. 木牍 2010CWJ1①:83 -9

此件在书中无彩版照片也无红外照片,整理者在附录一中标注为"未见字迹简牍"在附录二"尺寸对照表"中标注木牍,长 6.2 厘米,宽 1.6 厘米。从尺寸上看可能有残损。

80. 木两行 2010CWJ1①:84 -1

【简文】

01 不分别实当从今又阳前考问赦辞元兴元年八月廿一日与赣褒叔厚五人劫诗林等九

02 月四日于赣舍分臧(赃)各持所得分去赦与叔合臧盛篚中僦载泉陵男子李叔成檣

本件为木两行简,长 23.4 厘米,宽 2.7 厘米,保存完好,木简上下各三分之一处有编绳痕迹。从内容看,此件为刑事案件口供类爰书。断读为:

……不,分别实[1],当从今。又阳前考问赦辞:元兴元年八月廿一日与赣、褒、叔、厚五人劫[2]诗、林等。九月四日于赣舍[3]分臧(赃),各持所得分去。赦与叔合臧[4]盛篚[5]中,僦[6]载泉陵[7]男子李叔成檣[8]

【注释】

赦、赣、褒、叔、厚:均为人名,是劫行为人。

诗、林:均为人名,是被劫人。

[1]分别实:实,实核。分别核实情况。

[2]劫:强夺,"劫,强取也"。《二年律令》载:"虽未得若未劫,虽未得若未劫,皆磔之。"(《二年律令》简 68)。

[3]舍:室舍,房屋。

[4]合臧:将赃物合并一处。

[5]簏:竹篾编的盛物器。

[6]僦:僦,租赁。《汉书》载:"弘羊以诸官各自市相争物以故腾跃而天下赋输或不偿其僦费。师古曰:僦,顾也。言所输赋物不足偿其余顾庸之费也。"

[7]泉陵:东汉时期零陵郡治所在地。汉武帝元朔五年,封长沙王刘发之子刘贤为泉陵侯,置县级泉陵侯国,辖今永州市零陵区、永州市冷水滩区、双牌县北、祁阳县、祁东县、东安县地。武帝元鼎六年(前111年)置零陵郡,泉陵侯国属零陵郡管辖。25年,光武帝刘秀建立东汉王朝,改泉陵侯国为泉陵县,将零陵郡治所移至泉陵县城。

[8]舼:周海峰释为"船"。从周注。①

【语译】

……不,分别核实情况,应当以现在所核实情况为准。又阳前拷讯赦,供词如下:元兴元年八月廿一日与赣、褒、叔、厚五人强劫诗和林等人。九月四日在赣的家中一起分赃,各自拿着所分得的财物离开。赦与叔共同将赃物装在簏中,租赁了泉陵男子李叔成的船,装载了簏……

81. 木两行2010CWJ1①:85

【简文】

01 书輙逐召定考问辞本县奇乡民前流客占属临湘南乡乐成里今

02 不还本乡埶不复还归临湘愿以诏书随人在所占谨听受

① 周海锋:《长沙五一广场东汉简牍【壹】选读》,载简帛网,http://www.bsm.org.cn/show_article.php?id=3279,首发于2018年12月26日。

占定西

本件为木两行简,长23.4厘米,宽2.7厘米。保存完好,木简上下各三分之一处有编绳痕迹。从内容看为司法诉讼档案。断句为:

书,輙逐召[1]定[2]考问,辞:本县奇乡[3]民,前流客[4],占[5]属临湘南乡乐成里。今不还本乡,埶[6]不复还归,临湘愿以诏书[7],随人在所占,谨听受占[8]。定西……

【注释】

[1]逐召:逐捕,征召。

[2]定:《选释》中释读为"乃",《五一(壹)》释读为"定"。查看图版为,查找五一简"定"与"乃"图版如下:(209号简,定),(332号简,乃),以及同简中"定"。此字为"定"似有疑问。暂从《五一(壹)》的释读。或为人名。

[3]奇乡:乡名。

[4]流客:结合本简中的诏书内容,意指流民。甘谷汉简有:"乙酉示章诏书:宗室审诸侯五属内,居国界,有罪,请;五属外,便以法令治;流客,虽五属内,不得行复除。"此处流客指,宗室诸侯的亲戚,但因身份缺失或未傅籍,而不能享受一些司法特权。①

[5]占:人口统计,户籍申报,资产登记等皆属"占"。有"占口""占田""占用马"等。本简注释[8]中"受占",即官府受理人口登记行为。

[6]埶:同"势",坚持。

[7]诏书:结合本简内容,应为对流民人口登记的相关诏书。东

① 张学正:《甘谷汉简考释》,载甘肃省文物工作队编:《汉简研究文集》,甘肃人民出版社1984年版,第85~141页。

汉永元年间颁布的安置流民的系列诏书。《后汉书·和孝殇帝纪》载:"(六年)三月庚寅,诏流民所过郡国皆实禀之,其有贩卖者勿出租税,又欲就贱还归者,复一岁田租、更赋。""十五年春闰月乙未,诏流民欲还归本而无粮食者,过所实禀之,疾病加致医药;其不欲还归者,勿强。"即凡不愿返回原籍的流民,根据其现居地原则允许占籍,本简中的流民,允许其在临湘县南乡乐成里占籍。

[8]受占,见本简注释[3]。

【语译】

……书,立即逐捕征召定并考问,定禀告如下:是本县奇乡人,曾经是流民,在临湘南乡乐成里登记户籍,至今不回本乡,并坚持不愿意回去,临湘县按照诏书规定,人居住在何处就在何处登记户籍,临湘县受理户籍登记。定西……

82. 木两行 2010CWJ1②:86

【简文】

01 廷愿谒除前解从今言府移豫章府严海昏艾处何吏于冯等所匿处得冉所弃弩不□

02 蒙当案致案致曲折赐报尽力实核报到有增异正处复言鲔顺酆考问留迟惶恐

本件为木两行简,长23.8厘米,宽2.6厘米。保存完好,木简上下各三分之一处有编绳痕迹。简上端两列文字中间有一纵向裂纹。从内容看为司法诉讼档案。断句为:

廷愿谒除[1]前解[2],从今言[3]。府[4]移[5]豫章府[6]:严[7]海昏[8]、艾[9]处:何吏于冯等所匿处得冉[10]所弃弩?不□蒙,当案致[11]。案致曲折[12],赐报[13],尽力实核。报到,有增异[14],正处复言[15]。鲔、顺、酆考问留迟

[16],惶恐。

【注释】

冯、冉、鲔、顺、鄷:皆为人名。

[1]谒除:向上级请求废除。谒,请求。《战国策·燕策》所载“微太子言,臣愿得谒之”是下对上的一种请求或报告。除,免除,废除。

[2]前解:之前的解辞。解,整理小组认为是解说或解释。“解”字大量存在于秦汉奏谳书类司法文献中。睡虎地秦简《封诊式》中有一则名为“讯狱”,是关于审讯的程序:“凡讯狱,必先尽听其言而书之,各展其辞,虽智(知)其訑,勿庸辄诘。其辞已尽书而毋(无)解,乃以诘者诘之。诘之有(又)尽听书其解辞,有(又)视其他毋(无)解者以复诘之。诘之极而数訑,更言不服,其律当治(笞)谅(掠)者,乃治(笞)谅(掠)。治(笞)谅(掠)之必书曰:爰书:以某数更言,毋(无)解辞,治(笞)讯某。”在奏谳文书中狱吏以“何解”来讯问犯人,在犯人的供词后则以“毋解”“毋它解”作一结束。据上引讯狱程序,可知讯狱须先记录犯人的口供,其后狱吏根据犯人的供述进行诘问,犯人再次回答后亦须记录其解辞。

[3]从今言:从,依从,采纳。言,此处指供词。“今言”与“前解”相对。采纳现在的供词。

[4]府:此处指建议“从今言”的郡府,根据简牍出土地,猜测可能为长沙府。

[5]移:即移书,移送文书。《二年律令》载:“都吏所覆治、廷及郡各移旁近郡、御史、丞相所覆治移廷。”(《二年律令》简117)

[6]豫章府:豫章郡府。豫章郡,高帝置。

[7]严:《说文》载:“教命急也。”此处表示急促的语气副词,带有要求之意。“严”之后的内容是长沙郡府对豫章府提出的请求。

[8]海昏:即海昏侯国,在昌邑城,豫章郡辖下。

[9]艾:此处指艾县。从庄小霞释。[①]

[10]冉,《选释》中释为“朔”,《五一(壹)》释为“冉”,经与图版比照,应为“冉”字,可能为人名。

[11]案致:审理案件。又有用法“案致如法”(新简 EPT58:38)

[12]曲折:详细情况,错综复杂的情节。《史记·魏其武安侯列传》载:“夫创少瘳,又复请将军曰:吾益知吴壁中曲折,请复往。”

[13]赐报:报,《汉书·胡建传》载:“辟报故不穷审。”颜师古引注苏林曰“断狱为报”,这里指初步的判决意见。赐:常见为上级对下级的文书用语。赐报连用,在官文书中并不一定就是上级对下级的文书,常常也是自谦和客套。如里耶秦简中载:“翥欲报芒季,季幸耤(藉)小史□□信□,急使之,赐报。”(8－782＋8－810)此处从文书的语气来看,芒季可能是迁陵县的官吏,与翥的身份相当,翥希望给芒季回函,芒季让小史带信给翥,并期待翥的回信。此中赐报的用法与本简非常近似。本简中长沙府写信给豫章府,希望豫章府调查清楚案件情况后回函。此处“赐报”仅仅为自谦和客套。

[14]增异:增减改变,此处指口供或案情的变化。

[15]正处复言:正,公正。处:处理、处罚。复言:再次具文呈报。“处复言”即是“处言”,是下行文书中,上级机关对下级提出要求的通行用语。在不同的行文中,有时其中有具体要求,有时并无具体要求,仅仅是一种套辞。与“处言”有类似用法和作用的词有“书到言”,如里耶秦简 J1(8)152 载:“书到言。今书已到,敢言之。”“付弹处,罪法明。附证验,正处言。何叩头死罪死罪。”(《东牌楼》005A)

---

① 庄小霞:《长沙五一广场东汉简牍 CWJ1①:86 简所载“艾”释义献疑》,载简帛网,http://www.bsm.org.cn/show_article.php?id＝2548,首发于 2016 年 5 月 9 日。

[16]留迟:指羁留延迟,未按时完成。《史记·李将军列传》载:“汉法,博望侯留迟后期,当死,赎为庶人。”

【语译】

廷希望废除之前的讯问记录,以现在的讯问记录为准。(长沙)府移书送到豫章府,要求:责令海昏侯国和艾县主管管理乍得清:哪个小吏在冯等人所藏匿的地方找到冉丢弃的弓弩?不可蒙混,应当仔细审理案情,以及案件中的复杂情节,并请回函禀告。收到函后,案件的案情有所变化,均公正审理,并再次具文呈报。鲔、顺、酆四人的讯问情况未按时完成,惶恐。

【按】

此件双行木简有以下信息值得注意:

1. 从行文看应当记录了长沙府发文给豫章府的信函,并请豫章府及府下海昏侯国和艾县配合核查案件。

2. 之所以案件会惊动两郡府,主要在于案件涉及隐匿“五兵”之一——“弩”的行为。在一些讨论两汉兵器管理的研究中,常常将兵器与武器混谈,认为两汉兵器管理宽松。但事实上,在两汉时期兵器和武器区分清晰,武器允许私人拥有,甚至可以交易,管理宽松。但有着较大杀伤力的兵器管理及其严格。

两汉的武器市场,主要的商品有:剑、刀、弓、箭、犊、矢等。其中尤以剑在交易中最常见。《史记》中载景帝赐剑,“绾曰:‘先帝赐臣剑凡六,剑不敢奉诏。’上曰:‘剑,人之所施易,独至今乎?’绾曰:‘具在。’上使取六剑,剑尚盛,未尝服也”。如淳注:“施读曰移。言剑者人之所好,故多数移易贸换之也。”[①]《居延汉简》中也有买卖剑的记录:“淮阳槐里景滩,赀卖剑一,直七百,解得县。”(271.2)此外,新简

① (汉)司马迁:《史记·万石张叔列传第四十三》,中华书局1959年版,第2769页。

EPT31:202 至 207 载:"欲知剑利善、故器者,起,拔之、视之,身中无推处者,故器也;视欲知利善者,必视之身中有黑两桁不绝者。其逢如不见,视白坚未至逢三分所而绝,此天下利善剑也。又视之身中生如黍粟状,利剑也,加以善。欲知币剑以不报者及新器者,之日中骍,视白坚随蓬上者、及推处白黑坚分明者、及无文、纵有文而在坚中者、及云气相遂,皆币合人剑也。"这是如同相马经一样的相剑之法,由是可见,武器市场中剑的交易相当频繁。此外,《汉书·酷吏列传》中也记载了刀的买卖情况:"(杨仆)欲请蜀刀,问君贾几何,对曰率数百。"

然而,与刀剑等武器管理所不同的是,弩在两汉作为兵器进行管理,由于弩的杀伤力大,在战场上对敌重要,不仅限制交易,连制造技术的管理也极其严密。更专设"马弩关"等限制马、弩流向匈奴。《汉书》载,武帝时期丞相公孙弘奏言:"民不得挟弓弩。十贼彍弩,百吏不敢前,盗贼不辄伏辜,免脱者众,害寡而利多,此盗贼所以蕃也。禁民不得挟弓弩,则盗贼执短兵,短兵接则众者胜。以众吏捕寡贼,其势必得。盗贼有害无利,则莫犯法,刑错之道也。臣愚以为禁民毋得挟弓弩便。"上下其议。[1] 此后武帝并未采纳此奏议,但不采纳的原因并非弓弩的威胁小,更多的是从儒家教化的角度考虑。并于此时设马弩关,对马匹和弩进行管理。[2] 此外,西汉时,南郡因地处边疆,属边郡,专设"发弩官",师古注:"主教放弩也。"至王莽时"禁民不得挟弩铠,徙西海"。[3]

---

① (汉)班固:《汉书·严朱吾丘主父徐严终王贾传第三十四上·吾丘寿王》,中华书局1962年版,第2795页。

② 应劭曰:"武帝数伐匈奴,再击大宛,马死略尽,乃令天下诸亭养母马,欲令其繁孳,又作马上弩机关,今悉罢之。"孟康曰:"旧马高五尺六寸齿未平,弩十石以上,皆不得出关,今不禁也。"(汉)班固:《汉书·昭帝纪第七》,中华书局1962年版,第222页。

③ (汉)班固:《汉书·王莽传第六十九中》,中华书局1962年版,第4118页。

虽国家屡有禁止,但市场上仍有弩的交易,东汉初,“光武初不敢当,然独念兄伯升素结轻客,必举大事,且王莽败亡已兆,天下方乱,遂与定谋,于是乃市兵弩”。[①] 刘秀也通过市场购得兵弩,并得天下。东汉时期豪强并起,政府为稳定统治并未明确出台禁止民间私藏弩的规定,但从史料所见,弩多藏于豪族手中,如东汉末年,袁绍藏有“强弩千张”,公孙瓒亦有“强弩数十张”,汉灵帝时,因张角之乱,让“公卿出马、弩”。梁竦为官时,“赏赐第宅奴婢车马兵弩什物以巨万计”同时,《汉官仪》中规定:“尉、游徼、亭长皆习设备五兵。五兵:弓弩,戟,楯,刀劔,甲铠。”另外,两汉时期军队中有“强弩将军”,两汉许多知名将领皆出任。可见弩的拥有者需要有一定的身份。

此件简牍记载的案件涉及藏匿兵器“弩”,严重威胁政权,案情重大,“案致曲折”,因此由长沙郡府专门向豫章府发函,请求司法协助。

83. 木两行 2010CWJ1①:87-1

【简文】

01 县五百里故不欲送冉狱还毄亭积三日其廿七日园留翕出沙等九人亭中令伍长樊仲陈

02 明等守视园悉遣妻子空亭去因与赦调调一弃当步园柱道乘都师区坚小楄船一椱

本件为木两行简,长23.7厘米,宽2.8厘米。保存完好,木简上下各三分之一处有编绳痕迹。其中涉及人物较多,个别字词较难释读。从内容看,疑为犯人移送相关爰书。断句为:

县五百里[1],故不欲送冉狱[2],还[3],毄(系)亭[4]积[5]三日。其廿七日园、留、翕、出、沙等九人亭中令伍长樊仲、陈

① (南朝宋)范晔:《后汉书·光武帝纪第一上》,中华书局1965年版,第2页。

明等守视[6],园悉遣[7]妻子空亭去,因与赦、调调(?)一(?)弃(?)当步[8],园、柱道乘都师[9]区坚[10]小槅船[11]一樓

【注释】

冉、园、留、翕、出、沙、赦、柱皆为人名。

樊仲、陈明:为伍长人名。

调、一、弃:疑为人名。

区或区坚:人名

[1]五百里:从下句“故不欲送冉狱”可见,似与案件的地域管辖有关联,可能东汉时规定,犯人抓捕地距离案件发生地等距离五百里以上,考虑到交通成本以及安全性,案件就地审理,不移送管辖。

[2]狱:审理。此处指原审机关审理。

[3]还:返回,此处可能指交由抓捕机关管辖。

[4]毄亭:即系亭。系,关押,拘留,拘禁。“当徭戍而病盈卒岁及毄(系),勿聂(摄)。”(《二年律令》407)毄亭:即毄于亭。关押在亭。

[5]积:累积,共计。

[6]守视:看守。《后汉书》载:“建武二年,以皇祖、皇考墓为昌陵,置陵令守视。”①

[7]悉遣:悉:尽也。遣:“纵也”,派遣,差遣,此处指出发。

[8]因与赦、调调(?)一(?)弃(?)当步,此句难解,留待它考。

[9]都师:都,大。师,此处指船师,在五一简中多处可见“船师”一职。居延简中有:“语宜更遣都师及李君母使来守夫人欲”。(居延 E. P. T65 -143B)

① (南朝宋)范晔:《后汉书·宗室四王三侯列传第四·城阳恭王祉》,中华书局1965年版,第562页。

[10]区坚:有两解:一、区,人名;坚,坚固,属下读为"坚小船船",释为坚固的小舟船。二、区坚、人名。由于资料缺乏,目前保留两种释读。

[11]船船:船,《说文》:"扁,署也。扁从户册者,署门户也。"同扁。船船,即扁舟。

【语译】

距某县五百里,因此不移送冉至它县司法机关,押解回还,在亭关押了三天。当月二十七日,园、留、翕、出、沙等九人在亭命令伍长樊仲、陈明等看守监管冉。园与妻子等人全部出发,亭中无人。因与赦、调调(?)一(?)弃(?)当步,园、柱在路上乘坐了大船师区坚的小扁舟……

84. 木两行 2010CWJ1?　:88 -1

【简文】

01 纵武众疑有奸诈唯

02 廷财部吏考实奂惶恐叩头死罪死罪敢言之

本件为木两行简,长 23.1 厘米,宽 2.8 厘米。简上下各三分之一处有编绳痕迹。书两行,保存完好,内容为县廷官吏认为案件处理存在不实诡诈之处,并向上级汇报的文书。断句为:

縱[1]武、众疑有奸诈[2]。唯[3]　廷财[4]部吏[5]考实[6]。奂惶恐叩头死罪死罪敢言之。

【注释】

武、众、奂:人名。

[1]縱:宽纵,此处有纵囚之意,《汉书·昭帝纪》载:"李种坐故纵死罪。"注曰:"纵,谓容放之。"

[2]奸诈:指案件处理存在虚伪诡诈之处。《礼记·经解》载:

“君子宽礼,不可诬以奸诈。”

[3]唯:在此处做语气副词,表示希望、祈使的语气。希望,请求。“建始元年三月甲子朔癸未右后士吏云敢言之,乃十二月甲辰受遣,尽甲子积廿日,食未得。唯官移。”(居延 284.1)“唯”下不写字,另起一行,以示尊敬。

[4]廷财:廷,县廷。财,通“裁”,裁断、裁决。《春秋繁露·离合根》载:“累可就财也。”凌曙注:“财与裁通。”“上书言财(裁)新黔首罪。”(《奏谳书》132-133)

[5]部吏:所部官吏,此处指有权的司法机关。《后汉书·卓茂传》载:“人尝有言部亭长受其米肉遗者。”注曰:“部,谓所部也。”

[6]考实:考问核实。

【语译】

罪犯武、众被宽纵,此案仍有疑点,请县廷裁决让有权机关重新拷问核实。奂叩请。

85. 木两行 2010CWJ1①:89-1

【简文】

01 男子曰我穷人勿迫我掾还详曰何如还者下马男子以解刀刺详不中详以所有把刀斫男子

02 创二所男子复走五步所详追逐及男子还反顾芗详尚持兵未强赴详复斫男子创二

本件为木两行简,长 23.3 厘米,宽 3.0 厘米。简上下各三分之一处有编绳痕迹。书两行,保存完好,内容口供和司法勘验文书。断句为:

男子曰:“我穷人,勿迫我。”掾还,详曰:“何如?”还者下马,男子以解刀[1]刺详,不中。详以所有把刀[2]斫男子,创二所。

男子复走五步所[3],详追逐,及[4],男子还,反顾芗[5],详尚持兵,未强赴[6],详复斫男子创二

【注释】

[1]解刀:解,解除,解下。解刀,解开绑在身上的刀。

[2]把刀:刀的一种,居延 EPT50:70 所载"羊把刀",《居延汉简释文合校》551 · 43 所载"把刀一枚数"。

[3]所,此处是指不确定,左右。《礼记 · 檀弓下》载:"所,不定词。"

[4]及:追及,追上。

[5]反顾芗:芗,同向。反顾向,转身对面相向。

[6]强赴:赴,趋也。强力上前。

【语译】

男子说:"我是穷途末路之人,不要逼迫我。"掾返回,详问:"你打算做什么?"掾下马,男子用解开的刀去刺详,并未刺中。详用其所拥有的把刀砍男子,男子身上有两处创伤。男子又走了五步左右,详追逐男子,刚刚追上,男子转身,与详对面相向,详尚持兵器,并未强力上前,详又砍男子两处创伤……

会议综述

出土法律文献研究的新动态

——第十届“出土文献与法律史研究”学术研讨会会议纪要

林琦婧[*]

2020 年 11 月 14 日，第十届“出土文献与法律史研究”学术研讨会以“出土法律文献研究的新动态”为主题，在华东政法大学长宁校区交谊楼第四会议室召开。本届会议由华东政法大学法律古籍整理研究所主办。受疫情影响，本次会议以线上线下相结合的方式举办，来自中国社会科学院法学研究所、南昌大学、上海社会科学院、《学术月刊》杂志社、华东政法大学等单位的十余位专家参加了本次会议，发表了精彩的学术报告，并作了热烈的学术交流和探讨。会议围绕商代法制史料、岳麓秦简法制史料、五一广场东汉简法制史料展开讨论，取得了丰硕的成果。我们根据学者们的报告、评议和会场录音等材料，整理出“研讨会纪要”，供读者参考查阅。

本次会议开幕式由华东政法大学法律古籍整理研究所所长王沛主持并致开幕辞。王沛教授表示，由于疫情原因，这次会议采取线上线下相结合的模式，对各位在线下和线上参会的学者表示欢迎，并希

* 林琦婧，华东政法大学法律史专业硕士研究生。

望这能成为一场有纪念意义的学术会议。本次会议采取与以往不同的形式,不再在每位学者发言之后安排一位评议人,而是在四位学者都完成发言之后,由与会人员共同参与讨论。

一、商代法制史研究综述

会议伊始,南昌大学周博老师作了题为《商代法制史研究综述》的报告。他首先介绍了学界对于商代法制学术史考察的相关研究,并列举了两篇有代表性的综述文章,分别是李力先生的《从〈掔契枝谭〉到〈甲骨文法律文献译注〉——关于商代甲骨文法律史料整理研究的学术史考察》和《1904~2009年:百年来的殷墟甲骨文与商代法制史研究》,并对文章作了简要评述。他认为要深入把握商代法制史的研究进展,应当以专题形式进行归纳总结,并罗列了他考察的五个部分:立法状况、刑罚与监狱、军事法、司法审判、问题与思考。

立法状况可分为立法指导思想和立法活动两方面。在立法指导思想方面,周博老师认为学界对该方面的研究比较充分,也都基本同意殷人"神判神罚"的神权法思想。问题在于胡留元和冯卓慧先生在著作《夏商西周法制史》中认为,除了"神判神罚"之外,武丁时期的卜辞"王德伐"中"德"与"伐"的联系说明当时神权观念有所松动,出现以德教为内容的法律思想。周博老师不同意这一观点,他列举了两位先生所依据的卜辞和其他相关卜辞,逐一分析,认为"徝"与"伐""征"的词义是相同的,而将"徝"读为"德"并进一步解释为商代已出现德教观念并不妥当。在立法活动方面,他认为争议点有二:一是传世文献中《今本竹书纪年》关于"重作汤刑"的记载,今本一直有伪造之嫌,运用此条须格外谨慎;二是《合集》31071中"叀(惠)王又作△",传统观点如蒲坚、胡留元等先生认为"△"释作"辟",训作法,"作辟"即制定法律。但通过比对字形,他认为于省吾先生在《甲骨文字释林》中将“△”隶为“辪”的观点和解释更为公允。

在刑罚与监狱部分，周博老师认为关于监狱即殷墟甲骨文的“圉”字，齐文心先生已在文章《殷代的奴隶监狱和奴隶暴动——兼甲骨文“圉”、“戎”二字用法的分析》中对其进行了深入研究，学界对此问题少有研究进展，主要的进展在于五刑。关于墨刑，学界有四种说法：一是以郭沫若先生为代表的学者们认为甲骨文中的“辛”字可解作施墨刑的工具，从辛的“妾”“童”“仆”诸字形均为受墨刑的形象；二是唐兰先生的观点，“黑”字本义“本象正面人形（大字）而面部被墨刑的人”，“所以属于墨刑的字都从黑”；三是宋镇豪先生以《屯南》857“辛未，贞：其△多隶（仆?）。其刖多隶（仆?）”为依据，提出“△”“可释为墨字，乃古人所谓‘羁黥人面’之表意，即刺刻面部而涅窒土墨的构形，用为墨刑的专字”；四是周忠兵先生通过字形比较，认为西周金文中“黳”下部字形“像手持带齿的工具对人的面部或额头击刺，它应该就是表墨刑的会意字……可看作‘笮’字表墨刑义（《国语》韦昭注）时的初文”。周博老师认为只有将字形与辞例相结合，才能更准确地把握商代的墨刑。关于劓刑、刖刑、宫刑，他认为比较有特点的是宋镇豪先生提出的“刑系说”。关于大辟，他重点提到商代死刑资料中的“用牲法”，强调除了罪犯、奴隶之外，女巫有时候也被用作人牲。

在军事法部分，周博老师就学界对“师叀律用”中“律”的观点进行了说明：肖楠将之与《周易·师卦》“师出以律”相联系，认为两者之“律”所指相同，得到了学界的公认。对于“律”的含义，一种看法认为此处的“律”指军纪、军法、律令等；另一种看法则认为此处的“律”指音律。他认为这两种观点均有道理，因此军事法的这些卜辞的解读，还需要结合其他辞例作进一步的探讨。

在司法审判部分，学者们多以传世文献为依据作这方面的研究，周博老师列举出如宋镇豪先生根据《尚书·康诰》分析归纳商代的审判程序，刘凝禧著《商朝法制略论》和蒲坚主编的《中国法制通史》中依据《礼记·王制》来解释商代法制等。对于“御廌”，他介绍了两种不同的观点：一种是郭沫若先生将“御”训作治，认为“廌字音读如宰，在此即读为宰，当是执法小吏”；另一种是裘锡圭先生指出的“御廌”中“御”应是祭名，“廌”为人名，与法制无涉。

最后，周博老师从法制史的研究范畴、依字形考史和甲骨文法制资料的整理等方面分享自己研究过程中的思考结果。同时，他也指出了目前资料和研究中存在的一些问题。

二、爵刑之间：秦及汉初的二十等爵与刑罚特权

中国社会科学院法学研究所的黄海老师作的报告题为《爵刑之间：秦及汉初的二十等爵与刑罚特权》。黄海老师首先说明了选择该题目的原因，他本身对周秦之变中刑罚的转变十分关注，而二十等爵中的刑罚特权与此密切相关，尽管学者们对此问题有过讨论，但仍不甚明晰。因此，他想就该问题进行梳理。

随后，黄海老师介绍了这篇文章的三个部分：第一是梳理秦汉时期律令体系中与爵相关的刑罚规定，第二是讨论刑罚产生与爵位变动的关系，第三是探究二十等爵相关刑罚规定产生的深层原因。并在后续的报告中就每一部分进行了详细的阐述。

关于秦汉时期律令体系中与爵相关的刑罚规定，黄海老师认为当前文献所见主要有四种，分别是爵减、爵免、爵赎和夺爵，前三种是刑罚上的特权，最后一种则是直接作为刑罚来使用的。他随即引用张家山汉简《奏谳书》中的案例十五和其他相关出土文献、传世文献，对这四种规定进行逐个探讨：爵减，是指因爵减轻刑罚，但目前学界争议最大的地方在于其减刑方式，即爵减是减轻刑等抑或只能减免

附加的肉刑。爵免,又称“免除”“除”,是指因为爵位免除罪责,爵免可使用的对象并不仅限于有爵之人本身,在《秦律十八种》和《二年律令》中均可找到相关例证;值得注意的是,爵免并非强制性的,当事人可以自愿选择是否使用爵位来免除罪责,很像与国家的一种交易。爵赎,应指因爵位而得以用赎刑替代应处之刑。秦汉时期律令中赎刑的属性之一即为特定身份之人的替代刑,《法律答问》简 113 至简 114 即为一例证。但目前由于材料所限,仅能证明爵赎之存在,尚未能对爵赎运用的具体范围和使用规则下定论。夺爵,作为刑罚执行的一种方式,又可分为与迁戍并行的夺爵和单行的夺爵两种。单行的夺爵可以作为法定刑罚,而且在西汉中后期以后可以作为皇帝恩赦后代替原本刑罚的处罚。

关于刑罚产生与爵位变动之关系,以往观念中刑罚产生似乎必定伴随爵位的降低或剥夺,如《汉旧仪》的有关记载。但黄海老师认为有例外情况,他总结了刑罚产生但爵位不变动的两个条件,即“罪不至刑徒”和“未以爵位获优待”,“未以爵位获优待”这一条件又可分为法律规定不得使用爵位和当事人选择不使用爵位两种情况。他通过逻辑推导,将检索重点缩小至法定刑罚较轻且与爵免相关的律令条文。他展示了检索成果,即与以上条件相吻合的岳麓秦简五“解爵除赀赎”令[《岳麓书院藏秦简(五)》简 138 至简 145],且对令文内容作出详细分析,并得出结论:刑罚的产生不一定造成爵位的变动。

关于二十等爵相关刑罚规定产生的深层原因,黄海老师认为二十等爵制相关刑罚规定是基于二十等爵制产生的,而二十等爵制则渊源自战国时期兴起的“计功受爵”之制。战国时期宗族社会的解体造成了贵族私属军队的消失,使军队完全国有化。在此基础之上,各国统治者都想方设法提高民众的战争积极性,以此提高国家军队的战斗力。二十等爵制便是秦人用以激励民众战斗热情的制度,通过这一制度,秦国的战争气氛高涨,军队的战斗力得到了极大提升,并最终得以一统天下。

三、岳麓书院藏秦简(肆)释读二则

华东政法大学陈迪老师作的报告是《岳麓书院藏秦简(肆)释读札记》,这篇文章是由华东政法大学出土法律文献研读班的陈迪老师和邬勖老师吸收读书会成员的意见共同写就的。此报告围绕两个问题展开,其一是156~159简中的"寡子",其二是171~172简中的"扃"与"概"。

在探讨156~159简中的"寡子"问题时,陈迪老师首先对当前有关秦汉出土文献中"寡""寡子"的研究作了简要介绍和综述,认为可将"寡子"理解为"独子"。他首先根据传世文献和出土文献中对"寡"的记载,将"寡子"和"寡妇""寡夫"作类比分析;其次列举"寡"字在张家山汉简《二年律令》中的具体用例并解析该律文内容,除编联的问题外,陈迪老师着重分析将"寡子"作不同理解时"归户"主体的类别及其关系,得出将"寡子"作"独子"解可以更合理推测律文制定的逻辑。再结合156~159简关涉"寡子"的部分,陈迪老师认为将"寡子"解释为"独子",可以使其与后文之限定条件相对应,即只有在后面两种特定情形下,寡子才能免除运送粮食的劳役。如若解释为"孤儿",则会产生难解之疑问。但最后,陈迪老师指出对于"寡子"究竟应作何解,目前仍是从逻辑角度进行的推测,需要在将来用更为坚实的材料予以证实。

在讨论171~172简中的"扃"与"概"的问题时,陈迪老师主要阐述和论证了与整理小组不同的三个观点。首先是对简文第一句"期足计其官毋叚(假)黔首"的断读,他认为应读为"期足计,其官毋叚(假)黔首”。其次是探究“以铁杵扃桶口”中“扃”的用法,他结合多种传世文献分析“扃”的字义,并结合数件出土文物的图片展示“扃”的实践操作过程。最后,陈迪老师认为该简文末句的断读可不补重文符号,具体断读为“皆壹用方樫(概)。樫(概)毋得用槃(盘)及圜(圆)樫(概)”,即必须使用方形木概,不得使用盘以及圆形木概。为论证此观点,陈迪老师分别从文献记载和实物操作图片两方面来说明“概”的性质和功能。传世文献中的“概”,一般写作“槩”,既是刮平斗斛的工具,同时也是校正斗斛的平准工具。他还借助相关图片,展示了“概”用来“平量”的两种方法和其校正量器的功能。此外,对于图片中可能是所谓“圆概”的工具,陈迪老师认为圆概或许可以作为校准工具,但因其形制原因,如果用于刮平桶口,则不如使用方概来得方便。

四、辞决分曹考

最后一位报告者是华东政法大学姚远老师,报告题为《辞决分曹考》。

姚远老师开门见山,阐明该研究的选题缘起和研究目的。她认为在传世文献记载中,贼曹的执掌较为清晰,但辞曹、决曹的执掌仅有记录,具体分工如何却不甚明了。该研究意图解决两个问题:一是明确辞决曹在汉代司法诉讼程序中的分工和司法作用;二是研究这种分工差异产生的原因以及对汉代基层司法活动带来的影响。该报告从四个角度来进行,首先是辑佚传世文献和出土文献所见辞曹与决曹的任职记载,其次是对辞决曹的职掌、选任等细节进行研究,再次是对比辞曹与决曹的分工差异,最后是将辞决曹与领讼掾、贼曹等进行比较分析。

在辑佚传世文献和出土文献所见辞曹与决曹的任职记载方面,

姚远老师运用表格形式展现辑佚成果，传世文献中的记载主要来源于两汉书、两汉纪、《汉旧仪》等，相关出土文献主要有居延新简、肩水金关汉简、尚德街汉简和五一广场简等，此外还统计了碑刻文献如《杨统碑》《竹叶碑》《巴郡太守张纳碑》中的记载情况。

在讨论辞曹、决曹的分工差异和其他细节方面，姚远老师结合五一广场的数份君教类文书简牍对辞曹和决曹的设立层级、管辖案件等方面进行逐一分析、对比。她认为从现有史料所见，辞曹设立于郡、县；辞曹管辖案件类型属于自言类案件，是二审案件，且目前所见皆为经济纠纷类案件；辞曹在郡有辞曹史、辞曹助史，负责受理上诉类自诉经济纠纷案件，辞曹在县有理讼掾、理讼史、领讼掾、领讼史等。决曹则多设立于郡，职掌覆治、治狱、平狱、循行、录囚等；辞曹在郡有郡决曹掾、郡决曹史、仁恕掾、案狱掾等。在探究选拔方式时，她根据《汉旧仪》中汉武帝时“四科之辟”的记载，得出“辞曹可能至晚于西汉武帝时设立”的结论。

在讨论理讼掾和领讼掾的问题时，姚远老师认为简牍中“理”和“领”不存在写错的可能性，二者应该是有所区别的。她对木牍CWJ1③:325－4－43和木两行CWJ1③:325－5－9的案例和文书进行详细解读，认为理讼掾和领讼掾受理的是一审的自言类财产诉讼和经济诉讼，并根据《后汉书·百官志五》所载“诸曹略如公府曹”推测理讼掾或领讼掾可能是东汉时期辞曹的一种变形调整。

之后，姚远老师回顾了传世文献中辞曹与决曹的记载。她认为辞曹传世文献记载较少但多见于简牍和碑刻中；决曹在两汉传世文献中记录较多但出土简牍中鲜见。辞曹目前仅见于郡府；决曹在西汉多称为“郡决曹”，似乎区别于公府决曹，但也有“县决曹掾”。辞曹“主辞讼事”，从史料所见主要负责民事类案件的审理权及建议裁判权；决曹“主罪法事”，从史料所见主要负责刑事类案件的裁判权及代太守录囚。

在报告的最后，姚远老师认为：辞曹与决曹在职事上分野清晰，在诉讼程序上关系明白。辞曹负责对民事案件的审理，决曹主掌刑事类案件。而在传世文献记载中，由于决曹多负责刑事类案件，“平决冤狱”，符合当时国家在吏治管理中循吏的标准，因此多记录于传世文献之中，而辞曹审理的主要是民事类案件，多属民间细故，与儒家“重义轻利”思想有所出入，但与民生关系密切，因此出土司法档案中多见，但传世文献记录有限。但这种辞决分曹并不意味着汉朝已经有了当代民刑区分的概念，而是从简单朴素的案件类别和儒家的法律价值观中做出的简单分类。但无论怎样，汉朝基层司法诉讼活动已经非常专职化、专业化。

五、评议讨论

四位老师的报告结束之后，在场的老师们各抒己见，进行了深入的交流探讨。上海社会科学院的陈炜祺老师对姚远老师报告中的内容很感兴趣，关于该报告中提到的“传世文献中关于决曹的记载多、关于辞曹的记载少，而出土文献中关于辞曹的记载多、关于决曹的记载少”这一现象，他提供了一个思路：秦至两汉非常重视酷吏和循吏之分，而姚老师报告中列举的十四个出土文献中的决曹任职案例很多都出自《汉书·循吏传》和《后汉书·循吏列传》。决曹作为郡级处理二审狱讼案的机关，职掌平狱、录囚等，既可以“要人命”又可以“活人命”，因此那些“决狱平”“平活数千人”的决曹官吏就作为循吏被载入史册。辞曹则多解决钱财经济纠纷，并非涉及人命的重大案件，因此传世文献记载不多。

周博老师则在线上对陈迪老师报告中“寡子”的含义提出自己的看法。他认为：岳麓秦简（肆）156～159简中“敖童当行粟事而寡子”

的“寡”字，从语法上分析也许可以将其看作动词；《二年律令》342 简中的“子”和“寡子”应该指代不同的两类人，若将“寡子”解释为“独子”，则其内涵与“子”有所重叠，因此冨谷至先生对“寡子”作“孤儿”的解释未必没有道理。

会议的闭幕式由华东政法大学法律古籍整理研究所所长王沛致闭幕词，王沛教授转达了名誉所长张伯元老教授对大家的问候和期待，再次感谢各位与会人员的参与，并总结了本次会议的内容：本次会议以“出土法律文献研究的新动态”为主题，报告的四篇文章将“新动态、动态新”展现无遗。目前是我国学界对中古以前的法制史研究最活跃的时期，前人未见的资料在我们这个时代大量涌现出来，因此如何认识中国法制发展的早期历史成为摆在我们面前的首要课题。本次会议的报告内容就是围绕这些法律史领域的前沿问题所展开的详细论证，这些话题值得在以后的研究中继续进行下去。之后王沛教授介绍了第十一届会议的安排情况，并表示非常期待来年有更多的精彩内容。

图书在版编目(CIP)数据

出土文献与法律史研究. 第十辑 / 王沛主编. -- 北京 : 法律出版社, 2021
(出土法律文献研究丛书)
ISBN 978 -7 -5197 -5825 -7

Ⅰ. ①出… Ⅱ. ①王… Ⅲ. ①出土文物－文献－研究－中国②法制史－研究－中国－古代 Ⅳ. ①K877.04 ②D929.2

中国版本图书馆 CIP 数据核字(2021)第 158211 号

出土文献与法律史研究(第十辑)
CHUTU WENXIAN YU FALÜSHI YANJIU(DI－SHI JI)

王 沛 主 编
黄 海 执行主编

策划编辑 解 锟
责任编辑 李天一
装帧设计 李 瞻

出版发行 法律出版社
编辑统筹 辞书·融出版编辑部
责任校对 王 丰 李景美
责任印制 张建伟
经 销 新华书店

开本 A5
印张 11.75 字数 275 千
版本 2021 年 8 月第 1 版
印次 2021 年 8 月第 1 次印刷
印刷 北京虎彩文化传播有限公司

地址:北京市丰台区莲花池西里 7 号(100073)
网址:www.lawpress.com.cn
投稿邮箱:info@lawpress.com.cn
举报盗版邮箱:jbwq@lawpress.com.cn

销售电话:010－83938349
客服电话:010－83938350
咨询电话:010－63939796

书号:ISBN 978－7－5197－5825－7
定价:88.00 元
凡购买本社图书,如有印装错误,我社负责退换。电话:010－83938349